三點半後
不收屍

人道救援工作者的
全球行動紀事

Caroline Gluck

葛若鄰 —— 著　翁德明 —— 譯

No
Dead
Bodies
After
3.30pm

Global Nomad: An Aid Worker's Notes From The Field

目　錄

contents

讓好奇心廣及全世界

我有一位在台灣工作的朋友,他於二〇一三年八月曾在臉書問道:「小天后麥莉·希拉(Miley Cyrus)的舞步如此多人關心,那麼大家何時開始關心伊拉克人民是否被毒氣毒死?」

那位十來歲的巨星因為在得獎的 MTV 音樂專輯中穿著肉色的比基尼大跳煽情的「電臀舞」而聲名大噪。各種社會的媒體網絡,尤其是推特,可以說因之沸沸揚揚,不過許多人卻覺得震驚、覺得憤慨。包括有線電視新聞網(CNN)在內的許多新聞網站都把此則新聞當作頭條報導。「音樂」與「性」始終是媒體最關心的,而我們大眾似乎特別喜愛閱讀露骨的細節,看看一個剛進入青春期的女孩如何脫胎成為性感的象徵。

在那時候,敘利亞的悲劇毫不留情「歹戲拖棚」下去,而且時間已經超過兩年(更教人灰心的是,今天在我下筆之際,這場衝突已經邁入第五個年頭)。

如何才能促使大眾覺醒並注意到世界究竟發生了什麼事,並且激發他們採取行動、成就一些改變?

數百萬敘利亞人為躲避內亂而逃到國外,國境之內已有數萬人喪生,數百萬人因為戰爭而遷往他處,而且一遷再遷;孩童無法上學,醫院營運幾乎停擺。

兩年以前,正當麥莉·希拉的「電臀舞」成為報章頭條之際,敘利亞的報導曾經一度站回頭條,那是因為有人在大馬士革對平民百姓使用化學武

器。該則頭條的賣點是：暴力已經觸及容忍「底線」，先前無法以有效政治措施遏止敘利亞衝突的外國政府，現在揚言要以軍事手段解決問題。

或許您會以為：只要坐在家裡或是咖啡館裡，靠著網路連線幾乎可以同步觀察到全世界發生的事，如此一來，我們的閱歷便廣及全球，對於文化的雷同或差異區隔更為敏感，而且好奇心也指向世界。可是有時候我卻有不祥之感：網路上那有如排山倒海而來的資訊，只讓事物萎縮成最平庸最通俗的樣態。那就是麥莉・希拉或是瑪丹娜的故事、足球員的醜聞、媒體中的毀謗攻擊，或是行為不端的銀行家。

日報不斷減少對外國新聞的披露，而電視台又通常只報導那些畫面最怵目驚心的重大危機。掉出主流新聞視界外的事件仍會有人報導，只是能見度越來越低了。

我曾以記者的身分在台灣居住、工作了四年多，也見識了當地媒體運作的生態，尤其是二十四小時播放的新聞台。在這種新聞台裡，廣告佔的比重如此之大，以致不難理解他們對於敘利亞的討論十分有限，對於其他更在新聞視界之外的國家裡所發生的事，自然著墨又更少了。

我仍記得在台灣某一家電視頻道看過十分有趣但很能說明上述現象的誤植：當時報導的主題是英國前首相瑪格麗特・柴契爾夫人的死訊，然而螢幕上卻出現伊莉莎白二世進行官式訪問時與民眾握手的檔案畫面。難道事先真的沒有人看出破綻嗎？

電視台後來為自己犯的錯誤道歉，但是那個畫面早已被好幾個網站信以為真、輕鬆加以轉載了。

新聞自由並不一定造就好的新聞事業，尤其當媒體東家在乎營收利潤而非新聞倫理時，更是如此。為了取悅花錢買廣告版面的人，網路上掀起搶奪閱聽眾、提高點擊率的大競賽。

個人認為，台灣那些尋求更寬廣的外交承認空間、贏回聯合國的席次、

被肯定為國際舞台上的要角……的渴望，與台灣從自己國內看待世界的方法，是脫節分裂的。台灣期待全球能關心自己，可是台灣國內卻看不到與之齊頭並進的全球關懷。此外，儘管台灣許多政壇人士一再強調「軟實力」贏人心的重要，在國際的人道事務的場域中，卻不多見它的身影。

　　的確，台灣無法加入聯合國的各種組織，進而對於全球作出貢獻。不過它那受過良好教育且技術精良的國民，卻可以在人道領域作出其他貢獻，或是協助其他發達程度較低的國家，進行技術訓練以及經濟開發，特別是協助那些仍與台灣維持邦交的盟國。

　　說到塑造全球輿論以及態度，台灣人民也能做出貢獻、加入討論。當年我住台灣並從事記者工作時，就很欣賞當地許多非政府組織的創造能力與革新能力。如果讓他們組織令人驚奇的活動，必能成為媒體焦點，獲得不少新聞曝光的機會。在台灣你可以發現豐沛的創造力，與「另闢蹊徑」的想法。

　　「慈善事業」，或是願意做更多事幫助他人，其實不一定只是捐錢給值得關心的案例。這意味改變你生活中的一點什麼，以造就更大的不同，也意味你在社會中擺脫消極，同時變得更加積極。

　　單槍匹馬是否可以改變什麼？起初我認為沒辦法，後來我的觀念不一樣了，因為我在世界各處認識了一些令你讚嘆的人。他們願意犧牲奉獻、為了某種信念挺身而出；或者就是覺得「忍無可忍」，而做一些不僅改變自己、也改變了周遭人的事。這些事就算再如何微不足道，但畢竟實踐了。

　　謹將此書獻給我在全世界工作時，曾遇見過的這樣一些人。

chapter 1

第一章

浪跡全球
的人：
採訪筆記

到世界各地出差去，
只靠一只皮箱過活

我的工作是世界上數一數二的好——或是數一數二的壞。端看和我說話的人是誰，判斷就會跟著改變。

強項包括：經常到國外出差，停留的地方不是觀光勝地；不必在辦公室待上太長時間，經常親赴採訪現場，一般而言就等於逃過每天的一板一眼，逃過辦公室裡的權謀；在工作的安排上享有高度的自主性；和來自不同文化的新臉孔碰面；有機會真正觀察草根階層的人民如何過活，同時能夠與其互動。在這份工作中，你覺得自己可以站在第一線見證群眾生活的改變，並且加以記錄，然後傳送給外面的世界。

弱面包括：經常到國外出差，而且停留的地方並非觀光勝地（等在機場裡的時間很長；停留在少有基礎設施或是基礎設施朽壞的國家，電話以及網路連線不是沒有就是聊勝於無，住的不是民宿就是檔次很低的旅店，又髒又簡陋的旅店，其中有幾家我懷疑還充作妓院，通常都是在水電可能是奢侈品而且並非全面穩定供應的地方）；待在辦公室的時間太少，待在四輪驅動車裡的時間過長，走的經常是可怕的泥土小路，經常在灼熱的氣溫中坐著空調故障的車子；白天必須隨傳隨到，行程表排得十分緊湊，截稿期限根本強人所難；離家在外的時間過長。接觸的對象都是一貧如洗的人，而且經常應付因災難和衝突所引起的緊張情況。

我接受這份工作的時候，人家給了我許多警告：凡是願意和我擔任同樣角色的人，亦即人道扶助的專業人員（這個小隊由不同領域的專家組成，在接獲通知後很短的時間內便須跨國動員起來），經常不出幾年便因精疲力盡而離職了。

我很能理解「精疲力盡」指的是甚麼。現在這份工作我做三年多了，雖

然我還是很喜歡到海外出差，並且向不同的文化、理念和議題開敞心胸，但有時我仍然希望不要換地方換得那麼頻繁，能夠在派去出任務的國家中住久一點，而不是做新聞記者做得像消防隊員，坐噴射機到新的地方，然後立刻變成當地的萬事通。我停留在某地的時間經常短到甚至不必費心把行李中的東西拿出來。

在機場註定要排隊久候；因為我總隨身帶著裝滿錄影設備、接頭、麥克風以及其他玩意兒的一只皮箱，以致每次人家總要仔細檢查我所有的行李。那只皮箱裡的東西總要引起進一步的關注（很顯然是因為麥克風導線的接頭在 X 光機器中看起來好像子彈），因此就算抵達政策最寬鬆的國家，仍要額外接受幾道安全檢查。

我經常需要重新打包自己的行李，攜帶適合異國文化的得體衣物（例如在巴基斯坦和索馬利蘭等國家就得包頭巾並穿上長袖的寬鬆袍子）或是適合他鄉氣候的服裝（例如在衣索匹亞等夜間冷到教人震驚而日間又熱到像火在燒的地方，就要採用洋蔥穿衣法，外加套頭毛衣和保暖夾克）。

長途高速飛行後生理的節奏會失調並且產生疲乏的煩躁感，但是不管到達何方，我仍然必須立刻調適過來；想盡辦法處理問題以及訊息，有關當地社會的艱難任務；想辦法吃上一頓像樣的晚餐，或者，如果夠幸運的話，游個泳放鬆一下，甚至找地方練上一段莎莎舞（在衣索匹亞那枯燥乏味的首都阿迪斯阿貝巴，我找到一個可以跳這種舞的場所，歡快程度超乎意料之外，此外還有幾個超棒的爵士樂現場演奏地點；德里也是這樣；我甚至設法在不太有希望找到舞場的國家跳成了莎莎舞，例如巴基斯坦和孟加拉這類宗教和社會習俗都不鼓勵異性雜處的國家）。還有快速交友及培養人際關係的能力和需求。我在某個城鎮可能只待幾個星期，卻要和每一個人彼此認識，而且還要趕緊認識！

在我的袋子裡幾乎隨時都備有下列的東西：我的工作行頭（錄影機、攝

影機、三腳架、錄音機、麥克風和接頭；一台筆記型電腦）；適合當地氣候的衣物，防蚊液，藥片以及其他醫藥用品，還有一些奢侈品（不過現在我已認定為必需品）：蘋果 iPod（可使我在機場漫長的等待中保持清醒的音樂；紓解壓力跳一段舞的音樂）；絲質睡袋（極輕巧又結實，而且，不管到了麼地方，旅社的清潔無法令你安心時，這種睡袋就特別有用）；可保溫的濾壓咖啡壺，方便我泡自己的濾泡式咖啡；品質還不錯的咖啡（我是咖啡因成癮者，每天早上至少一杯咖啡，否則無法發動起來）；手動發電頭燈（不需要放電池）；一兩本書，應付在機場的厭煩等待，或是夜裡無處娛樂時當做消遣（最近已被亞馬遜的電子書閱讀器取代了，這東西用起來真教人高興，裡面那座小型的圖書館讓我不用擔心會讀完還不錯的材料）。另外，當然還包括我的黑莓機，當我出差到世界各角落時，它嘰嘰響又嗶嗶叫，讓辦公室和記者們（幾乎）都能立刻連絡到我。

當初針對我這職位所刊登的徵才廣告並無不實之嫌。它提到：百分之九十的時間要到國外出差。當時，這似乎是我夢寐以求的工作，而且廣告中的要求以及敘述像是為我量身而寫。

起初，我做的是廣播電台的新聞記者，過去十年，一直在亞洲居住、工作，很少回英國探訪。我覺得自己真的就是僑民，而且還渴求更多國外的探索經歷。我稱自己為環球浪人。每次難得回去一趟我們位於英國牛津的企業總部，就會聽到幾乎已經變成老調的一句評語：「你是媒體中心的蘿拉・卡芙特」。我猜人家會以為我的職責有一部分就像消防員的角色，努力撥亂反正，坐飛機在各國之間飛來飛去。而實際上，這份工作並非如此迷人，因為一堆苦差事等著你：如果出發去到現場，或是必須及時完成報告或是及時剪完錄影帶，以便應付又一次的新聞焦點或是事件，那就註定得熬夜，註定周末假期要泡湯了。

由於有機會前往那些我曾去過的地方，和那些願意向我親切陳述自己故

逃往伊拉克的敘利亞難民一家
人。他們想為自己和子女爭取更
好的生活。

事並吐露真心話的人碰面，我覺得自己實在是個幸運兒。見證他們如何過活，目睹他們的艱困與成就，他們的辛勞與喜悅。看看他們在獲得些許幫助、教育、聲援或是技術訓練之後，生活如何被改善了。我寫這本書的動機有一部分是基於此一理由。陳述那些人的故事。我經常到訪一些世界上最窮困的國家，那裏罕有受教育的機會，醫療水準低落，工作機會少之又少，而且貪腐橫行，政府之中任人唯親；那裡的行動和言論自由相當有限，那裡的人民覺得政府遺棄了他們，或是單純覺得政府根本沒有能力。不過，每當我離開的時候，心中湧現的的強烈感受並非絕望，而是希望。民眾不願逆來順受、心灰意冷，或是一味耽溺在無助的情緒中。他們想為自己和子女爭取更好的生活。他們表現尊嚴和格調，辛勤工作，並決心為更好的未來奮鬥。他們能夠開懷大笑，或是對自己和別人動起肝火。他們能夠擁抱夢想，並且與人分享自己的憧憬。

　　儘管他們每天艱困度日，他們的故事卻經常能夠鼓舞人心，所以我才認為：既然能有機會傾聽他們，我擁有的必定是全世界數一數二好的工作。何況我可以把他們的故事告訴更廣大的全球閱聽眾，使他們的聲音不致無人聞問。

chapter 2

第二章

永遠改變
生命的
幾秒鐘

海地，二〇一〇年一月

不要以為人活著是理所當然。要將你眼中的特殊人物時時放在心上。因為你有可能一覺醒來就發現：自己平日忙著撿拾石頭，卻遺失了一顆鑽石。

尚未看到他們之前，我就已經聞到他們。一股濃烈且令人作嘔的詭甜氣味佔滿了鼻孔和肺部。這種氣味教你不由自主產生了翻胃的感覺。基於好幾年前的記憶，我驚恐地認出了那駭人的氣味。那是我斷然不願回想的氣味，然而卻無法阻止它鑽進我的鼻孔。此刻，我一方面害怕親眼目睹，一方面又做起心理準備，迎向那非看不可的場面。

那是死亡的氣味。那是腐肉的氣味。

我坐在車子裡面，車子駛經海地首都太子港的市中心。才三天前，一場大地震摧毀了這個首都，它所在的國家原本就極脆弱，是西半球最貧窮的國家，而且是數一數二易受天災侵襲的國家。該國大約百分之八十的人口每天的生活費不足二美元，而且長期苦於失業問題，此外，兒童就學率不到百分之七十五，百分之四十的人口無法享有基本的醫療照顧（這個問題在農村地區尤其嚴重）。

過去數十年間，海地遭遇政治衝突與獨裁統治的問題，外加政府效率不彰、不穩定的食物供應、暴力猖獗與嚴重的環境破壞（海地百分之九十的森林已遭伐盡）。

那是一個極度不公平的社會：海地一半的財富掌握在大約百分之一的人手中。不過，地震不長眼睛，認不得社會的分野。它將窮人和富人一網打盡。

無論裝飾富麗的總統府（坐落在精心修剪的草坪上，如今因為建築物的結構塌陷，那耀眼的白穹頂已經歪向一側）、政府大樓、銀行、學校或是貧民窟的房宅一概不能倖免。中小學和大學，醫院以及教堂，甚至該國最主要的監獄，那麼多的監獄都倒塌了。數百萬人受災，許多人喪失了住屋和家庭。

接下來的數天和數星期裡，傷亡的數字將會以驚人的速度向上攀升。不過最早的報導即已披露：罹難人數已達數萬，並且還有更多人受困在瓦礫

堆中，整座城市被震成了廢墟，幾十萬人無家可歸。

只要開車上街繞上一趟，即可證實稍早我在電視新聞中看到的畫面。那些畫面在各機場候機室不停播放，是我一路轉機到海地的旅程中看到的。那番景象教人觸目驚心，建築物像一副副紙牌似的垮下，裸露的鋼筋從瓦礫堆突伸出來，而這瓦礫堆一度是堅硬的水泥塊。

街上有人，許多都還蒙著白色塵土，鬼森森的，好比行屍走肉。有些人戴著面具，以免吸入煙塵，同時希望藉此隔絕屍臭。其他人則在鼻孔下面塗上白色的牙膏，用意同上，都試圖避開那股詭甜的、令人作嘔的腐敗味道。

過去幾年當中，海地承受的自然災害不成比例地高於世界的平均值。一般而言，那些自然災害不是颶風便是水災。這個加勒比海的島嶼坐落於一條相當寬的斷層帶上，過去亦曾發生過致死的地震，不過大家普遍認為那還算不上危險的地震區。這次則是二百年來襲擊該國最強烈的地震。

地震於一月十二日星期二下午四時五十三分來襲。現在是星期五早上。我從英國牛津樂施會總部出發，途經紐約轉機，飛抵海地鄰國多明尼加共和國（和海地同樣位於伊斯班尼歐拉島）的聖多明哥市。那時，英國正受嚴重暴風雪的蹂躪，那是有史以來數一數二最寒冷的冬季。我們正著手準備一項大規模的緊急應變工作，而我遠赴海地的目的即在協調該項任務，並且領導我們的媒體工作。

我們的辦公室已預先為我安排好從聖多明哥市開往海地的小巴士。同行的還有一位樂施會的同事，平常是派駐在墨西哥地區中心的一位資訊科技專家。他隨身攜帶了衛星電話和其他通訊設備。這批設備讓我們得以有效地和世界其他地方聯繫。一起動身的還有一支祕魯來的消防救災團隊。在地震發生後的最初幾天，他們成為了國際搜尋及救援力量的一份子。

這些消防救災人員在災難援助方面的經驗十分豐富，而且配備精良，教

人印象深刻。他們甚至運來了專業的起重裝置。我們半途在聖多明哥市的一家雜貨店稍事停留，結果幾乎把整個店都買光了。那些祕魯人負有採購任務。現在，我們的小巴士已經塞滿了二十公升的塑膠大水瓶，外加罐頭、水果乾、餅乾以及其他所有他們能夠買得到的東西，那些不至於因炎熱的天氣而腐敗的東西。期待這批補給能夠提供精力，讓他們得以應付下一星期免不了會折磨人的工作。大家向後擠進自己的座位，盡力在餅乾盒、罐裝食物和大水瓶間覓得棲身空間。

＊＊＊

旅程十分漫長。連續兩個晚上，我睡覺的時間不足兩個小時。

起初，我們計畫連夜從多明尼加共和國直接駛入海地。我們一直和多明尼加共和國的民防單位保持聯繫協調。然而，星期四午夜左右，當我們抵達邊境城鎮吉馬尼（Jimaní）的一處軍事要塞時，擺在眼前的事實是：我們必須等到隔天早上方可重新上路。其他幾輛載滿救援設備以及緊急應變人員和義工的卡車，也都停在附近通往要塞的小路上。

在擁擠的小巴士裡很難成眠。我睡眼惺忪地踉蹌而出，找了一方空地，然後再躺下來。我沒有準備任何睡具，只有一件絨毛裡子的背心，那是我在英國風雪交加時前往機場途中就穿著的。我陷入昏沉的狀態，睡得並不安穩，而醒來時晨空中已經陽光閃耀。

邊界才一重新開放，我們七點就上路了。

雖然我已精疲力盡，現在卻仍坐得筆直。我知道自己必須進行第一階段的採訪，針對本人親眼目睹的事以及該場災難的嚴重程度做出反應。儘管我覺得睡眠不足，保持警覺狀態還是必要的。

我從小巴士的車窗向外窺探，努力要將所見到的每一幕景象清楚地印入腦海。我也拍了一些相片，打算發佈給媒體，並且放上我們自己的網站。

這些相片日後將有助於我回憶起此時此刻，重溫那些在我心中洶湧的情緒。我也明白，隨著時間的流逝，回憶可能變得模糊，況且追憶的事無可避免會和後來的聲音與景象糾纏起來。

起初，我預期看到海地人民都為了尋求棲身之處以及安全環境，排山倒海似的朝邊境湧去。然而，當我們再深入海地境內，並往首都方向駛去時，四周卻安靜到令人毛骨悚然。有些人騎摩托車，其他人沿著路邊行走，帶著裝水用的瓶子，並且背著過大的袋子，裡面裝著他們的家當。可是，除此之外，一切看起來都很平常。正因如此，情況才顯得更加詭異。

我們繼續前行，又過了一個多小時，沿途經過小村莊，經過販售雜貨、水果和蔬菜的貨攤以及店鋪。單就結構而言，建築物似乎完好如初，沒有任何損壞。日常生活似乎未受干擾。群眾都在街上聊天、買東西、賣東西或是閒逛，絲毫沒有異常之處。

接著，情況開始慢慢改變了。第一個跡象便是加油站外面的長龍，然後再看到充當交通工具的超載車輛（當地人稱之為「塔普塔普」的）。這種漆飾得繽紛多彩而且一般擠滿乘客的貨車，車身通常繪有聖經的教條，在當地被用做公共汽車。接下來，我們可以看到某些建築物牆上出現的寬闊裂縫。這些景象不需再過多久便放眼皆是了。距離首都越近，我們看到的災損也就越多。

首都的居民似乎依然迷亂恍惚，似乎仍因強震而眩暈。到處看得到大批的人群，而且人群不停地移動。起先我還想不透他們究竟要走向何處。許多人仍一直在找尋親人，在震災中失蹤的、被困住的或是已經罹難的親人。其他的人則在積極尋覓食物、飲水以及避難場所。不過，後來我才發現，有更多的人向鄉下以及外省川流而去，頭上頂著巨大的紅白藍三色塑膠袋，手上提著裝了水的四方形塑膠桶。我認得那種塑膠袋，既結實又耐用，又可擴充出極大的容量。我把它和難民或是顛沛流離畫上等號。以前，

我在柬埔寨和亞洲其他地區工作時曾經多次到訪難民營，那種袋子即是最常見的東西。

在海地的災區，他們抓起那種袋子便匆匆上路。民眾儘可能帶走自己能帶走的，或是個人值錢的財物，或是身陷困境之際能派上用場的必需品。不少人光著腳走路。

＊＊＊

稍早那股令人不知所措的詭甜氣味、腐敗氣味，現在我終於弄清楚它的來源了。三具死屍躺在戶外的地上，身軀大部分用布遮住，其中一具是先被抬上看來像是金屬製的獨輪車，然後運過來的。可以看見露出來了一條胳臂，被血汙弄髒了的胳臂。很久以後，再度檢視那批照片時，我才發現，另一具裹起來的死屍其實腹部明顯隆起。這位罹難者懷有身孕。

我們的小巴士再度啟程，路程顛簸，我從沉思中彈出來。我們的車駛過幾條很擁擠的街道。街道修建在山坡上，通往太子港數一數二的頂級旅館「蒙塔納」（Montana）。

這裡正是那一批祕魯救難隊員（先前旅途上的同伴）預計駐守的地方。先前，由於下榻該旅館的外國人很多，因此現在成為國際搜救行動最密集的一個區塊。這個祕魯團隊著手從小巴上面卸下他們的裝備和食物。我和同事壓根還搞不清楚，太子港樂施會的辦公大樓是否仍未倒塌。地震發生之後，完全無法以電話聯絡我們的人員。英國總部倒是收到一則簡訊，只說我們在海地的全體職員都安然無恙。同行的同事以前曾經拜訪過我們的海地支部，那個地方顯然距離「蒙塔納」旅館不遠，步行即可到達。我這同事出去打聽消息，留下我守候在毀損的「蒙塔納」旅館裡，負責看管我們的設備和財物。

因為睡眠不足，我有一點頭昏腦脹。我觀察眼前的景象。「蒙塔納」旅

館的佔地橫跨了數塊街區。組成旅館專區的建築物大部分都受到災損，只是程度輕重有別而已。有的地方房舍完全倒塌。迎賓主館雖然依舊屹立，但實際上已經破壞得相當嚴重了。大理石地板上到處布滿碎片，一直無人清理。

我看見搜救隊一名法國籍的年輕士兵。他獨自坐在運送裝備的箱子上，雙手托住腦袋，明顯是累壞了。毫無疑問，災難強大的破壞力令他深受震撼。其他的搜救隊員在他四周按照計畫奔忙，有人牽著躍躍欲試的嗅探犬，狗兒都急著將配合的隊員帶往倒塌建築物的瓦礫堆中。

現場幾乎成了小型的聯合國，可以聽到法國腔、西班牙腔和美國腔。一組又一組的新聞記者和攝影記者（大部分是法國人和美國人），將那些評論災情的高階官員圍個密密匝匝。

關於那些評論我只聽進一半，大意是有八個人（七個美國人外加一個海地人）已經從那間擁有一百四十五個房間的旅館裡被救出來（當時房客總數大約兩百），不過其中一位雖經漏夜搶救，仍因傷重宣告不治。

有位法國籍的搜救隊員說道：「任務實在太艱鉅了。」他也提到，自己所屬的團隊優先搶救的對象是住在首都太子港的法國公民，包括使館人員以及學校的教職員：「通訊系統癱瘓掉了，又沒有負責總指揮的機構。我們出動嗅探犬，聽得見倒塌的建築物下面傳出受困兒童的哭聲和大人的呼救。」

有一位年紀稍長的法國人坐在椅子上和旁人閒聊。他的臉上佈滿瘀青，看起來應該是從其中一棟倒塌的建築物裡被救出來的。他說：「我還好啦，沒事沒事。」他繼續說話，同時也有好幾個人前來向他問候。看起來他似乎正準備離開，有人把一只手提箱和其他幾個袋子送到他坐的地方，不過他並不急著動身。

時間又過了一個多小時。

天氣炎熱，我的情況不止「疲累」二字形容得了。我正盤算如何打聽我的那位同事究竟發生什麼事了，他就坐著由另外一個人駕駛的黑色卡車回來了。另外那個人便是我們駐在海地的一位職員。

我們沿著山坡上狹窄的道路駛往樂施會的辦公大樓。該處位於十五分鐘車程遠的市郊布爾東（Bourdon）區。我在那裏看到更多震災的跡象，只覺得情況已經糟到不能再糟。停車場的建築壓垮停在場內的汽車，房屋從中間凹陷下去，景象十分淒涼。

我們駛經某棟建築物的前面，我驚訝得倒抽了一口氣。它的外牆被地震震落下來，石礫掉落街上，露出住宅的內部，那是某戶人家的餐室。

一棵繫有耀眼金銀絲的聖誕樹孤零零地倒在那裏，地板上散落一些像是小禮物的東西，原來應當都掛在樹上的。一旁的餐桌上已經擺好了餐盤、食物和餐具，看樣子正等著家人回來吃晚餐。

我們那位同事奈爾遜（也是開車載我們到樂施會辦公大樓的人）解釋：地震發生後，三天以來情況一直沒有改變，那棟房子四周都是震垮的建築物和一堆堆傾倒的水泥牆，就不知道主人是否還會回來用餐。

我們的車轉過一處街角，然後放慢速度，最後終於停下來了。

我們通過圍牆的大門時，奈爾遜一面比劃手勢，一面宣佈：「歡迎蒞臨辦公大樓。也許我應該說，歡迎蒞臨辦公危樓。」

沒過多久，他這話的精準程度便顯露出來了。辦公區有兩棟大樓，都坐落在同一個庭院裡。比較新的那棟三層樓建築物，其結構已經嚴重受損了。二樓的牆壁向外震落，赤裸裸露出室內的書桌、椅子和檔案櫃。三樓如今似乎僅由寥寥可數的幾根脆弱柱子盡力撐住，雖有幾條明顯的裂痕，不過相對而言，還是受災較輕的樓層。房子看起來像用紙牌搭的，可能轉瞬之間便會倒塌造成危險。

建築物的四周散佈著混凝土塊。完全看不到誰來清運瓦礫。

當地的幾位職員坐在中庭專注地交談著。人家簡單將我們介紹了一下，有人抬起頭來，其中一位公衛領域的工作人員說道：「抱歉，我們實在太忙了，現在沒有空和你們說話」，然後又開始和她的同事熱烈討論起來。

我們走進那棟未遭破壞的建築物。奈爾遜指著陽台上的幾扇玻璃門說道：「我們不關這幾扇門，萬一地震再度來襲，就從那裡逃出去。」

我的手機差不多完全沒辦法撥打電話，因為大部分的電話系統被地震破壞後仍未修復。不過，我發現手機至少能發簡訊，也能接到幾通國外打來的電話，這證明打電話的人是鍥而不捨的。我們到達才過不久，同事們就已設法讓我們的衛星電話運作起來。有了這架可攜式的衛星網路基地台，我們就可以打電話並且傳送資料，如此便可以和外界聯繫上了。

在接下去的幾個小時裡，我和新聞記者馬不停蹄地進行採訪。那些記者都渴望聽到最新的消息以及目擊者的報告。最後，我們離開辦公室的時候已經晚上八點半了。

在往後的幾個星期中，我都住在先前樂施會的職員之家。那是一棟可愛的殖民風格建築物，擁有陽台和大花園。不過，這房子也不例外，沒能逃過地震的破壞，只是受損程度如何，其實我們無法完全確定。反正外牆震出了大裂縫，許多房間裡的灰泥塗層掉落地板上，摔成碎片。瓦斯斷絕供應，供水也是時有時無。

大家依舊擔心目前建築物結構上的安全問題，於是，在最初的幾天裡，我們就暫時在花園裡棲身。每到晚上，我們就把床墊或是坐墊拖到室外，又在樹木之間掛起蚊帳。萬一白天我們工作的時候下起雨來，寢具就要收入室內，才不至於淋濕。雖然無論白天或是夜晚，大部分時間裡天氣既嚴熱又潮濕，但我發現，氣溫會在凌晨四點驟降。我裹在薄薄的被單裡不斷發抖，只好起身找出那件我離開大雪紛飛的英國時所穿的絨毛背心。

在最初的幾天裡，我發現根本無法成眠。我的精神過度亢奮，無論在精

神上或是體力上都已透支，唯獨腦袋卻過度受到刺激，幾乎不可能放鬆下來，或是讓思緒平息下來入睡。我的耳畔一直迴盪人聲，那是無家可歸的人或是逃離原住社區的人的聲音。他們暫時被安頓在附近可供利用的空地上，唱著宗教歌曲以求慰藉，祈求自己能躲過下一場震災，並且獲得上帝的庇佑。這一份休戚與共的親近感令他們感到安慰，讓他們在共同忍受的苦難之中團結起來。

他們的歌聲令我好幾個小時都沒辦法入睡。早上四點三十分，歌聲終於停止，我總算能進入不安穩的淺眠狀態。破曉時分，公雞開始啼叫，我也醒轉過來，但仍覺得和前一夜相比，疲乏的程度有過之而無不及。

為罹難者繼續努力

不僅海地的基礎設施被震得支離破碎，這場災難也奪去海地許多菁英份子的性命，包括專業人士以及技術人士，而他們的專業以及技術正好又是該國復甦過程中最迫切需要的。[1]

在接下來的幾天裡，人家告訴我，一些最熱中奉獻，行事也最積極的公務員，都在地震中犧牲了。接近下午五點時，他們仍在辦公室裡忙碌，而那些工作態度相對較不起勁的人稍早都先下班了。地震來襲時，那些仍在工作的人不是當場死亡，就是被埋進瓦礫堆下。

阿梅戴‧馬雷斯科（Amedée Marescot）是樂施會裡的計畫經理。他是數一數二經驗豐富而且備受推崇的工作人員，卻在大地震中失去性命。當時他犯了一個致命但是不難理解的錯誤：房屋搖晃起來的時候，他嘗試從辦公室的門逃往室外，結果被一根倒下來的柱子壓住，最後在醫院裡過世。人家告訴我，假設他當時留在原地不動，或是躲到書桌下面避難，可能今

1　根據政府官方統計，大地震的罹難人數高達二十三萬。

天仍然活著。

他為樂施會效勞已達十五年之久，一直都扮演關鍵性的角色。樂施會在海地的那位為人直言坦率的主任約萊特·艾蒂安（Yolette Etienne）就說：「他生前不僅是同事，還是一位導護、模範、朋友以及顧問，總之就是我們團隊的良師。」

在樂施會海地團隊中，有一半的人在大地震中沒了房子，有不少人失去了朋友以及親人。出生於太子港的約萊特年約五十歲，是一位盡心盡責、目光獨到而且善於表達的樂施會海地總負責人。

地震發生後，她因失去了最重要的下屬與摯友而深受打擊，此外，又因必須確保所有的職員維持冷靜並且回得了家而心力交瘁，以至於她自己過了幾個小時才回到家裡。而那一刻，迎接她的竟然又是另一場悲劇。她的房子整棟被夷為平地，而且她的母親也罹難了。

她告訴我：「那個夜晚簡直就像一場夢魘，人們在哭，大家都很絕望，不過也激發出了同舟共濟的情懷。我們感覺到，大夥之間產生出了一份博愛、一份憐恤，這也是那一場夢魘裡最珍貴的東西。」

隔天早上，約萊特和她的丈夫將母親埋葬在花園裡，然後她便返回了工作崗位。她把所有的精力都投入工作當中，以便忘卻個人遭逢的不幸。一直等我抵達之後不久，以溫和的語氣向她問起那天晚上發生的事，她才哭了起來。她對我說：「這是我第一次哭，不過這是好事。自從那件事發生後，我第一個傾吐的對象就是你。」

她說：「為了忘掉發生在我身上的事，我把所有的精力都投注在工作裡，這就是我的目標：賣力工作、扶助別人、幫助那些劫後餘生的人，腦中沒有其他念頭。」

許多其他的人也是這種態度。把一己的不幸擺到一旁，專心應付手邊必須立即處理的任務，例如為難民找食物、飲水以及棲身處所，每天試著盡

量把問題解決掉，試著建立起一套慣常的程序。

太子港這個城市已被蹂躪得面目全非。專家稍後宣佈：首都百分之七十五的地區需要重建，光是要清運數百萬立方呎破碎的磚塊、灰泥、混凝土和金屬就必須出動一百萬至兩百萬輛次的卡車才行。查理‧克萊蒙（Charles Clermont）這位身兼海地政府顧問的企業家，則提出更保守的估計。他告訴記者：這項任務恐怕需時兩年方能完成，而且必須每天二十四小時不間斷地出動一千輛卡車才辦得到。必須延請結構專家為那些尚未倒塌的建築物進行狀況評估。通常五月底開始的雨季眼看就要來臨，此一曠日費時的任務更顯得緊急了。其實，需要操心的還有其他的事：如何把壓住屍體的建築物拆除？瓦礫一旦移除之後，將做如何處置？運到某個地點丟棄呢？或是回收碾碎之後，用於未來的建設呢？

不過這些問題也許留待日後考慮。眼前需要優先的處理的是救出那些能被救出的人，並且幫助那些劫後餘生的人。

* * *

根據估計，大地震後無家可歸的人超過一百萬，日常生活多少受影響的人則超過三百萬。數十萬人決定離開太子港前往外省地區，到那裡投靠他們的親戚。而且他們相信，那裡比較安全，也容易取得比方食物等的基本生活物資。

這次人民遷徙的方向與過去正好完全相反。過去數十年間，海地的鄉村地區由於缺少基礎建設與投資，窮人為了謀職、為了尋找更好的機會，便不斷流向首都。依照原先的規劃，太子港這個首都只能容納二十至三十萬居民，可是到了大地震來襲的前夕，它的人口已經暴漲到了三百萬左右。

很多人擔憂，這次逆向的人口流動，會對海地已形脆弱的鄉村人口造成額外的壓力。

首都之外，也有其他地區受到大地震重創，但起先幾乎沒有受到關注，例如該國的文化首都賈克梅勒（Jacmel），又例如位於太子港南方兩個小時車程的雷歐甘（Léogane）也是。有些報導推估，雷歐甘百分之九十的建築物均毀於震災，且有百分之二十的居民罹難。

太子港受災最嚴重的地區首推市中心，也就是政府辦公大樓集中的地區。開車到那一帶繞了一下，我整個人都嚇呆了：那一堆又一堆崩塌的混凝土牆原先都是政府各重要部會的原址。其中有一處尤其令我印象深刻。別人告訴我，那裡本來是好幾層樓的稅務審計辦公廳，如今已被摧毀成為廢墟。一落落看起來像是手寫的文件散落在瓦礫堆中，有些紙張在微風中輕輕顫動。這個地方原先專門存放納稅紀錄、執照申請以及各種商務資料。現在這些資料都佚失了。民眾的身分檔案，用墨水登錄在紙上的身分檔案，如今委地無人收拾，東一張西一張。這些紙張教人看在眼裡特別沉痛，散落在斷垣殘壁間，顯得如此破碎，如此單薄。

這個區域曾經是政府的心臟，可是倖存下來的建築那麼少。政府部門的建築會那麼快就塌陷，我懷疑是豆腐渣工程導致的結果。政府官員拿回扣，建商就偷工減料。許多我遇到的海地人都異口同聲抱怨起官方的貪汙現象。我聽到廣播節目裡有不少受訪的民眾表示：從國外湧進來的救難資源不是經過政府官員的手發放，而是直接由聯合國或是其他國際援助組織進行分配，他們對此感到高興。過去因為貪汙以及效率不彰一直受人詬病，目前必須講究透明公開。有個人說：「我們不希罕直接撥給政府的錢，那樣只是肥了他們的荷包罷了。」

* * *

幾天後，我看到幾名海地人使勁揮舞一面他們帶來的美國國旗，諷刺的意味莫此為甚。當時，美國正派遣幾千名士兵到海地協助緊急搜救以及接

濟工作，先前也已宣佈：由於機場受到災損，為了加快緊急應變速度，他們正著手接管機場的運作。換成其他國家，此一舉措應該會激起民憤，可是海地在這緊要的關頭顯然沒有出現類似的反應。有個人告訴我：「我們想要美國人來，來這裡幫我們解決一切的問題。他們會把事情做好。他們會幫助我們。」

但美國以前對海地的軍事介入並非沒有爭議。美國海軍曾在一九三四年之前佔據海地長達十九年。美國軍隊亦於一九九四年干預海地內政，目的在協助在一場軍事政變中被罷黜的總統尚 - 貝爾特杭·阿里斯提德（Jean-Bertrand Aristide）復位，他是海地史上第一位以民主方式選舉出來的總統。

如今，美國軍隊懷抱維繫安全穩定、協助分配救濟資源的目的再度回到了海地，在急難援助的工作上擔負起領導者的角色。美國參與救難的兵力人數最多的時候達到兩萬兩千人，大部分只留在停泊於外海的軍艦上待命。

儘管海地許多一般民眾很樂意看到美國軍隊介入，但海地的一些鄰國，例如委內瑞拉、玻利維亞、古巴以及海地昔日的殖民母國法國，他們就同聲譴責美國企圖「竊據」海地，而美國面對這項指控，也立即發表嚴正聲明駁斥。

無可否認，海地需要大規模的援助以及人力，而且還得迅速到位才行。到處都是破瓦殘礫。很少有哪一個地區看上去是未受震災破壞的。或許你認為有些建築物（例如銀行）應該禁得住所有災害的考驗，此次竟也塌陷下來，被自身混凝土結構的重量壓扁了。

* * *

數十年以來，海地大約九百萬的人口不公平地承受了過於艱困的生活。例如長達三十年的獨裁政權：先後由外號「爹地大夫」（Papa Doc）的夫

杭索瓦・杜瓦立耶（François Duvalier）以及他那外號「娃兒大夫」（Baby Doc）的兒子專政。他們擅長利用惡名昭彰的爪牙，亦即國家安全志願軍「背包叔叔」（Tonton Macoute），進行恐怖統治。又例如蹂躪該國的颶風（二〇〇八年接連來了四個）以及洪水。此外，海地的社會還面臨下列的嚴峻難題：愛滋病肆虐、濫伐森林導致地表滿目瘡痍、鄉村人口大量移徙造成都會地區過度擁擠。如今，這個國家幾乎完全癱瘓。太子港是政府的核心，是該國的神經中樞，現在已遭摧毀。這場強度七的大規模天災，持續時間不超過一分鐘，卻造成如此嚴重的破壞。

政府辦公大樓不是坍塌就是被壓扁了，好像六角形手風琴的風箱管似的。關鍵的部會首長以及技術官僚都不幸喪命。港口以及機場塔台也遭毀損；倒塌的建築物阻斷了主要的道路；聯合國維和派遣團的總部被震垮，團長也罹難了。至於當地的手機網絡，除了一家可算是規模最小的門號商以外，也全都斷訊了。不過，儘管補給問題困難重重，有些救援物資還是得以運送進來。

許多都是從鄰國多明尼加以卡車載送入境的。其他的補給品則經由首都的機場走空運過來。機場先前關閉了一段時間，現在也只供人道救援的班次起降。在接下來的幾天裡，加派大量士兵到海地，並且控制機場的美軍，和幾個援助組織發生衝突，因為後者聲稱，他們幾架載送救濟物資的飛機竟無法獲得降落許可。

無國界醫生組織（MSF）於一月十九日發表一篇措辭強硬的新聞稿。文中提到，他們的一架貨機雖然一再向當局保證有能力克服著陸的問題，但仍然三度未獲太子港機場的降落許可，只能無功而返。當時機上載著十二公噸的醫療補給，包括藥品、外科手術用品以及兩台洗腎機器。

該新聞稿引述了無國界醫生組織位於太陽城（Cité Soleil）休斯卡勒（Choscal）醫院事故應變聯絡人洛里斯・得・非利比（Loris de Filippi）的話：

「馬爾提桑（Martissant）健康中心裡有五名病患，因為得不到那架專機原本可以運來的醫療補給而枉送性命。本人從來不曾見過這樣的事。每次我離開開刀房，就看到許多人不顧一切要求院方進行外科手術。光是今天，休斯卡勒醫院裡便有十二名病患必須進行保命的截肢手術。最後，我們不得已只好去市場買來鋸子，以便繼續進行截肢手術。我們在這裡跟時間賽跑。」

＊＊＊

　　樂施會並不是醫療或是健康照護的專業機構。此一團體最為人稱道的工作包括提供社區乾淨的水，以及衛生設備還有保健訓練，協助一些最窮困的人步上謀生之道。更受各方矚目的，則是主動出擊、嘗試對付貧窮的根本因素，例如讓群眾享有食物、飲水、醫療以及教育等等基本生活資源，或是更複雜的一些議題，例如氣候變遷，以及與援助相關的問題。我們的團隊在海地國內先前已經儲存應急的物資，不過儲存設備在震災中損毀了。我到城裡各處查看一些我們已經著手進行的工作。

　　佩提翁維勒俱樂部（Pétionville Club）位於郊區山丘高處，可以俯瞰太子港的富裕地段，擁有一座高爾夫球場、一個游泳池以及數個網球場。

　　可是地震過後，這個九個洞的高爾夫球場搖身一變成了首都數一數二最大的臨時戶外避難所，晚間收容的難民人數高達五萬。收容所裡並不是每個人的家都呈全毀狀態，然而民眾已是驚弓之鳥。他們十分擔心餘震，認為睡在戶外開放的空間比較安全，如此便不必太擔心其他的建築物會垮在他們身上，何況還有他人陪伴。

　　平坦球道上的草地以前一度綠意盎然，如今卻變成一片棕褐色的泥漿地，上面搭滿數以千計的克難帳篷。民眾僅能用自己找得到的東西來保護自己以及家人。木柱以及衣物、塑膠布和厚墊，這些都是最需要的品項。

在這片由難民自己開闢的混亂居住區內，卻看得到幾個特意搭建起來的搶眼帳篷，有些甚至安裝塑膠窗戶，能讓住戶看到外面景觀。

不過大部分人只能拼湊自己找得到的材料，僅僅提供自己一個遮風避雨的住所罷了。

在某個區域裡，有一處露天「醫院」開始運作起來了。志工為負傷以及斷了手腳的民眾提供最基本的醫治。有些傷患躺在桌子上面休息養病，家屬圍繞在他們身旁。

我們就在這個地點附近，開始為大規模分配清水的工作預做準備。我們將會使用大型的塑膠製「水囊」，在我看來，這幾乎和花園裡的兒童充氣游泳池同樣巨大，容量高達一萬公升。幾個水囊都接上了水龍頭，如此便同時可讓四位甚至更多的民眾取水。

結果那一天真令我們氣餒。先前，我們已經和當地的幾個委員會在現場一起進行準備工作。為了確保供水計畫按部就班，而且社區民眾能夠自發性地全力投入行動，場地是在當地區公所監督下籌備起來的。可是等到幾輛卡車從私營的水公司開過來的時候，大家卻找不到最關鍵的一具幫浦。如果要把水囊注滿，沒有這具幫浦是行不通的。

在這時候，現場已經聚集了黑壓壓的民眾，大家都迫不及待要取得乾淨的飲水。我們擔心，要是不找出解決問題的辦法，現場恐怕會騷動起來。卡車現在是不可能掉頭離開的。

總算找出一個折衷的辦法。辦法不挺理想，然而群眾已經排成長長一條人龍，並且開始直接從卡車取水。為了讓每個人都不至於空手而回，我們必須限制大家的取水量。除非我們讓水囊都先正常充水，否則也找不出其他的方案。

但願隔天問題可以迎刃而解。

我到高爾夫球場上繞了一圈，結果很驚訝地發現，民眾竟能如此迅速地

將自己組織起來。混亂之中已經隱隱出現秩序。儘管要什麼沒什麼，公共廁所以及洗滌場地付之闕如，大家都已聚攏在鄰居、朋友以及家人的身旁。

具有生意頭腦的人已經開始擺攤賣起水果、蔬菜以及餅乾。一些地方變成小型的食物區，有人在那裡烤肉。

但那是供手上有錢的人去消費的。有許多人在自己的家被震垮的時候失去了包括現金在內的一切東西。銀行尚未重新開門營業，民眾正陷入絕望的狀況。不過，同舟共濟的現象已經浮現了。有餘力幫助別人的人會提供塑膠布和毯子給那些沒有棲身之處的家庭。人們都在分享食物。

* * *

在我到處遊走的時候，常聽見人家以克雷歐土語叫我「布朗布朗」（blanc blanc），在他們的俚語中也就是「白皮膚外國人」的意思。他們問我可不可以幫助他們，可不可以給他們水、食物或是金錢。我解釋說自己在為某個援助組織工作，所從事的正好就是他們所要求的，也就是說，嘗試為整個那整個地區數以千計的家庭提供援助，為他們取得用水。他們似乎很滿意我的回答，然而那卻又像是我空洞的藉口，畢竟我當下面對的是這麼多顯然急需接濟的個案，可是我卻沒辦法給他們任何東西。

儘管如此，人們的態度卻是親切和善的。我在那片廣大的區域內閒逛，並且和民眾交談，感覺既自在又安全。不過，我也有個疑問，要是他們短時間內無法獲得大規模的幫助，這種好景還能夠維持多久呢？絕望的感覺將會逐漸增強，一天壞過一天。

據說大地震發生後不久，便出現零星幾個趁火打劫的案子。媒體抓住這點便大肆做起文章，預測極有可能發生全面性的動盪失序。有天夜裡，我躺在花園中的蚊帳裡想要盡快入睡。突然，我直挺挺地驚坐起來：有人開槍。我好奇到底發生了什麼事情，可是最後還是不明就裡。我身旁的每一

個人都睡得如此深沉，唯獨我因清醒無比才嚇壞了自己。

　　有幾件案子被披露出來：大地震發生後不久，有些群眾搶劫超市，並且從先前一向有守衛看管的店鋪或是私宅擅自拿走物品。人家還告訴我：有人企圖從我們的辦公室偷走設備。那棟建築如今孤零零地暴露出來，因為保護它的圍牆被震垮了，過去圍繞在它四周的房舍也傾倒了。東西沒有偷成，隔天辦公樓和樂施會職員樓便佈署了全天候二十四小時的保全。

　　不過，和先前侵襲海地的幾場悲劇性災難比較起來，這一次所發生的搶劫事件規模可算輕微多了。在前幾次的颶風肆虐之後，搶劫事件就層出不窮。也許這一回，由於災難蹂躪了社會的每一個階層，城裡才相對得以保持平靜，而且民眾也表現出可圈可點的耐性。

　　他們的堅毅精神令我留下深刻的印象。他們一方面等待著亟需獲得的急難救助物品，一方面盡可能努力改善，讓日常生活得以支撐下去。他們並不是呆坐在原地，等著援助自動送上門來，而是自己試著幫助自己。然而，日子一天一天流逝，他們的絕望感受亦是與日俱增。他們的耐性已經受到考驗。但是還能等待多久呢？

　　許多人告訴我，雖然這處臨時的難民營占地無比廣大，而且還在不斷擴展當中，但是他們仍然覺得相對來講算很安全。佩提翁維勒高爾夫球場那裡有一位女士告訴我：「待在這裡要比到外面的街上安全多了。」不過也不是絕對的安全。有一位同事告訴我，有個年輕女子遭到性侵，因此營區的安全防護也亮起了紅燈。

　　在接下去的幾天裡，這類案子的數量竟陡然增加了。婦女特別容易淪為受害的對象，如果她們的丈夫或是兒子已經在大地震時罹難，只剩她們獨力照顧家人，那麼情況尤其危急。遇到需要大小便的時候，對於保護隱私一事她們完全無計可施，因為所有事情都是在光天化日之下進行的。我看見一些婦女洗澡的時候脫掉衣服，只留下半身一件袈口短褲，然後用一桶

水沖澡，似乎只能以此抵擋周遭人注視的目光。

* * *

另外一個故事也抓住了我的注意力。在海地的社會中，有人相信「狼人」（loup garou）是確實存在的。根據海地的民間傳說，「狼人」就是能夠將讓自己幻化成許多形狀的巫師。

「狼人」能夠變成其他東西，例如貓、狗、蛇或是其他動物。一般相信，「狼人」會在夜裡偷偷溜進住家，然後從孕婦的肚子或是小孩的身體吸吮血液。

也有報導指出，在某些難民營裡，被指控為「狼人」的婦女竟被憤怒的群眾活活打死。許多營區入夜以後都會派人巡邏，以便嚇跑專吃小孩的精靈。

當然，除了保護兒童安全這個議題之外，還浮現了其他隱憂。因為大地震的關係，許多兒童不是失去雙親就是和家人失散了。有人估計，這場悲劇造成的孤兒人數超過一百萬。輿論不斷呼籲警告，隨處都潛藏販賣兒童的威脅。人口販子準備將兒童帶出國供人非法收養。

後來，有十個美國的浸信會傳教士企圖闖過邊界，將三十三名幼童從海地帶往多明尼加共和國時遭到逮捕，據說他們根本提不出應具備的收養文件。這種威脅因此成為媒體聚焦的熱門話題。

這一批傳教士被人指控綁架，但是拒不承認犯錯，並且宣稱自己只是想幫那些兒童罷了。

他們起先被留置在太子港好幾個星期，後來大部分的人都被釋放，並且獲准返回美國。不過，為首的人物因為必須等候判決，一時仍被監禁在海地。

* * *

在接下來的幾天裡，海地人那備受讚譽的復元能力卻受到了最嚴酷的考驗。海地人長期以來在少有外界援助的情況下，始終運用這種精神來應付先前多次的災難。雖然機場已經重新開放，而且載來緊急補給品的廣體貨機和軍機頻繁降落，雖然發出震耳欲聾聲響的軍用直升機在佩提翁維勒高爾夫球場之類的營區卸下清水以及即食餐盒，雖然每天都有外國士兵以及救援人力抵達海地的首都，數目累積已達好幾千名，但是資源通常很慢才能送達所需要的地方。

這也是新聞記者劈頭便提出的一個問題：為什麼民眾要等那麼久才能獲得救援？這是海地史無前例的一場大災難，我們採取行動，大家必須注重實際。若和世界各地其他的大災難比較，例如中國的四川大地震，海地的大地震更加猛烈，並且奪走更多條人命。何況它主要摧毀的又是首都地區，那是該國的核心樞紐。它癱瘓了政府以及駐在當地一些聯合國機構和援助發展組織迅速因應的能力。那些組織也遭受大地震的影響：他們的建築物倒塌，喪失最關鍵的成員，此外，交通以及通訊設備也都全數損毀。相形之下，中國的中央政府絲毫未受大地震的破壞，因此可以立刻採取行動，派遣軍隊馳往受災地區。

但在海地，大地震發生後，太子港的國際機場暫時關閉。後來機場再度開放，可是已由美國軍方控制，甚至一剛開始也只准美國以及其他國家的軍機起降。港口也無法使用，以至於其他援助機構的救濟物資只能走陸路，利用卡車從多明尼加共和國那邊運過來。由飛機運來的物資卻因曠日費時的繁瑣手續而遲遲無法發放。雪上加霜的是，救濟物資在發放之前必須暫時存放在倉庫裡，但是倉庫也都震垮。道路阻斷了，汽車修理場無法運作，油料短缺的問題教人憂心忡忡。

樂施會預計隔天在佩提翁維勒高爾夫球場重新開始配水的計畫並未實現，這令我們的人員氣餒不已。我們發現，原先安排好的私人水公司的卡

車無法成行，據說是因為沒有油料可加的關係。我們的人員發瘋似的，拼命試著打電話給卡車司機，但是一切徒勞無功。通訊依然是個嚴重的問題。每一個人都辛苦地投入，換來的是不可思議的挫敗感。

樂施會的工程師安迪‧巴斯塔伯勒（Andy Bastable）曾在世界各地許多次的緊急救助以及災難現場工作。我問他對於此次的救援行動有何看法，他回答我：「和其他幾場大災難比較起來，我沒見過反應那麼慢的。以前的那幾次都還可以。」

像安迪‧巴斯塔伯勒這樣的人道急難救援的老手後來也承認：此次的行動是他們遇過數一數二最艱困的任務。

有天早上，在我出發前去進行一場電視採訪前，安迪在簡報的過程中告訴我：「大地震發生後的二十四小時之內，我們便已拿出庫存的物資開始救濟工作。一般而言，我們有把握在七十二小時之內將載運救濟物資的貨機送到世界任何角落。但是在海地的這個案例中，所有的飛機必須一律降落在聖多明哥市。」

「在最初幾天裡，各方的援助組織總共在聖多明哥市卸下大約一千飛機架次的物資，可是當地並未建立迅速發放救濟品的機制。一味指責我們反應太慢是不公平的。」安迪直言，運到海地的貨物造成了補給上的慘痛經驗。官僚習氣導致繁瑣手續、拖拉費時，加上報關過程以及運輸問題，例如安排卡車等等，每個環節都會造成延誤。

安迪顯然壓力很大，他說：「不過，最嚴重的問題還是：我們的辦公室受損，職員罹難，房舍夷為平地。建立基本的通訊和補給，還要覓得新的倉儲地點，這些全都需要時間。這一次我們的反應不比先前那幾次慢，先前我們已經參與多次重大災難的救援工作。」

儘管如此，在接下來的幾天、幾星期裡，批評國際救援步調過慢的聲音越來越大。

在悼念大地震發生一個月的新聞稿中，樂施會表示，需要各界「愚公移山式的努力」，方能防止海地的公共衛生問題惡化。此外，這篇文章也提到，在分送救濟物資的過程中仍存在巨大的挑戰。雖然不少問題已經解決，然而瓶頸依然有待打通。

在初期的階段中，工作的挫折感來自難以整合陸續運抵太子港機場的救援物資。援助組織「無國界醫師」表達憤怒抗議，因為人家拒發降落許可給他們的幾架飛機。

一個月之後，一封由聯合國人道救援事務高級長官約翰・霍爾摩斯（John Holmes）寫的郵件走漏出來，內容在於批評內部的資深工作人員無法穩當執行在海地的救濟工作，以致外界對於聯合國能力的信心大打折扣，質疑其及時提供第一線保命救援的能力。

那封電子郵件提出警告，聯合國的體系如果無力提升急難救助的水準，尤其當時又是該國正準備應付雨季來臨的關頭，恐怕會引發政治動盪以及群眾示威。他特別指出，在所謂「集群策略」（cluster strategy）的原則下，工作僅能緩慢開展，因為重要的聯合國急難救助機構，那些負責於不同領域（從食物到教育、醫療照顧以及臨時住所）施予基本生活需求的機構，都是根據這項策略來組織的。根據他的評論，救援任務的橫向協調工作沒有到位。

海地人自己也漸漸厭倦起來。有一位女士告訴我：「情況一天比一天壞。」市內隨處可見克雷歐文和英文的標語：「急，幫助我們。」；「需要幫助，食物、藥品、水。」

＊　＊　＊

斷垣殘壁成了城市風貌不變的特色。可怕的是，來到這裡工作後，你竟那麼快就習以為常了。不過，偶爾總會發生那麼一兩件事令你驚覺起來，提醒你這一切根本「非比尋常」。有時，一幕特別駭人的殘破景象便會引

發這種感覺，有時卻又僅僅是藏在你意識裡的小事情。例如太子港被震毀的聖心堂（Sacré Coeur church）就有一幕教人難忘的意象：一尊耶穌被釘上十字架的雕像在大地震中安然無恙。雕像矗立在被震垮成大堆瓦礫的教堂前面，那麼突出、搶眼。

此種危機開始瓦解了巫毒教（Voudou 或 Voodoo）的信仰。它融合了基督教與非洲信仰，是海地官方承認的一種宗教。十七世紀時，當法國的殖民勢力從西非運來奴隸時，它便在海地生根了。

奴隸被強迫進行天主教的儀式，不過仍在心裡信仰祖居地的非洲精靈，同時在暗地裡舉行傳統的崇拜活動。信徒相信單一神祇、化身轉世以及精靈。

海地於一八〇四年獨立成為世界第一個黑人共和國，巫毒教因此被賦予了顯赫的地位。一般認為，海地大約有一半的人口習於巫毒崇拜，而且其中有許多還身兼天主教徒。他們認為兩種信仰彼此並無衝突。

雖然巫毒教有些信徒會祈求精靈幫助他們實現罪惡的事，該宗教的領袖人物則宣稱自己並不相信惡靈。好萊塢的影片就拿惡靈這個元素大作文章，將該宗教以及靈魂不滅的傳說包裝成聳動的題材，並且宣稱巫毒教崇拜魔鬼。許多巫毒教的信徒因此遭受迫害，儀式的舉行只好轉入地下。

或許在其他慘案和災難中也會發生同樣的事：其他的宗教趁勢開始宣揚自己在道德方面的優越性。這一次散播出來的訊息是：巫毒教是個「錯誤的」宗教，以至於無法庇佑其信眾。美國福音電台的傳道家巴特・羅伯生（Pat Robertson）便是持這種說法的一位著名人物。他說自從海地開國那些黑奴和魔鬼「立約」之後，這個國家便受到詛咒了。雖然白宮認為上述的說法實屬無稽之談，但不少海地人卻想知道：「由於巫毒教和精靈的關係密不可分，因此上帝勃然大怒」或是「大地震是施予海地人的懲罰」等等論證是否為真。

走空運途徑將救濟物送進海地的援助團體中有不少是傳教組織以及基督教的團體。他們否認勸導海地人改信基督教，並且強調此行目的僅止於提供人道援助而已。不過，在大地震發生後的數周裡，真有大量的巫毒教教徒改信了基督教。憤怒的爭執爆發開來，巫毒教的祭司批評來自國外的宗教團體，指責他們煽動海地人放棄自己的本土信仰。巫毒教的祭司馬克思・波瓦（Max Beauvoir）在接受美國聯合通訊社採訪的時候如此說道：「可怕的是……這些海地人一旦揚棄了巫毒教，就等於不認自己的祖先和歷史了。巫毒教是海地人民的靈魂。沒有巫毒教，人民還能依靠什麼呢？」

在先前的災難中也出現同樣的行為。以前我曾住過南韓，原先那是個佛教扎根極深的國家，但也有其他勢力較小的宗教，例如薩滿信仰。人家告訴我，基督教之所以能在南韓如此迅速傳播的一項重要因素，便是發生於一九五〇年至一九五三年間的韓戰。戰爭不但造成嚴重的破壞，還迫使半島分裂成共產主義的北韓，以及資本主義的南韓。

當年傳遞給南韓民眾的訊息，竟和如今我自海地聽到的論調不謀而合：你們執迷不悟，堅守錯誤的信仰，現在上帝懲罰你們了，這是你們苦難的源頭啊。當年，有錢的外國傳教團體抵達南韓時，這種講法是很具說服力的。該國那時正和現在的蘇丹一樣貧窮，可是後來卻突飛猛進，成長為世界數一數二的經濟體。相同的論調，後來又灌輸給從北韓叛逃至中國、南韓或是其他國家的人。各傳教團體間似乎也互別苗頭，展開了一場爭奪戰，看看誰能最早接觸到他們，引導他們步上「真正的」信仰正途。以前，他們在北韓只相信共產黨那三個不可冒犯的神聖巨頭：「偉大的領導者」金日成、金日成的妻子金正淑以及他們的兒子「親愛的領導者」金正日，如今，取代三巨頭的是新的宗教熱忱，對基督教的熱忱。我似乎覺得，他們以前被人洗腦，以至於死抱武斷的信條，但是現在也不過是換了另外一套罷了。

＊ ＊ ＊

所以，對我而言，在大批抵達海地的記者和援助人員當中，也有數量可觀的宗教團體，也就不足為奇了。最明顯的情況是，有相當多山達基信徒（Scientologists）湧入了海地，而其中又有不少是跟著好萊塢明星兼山達基信徒約翰・屈伏塔寄運的救援物資一起飛過來的。

紐約時報的部落格「導語」（Lede）一月二十六日的標題，便是一句挖苦的：「約翰・屈伏塔送來更多的山達基信徒。」好萊塢明星約翰・屈伏塔派遣私人的波音七〇七飛機，將救援物資、醫師以及山達基另類治療師一起送到海地首都太子港這件事，顯然沒能感動寫下上述那句話的記者。

該部落格引述法國新聞機構法新社一篇報導文章的內容：有位名為席勒維（Sylvie）的山達基牧師宣稱，該教派的觸摸援助法（以手作為治病工具）的技巧確實有效。

她說：「我們受訓之後成為志願牧師。我們運用一套名為『協助』（assist）的程序來密切關注神經系統，以便將主要的點重新連接起來，也可重新再度導回溝通交流。如果你身體的某一部分突然受擊，你的精力就會因此阻塞，這時，我們可以觸摸患者有衣服遮蔽的身體，並且要求對方感受觸摸，以便在他的體內重新建立起交流。」

她的身邊躺著一位二十二歲的學生奧斯卡・艾爾維勒（Oscar Elweels）。一月十二日那場奪命的大地震發生後，整整一天的時間他都困在地下室裡，腿上還壓著一根柱子，是他父親將他從學校的地下室裡救出來的。如今，他的右腿從膝蓋以下都被鋸掉，而左腿則嚴重挫傷並且腫脹起來。

席勒維說：「一個鐘頭前，他的左腿完全沒有任何感覺，所以我把方法解釋給他聽，然後觸摸他的身體。才過一會兒，他便對我說：『現在一切我都感受到了』。幸好如此，否則大家就不得不鋸掉他的另一條腿。」

根據法新社的報導，醫院裡有一位要求身分不要曝光的美國醫生，語帶諷刺地評論道：「以前我還不知道，給人摸一摸就能治好壞疽。」

　　另外一個名為「聽聖經生信仰」（Faith Comes By Hearing）的團體送給海地六百個太陽能發電的聖經播放器。還有一個叫做「真理之道教會」（Church of the True Path）的組織則建議，海地人應該藉由禁食的方式淨化自己。其實，老早有許多人被動實踐這個方法，因為他們根本找不到食物。

＊ ＊ ＊

餘震不斷

　　大地震正好滿一周，我們碰上了災後規模最大的一次餘震。地震強度六點一級，時間剛過早上六點。

　　當時我還在樂施會的職員之家裡面睡覺。先前，我們的幾位工程師檢查過那一棟建築物，並斷定它在結構上安全無虞。於是我便搬進去住，渴望能比我在花園裡湊合著睡的時候睡得更久一些。可是，主震發生當天就已在海地的同事，還是留在花園的帳篷裡。他們根本不想搬進樓房裡睡，因為那個造成死傷枕藉的浩劫日，依然沉重地壓住他們的記憶。

　　不過樓房裡面很快便擠進太多人了。我搬進去住的時候，我們總共才六個人，但是沒多久便增加到四十個人，因為有更多緊急事故的專家飛來海地，直接在工作現場幫助我們提升應變的能力。結果，我們得和別人分享床鋪，而且早上和晚上，浴室門口總是大排長龍。

　　那天清晨六點，我還躺在床上，正和加拿大廣播網 CBC 進行一場電話直播訪談。突然，床鋪移動，整個房間震動起來。我立刻回想起這種感覺。我曾住過台灣，眾所皆知，該島常受地震侵擾，因此我已習慣那種地面搖

晃的真實感受。不過，就算地震再如何頻繁發生，我依然覺得焦躁不安。

我決定靜靜不動待在床上，並且繼續進行我的直播訪談。可是，我顯然受到了驚嚇。我以稍變沙啞的聲音告訴加拿大的聽眾，就在我說話的同時，大家也經歷了截至當時為止最強烈的一次餘震。我想我是唯一還留在室內的人。我的幾位同事都從睡夢中被震醒過來，直線向前衝出門口，跑進花園和其他睡在那裡的同事們會合。我能聽見外面驚慌的呼叫聲，以及熱烈但含糊不清的議論聲。

事後，他們獲悉我竟然留在室內而且繼續進行訪談節目，大家臉上都浮現不可置信的表情，甚至丟出幾句玩笑話。雖然以前人家反覆強調，餘震發生的時候，上上之策便是靜止不動，不要嘗試逃離室內，但我的反應還是顯得有些魯莽。有位同事找到我那次電視訪談的網路版本，那個在當天就被多次播送的版本，然後將它放上樂施會的網站。那並不是我最精彩的訪談，但是至少在天搖地動的過程中，我還在繼續講話。

* * *

接下來的幾天、幾星期裡，仍然發生許多次的餘震。起先，大家都被餘震嚇得驚聲尖叫，結果不是奪門逃出建築物的外面，就是尋找門道方向以求掩蔽。

大家都很害怕。餘震讓那場更強烈的恐怖主震再度回到記憶之中，一場持續不到一分鐘的搖晃，卻永遠改變他們的一生。它使人們憂懼起來，在當下的這次餘震中，也許他們不會再像上次那麼幸運。

那份擔心絕非杞人憂天。美國印第安那州普渡大學的一個地球物理學專家團隊到訪海地幾個星期的時間，以便記錄一月十二日大地震發生後，斷層線活動的情況。該團隊警告海地人要嚴陣以待，準備接受另一場同等或更大規模的強震挑戰。

美國期刊《地質考察》（*Geological Survey*）預測，餘震將會持續數月甚至數年之久：「未來幾個月裡，具破壞力的地震仍有可能發生」。若從長遠來看，此種地震將是無可避免。

我到樂施會的辦公室後，前幾次的餘震發生時，大部分的工作人員都驚慌失措地奪門而逃。後來開了幾次工作人員會議，人家給我們的主要建議是：「不要跑，留在原地就好。」也有人說，躲到桌子或是門框下面自我掩護才是明智之舉，因為那都是一個建築物裡被認為結構最堅實牢靠的部分。

大家花上一段時間才將這個忠告牢記起來。過了兩個星期，另一次餘震來襲時，我露出了微笑。同仁一反平常餘震發生時的恐慌反應，團隊之中傳出一陣「加油、加油、加油！」的口號，有點像是足球比賽時觀眾喊出來的鼓勵話。大家已經習慣忍受一次又一次的餘震，神經變得不再如此過敏。許多人的臉上都漾起笑意。也許大家慢慢覺得生活已經再度步上常軌。

大地震發生後的第十一天，政府宣佈官方的搜尋和救援行動正要結束。專家認為現在已幾乎不可能再找到生還者了，可是民眾依然企盼奇蹟出現，這也是人之常情。就在政府發表聲明的同一天，果然發生了一項奇蹟：一位二十四歲的男士活著被人從一棟倒塌旅館的瓦礫堆中救出來。

不過，可惜的是，在接下來的幾天裡面，再也沒有更多有關奇蹟生還的報導了。

＊＊＊

下午三點半後不收遺體

看到牆上告示：「下午三點半後不收遺體」，我不禁鬆了一口氣。我手錶顯示的時間是下午四點。謝天謝地，我把頭探進海地國立大學附屬醫院（即通稱的總醫院）的太平間，發現裡面是空的。

儘管如此，外頭的地面踩在腳下，卻黏答答地教人毛骨悚然。自從兩個星期前大地震重創海地之後，已經不知道有多少具遺體被送來這個公共的停屍間進行處理。

先前我已經來過這家公立醫院，海地數一數二規模最可觀的醫院，為的是要參觀樂施會在該處進行的工作。我的同事凱琳娜‧德尼埃勒（Karine Deniel）是一位公共衛生專家，擅長急難援助工作，前一個星期就受召前往那家醫院。

她顯然對自己所看到的景象感到震驚：醫院滿滿擠了一千多名傷患，其中不少都是必須開刀的情況。醫院裡沒有電也沒有自來水。醫生只能用鋸子為病患進行截肢手術。

她說，停屍間外面滿是一堆又一堆的屍體，上面密密麻麻都是蒼蠅。

醫生沒有水可以為生還的傷者調製固定斷肢用的石膏敷料。她看到一只水桶中裝了拖地板的水，而那水是黑的。她說：「空氣瀰漫著臭味，那是死亡的氣味。」

後來，她拿出一本法國雜誌給我看，裡面有幾張停屍間外面堆滿屍體的照片。屍體就這樣隨意交疊在一起，彷彿是大屠殺之後的慘況，毫無尊嚴可言。那幕景象實在醜惡，所以不難想像必定對她造成很大的衝擊。

她率先前往醫院工作的那一天，我就和她聊過，那番救災經驗很明顯已經對她造成心理的創傷。看到那種場面，她幾乎沒有辦法克制憤怒以及挫敗的感覺。她不可置信地搖頭說道：「一片混亂，怎麼亂成那種局面！你

想像得到嗎？醫生竟然沒有水可以洗手，沒有水可以清洗他們的手術衣。到處都是血跡。」

在我前往那家醫院訪視之前，樂施會已在那裡設置了一個五千公升容量的水囊，並用卡車將水載到現場，以便人家可以清潔髒污的外科手術服以及床單被褥等等、以便廚房可以重新開放、以便停屍房裡的工作人員能夠沖洗地板同時減輕死屍散發出來的那股令人作嘔的腐臭味。

醫院的一位洗衣女工安席亞‧卓瑟納（Hencia Josena）說道：「樂施會幫了大忙。以前我們沒有水，也沒有肥皂。」

醫院的職員告訴我，大地震發生後，醫院沒有辦法清洗任何東西。直到一星期後，樂施會用卡車把水運來，情況才改觀了。洗衣部的作業員讓—侯貝‧德厄（Jean-Robert Deus）說道：「水還沒運來以前，這裡簡直亂成一片。在手術房裡，醫師只能穿沾了血汙的衣服。」

在我前往訪視的那一天，許多病人仍然留在醫院幾棟主建築物的外面（有一部分看起來已經受損或是毀壞），並在帳篷裡面接受治療。醫生都告訴我，他們有不少病人尚未從嚴重的心理創傷恢復過來，而且由於害怕餘震來襲，堅持不讓別人將他們移往室內。

醫院工作人員那股奉獻的熱忱不但令我印象深刻，而且使我更知謙卑。從洗衣部的洗衣工、到廚房的作業員，到持續不斷抵達而且人數穩定的醫療義工都是。來自紐約市的喬治‧威廉斯（George Williams）即為一例。他暫時擱下在美國的工作，特別請假來海地提供他的技術，負責急診部門的檢傷分類工作。

他告訴我：「儘管情況那樣糟糕，這卻是我見過最棒的人道救援行動。」同時不忘讚美那些與他並肩工作、被他形容為「了不起」的海地醫生。他也說道：「世界各地都伸出了援手，那是人道精神、人道上的盡心盡力。」

＊＊＊

後來我又好幾次回到佩提翁維勒高爾夫球場，通常是陪同記者去參觀我們所負責的工作。

除了增加供水站的數量以外，我們也展開了自己所謂的「工作換現金」計畫，支付民眾薪水，請他們來執行也將對他們自己的社區有益處的計畫。在這項規劃案中，建造廁所便是我們優先要執行的一個項目。

高爾夫球場開始發出難聞的氣味。除了食物、水果、罐頭和水瓶內容物所構成的垃圾餿水，另外還有人們排泄物的問題。大家就在自己找得到的合適地點解決這項生理需求。甚至在大地震發生前，衛生就始終是海地主要的頭痛問題。在太子港這個過度擁擠的首都裡，為了容納快速成長的人口，在安全堪慮的區域中便冒出許多雜亂無章的貧民窟。

等到雨季開始、降水量大增時，我們主要擔憂的一件事可能就會發生。我們害怕會爆發一場公共衛生的大災難，霍亂以及傷寒等等疾病有可能在臨時湊合搭建起來的營區內，像野火燎原那樣傳染開來。

在我首度訪視高爾夫球場的幾天之後，我陪一位西班牙的電視台記者回去那裡。一大群小孩擠在一個大圈圈內，看著其他人在他們面前玩遊戲。那遊戲看上去像是複雜的跳房子，因為空地上先用石灰劃出格子狀的白線。不遠之處，另有一些年紀較大的孩童踢著足球玩耍。自從大地震發生後，我第一次聽見小孩的笑聲，第一次看到小孩玩耍。他們在做小孩通常會做的事，並且享受一點樂趣。

令人難過的是，中小學和大學都在大地震中嚴重受創。有人估計，百分之九十的教育機構被夷為平地。

* * *

受災社區的新生活

重創太子港的大地震發生還不到兩天，瑪格麗特‧尤裡斯（Marguerite Ulysse）產下女嬰內卡（Neika）。

距離最近的醫院已被震垮，瑪格麗特的家也塌了。一家人沒能帶出任何東西。所以夜裡她只能在附近足球場的地上分娩，那片空地如今變成了無家可歸的家庭搭帳篷的區塊。那是附近唯一大片的平地，旁邊的陡坡上先前密密麻麻擠滿了建築物。

臂彎裡抱著初生女兒的瑪格麗特說道：「我這女兒是上帝的恩賜。我們喪失了一切。可是只要上帝能夠幫助我們，我知道將來一切都會平安。」

「我希望我們可以從國際社會獲得一些援助。如今我們一無所有。真的一無所有。現在我女兒患了感冒，可是我們拿不到藥。」

瑪格麗特和她的家人，以及其他將近三十個人，一起住進臨時在足球場上搭起來的鐵皮屋。另外還有一千多人，也克難搭起帳篷住在他們附近。

營地經理維戴爾森‧皮埃爾—路易（Widelson Pierre-Louis）是一位活躍的社區志工，以前也是青年事務的工作者。他告訴我：「在卡爾富費伊（Carrefour Feuilles）郊區巴耶糾（Baillergeau）那一帶至少有一千人罹難，二千多棟的建築物全毀，亦即百分之九十九的住家化為烏有。」

他說：「這一帶倖存的建築物只有一棟，那就是我家。」同時伸手指向那條陡峭狹窄的路，只見路旁的房舍都震倒了。維戴爾森的平房住宅沒有坍塌，不過牆上震出的大裂縫明顯可見。這棟房舍臨近的建築物都毀損了，因此我懷疑它是否真的依然牢靠。為了看得更遠一些，我小心翼翼地從樓梯登上他家的屋頂，樓梯上面滿是震落的碎片，我更加相信自己的想法了。

那是過去兩個星期以來，我看過的社區中受災最嚴重的一個。該地人口過度稠密，是個非常窮困的社區。大地震發生前，社區大約百分之八十五

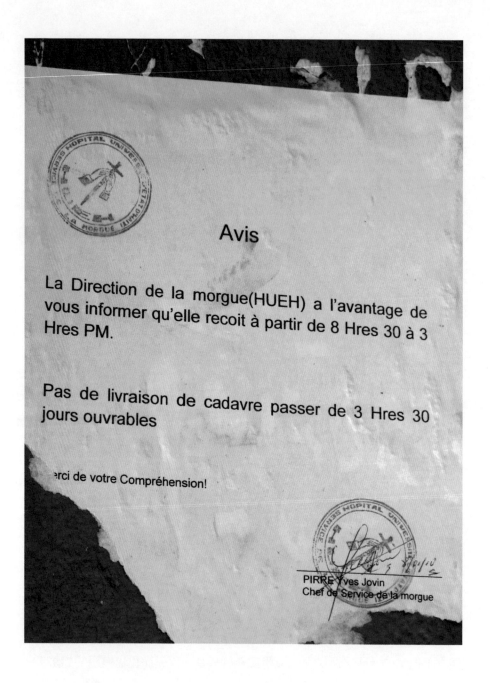

公告：下午三點半後不收遺體。

的人沒有工作，幫派暴力成為嚴重的問題。

那裡急需救援物資的狀況至為明顯。由於一些援助組織的投入，已看得到有人在配給清水，有人在興建廁所。

大地震發生前，樂施會已在那一帶工作，當食物的價格飆漲的時候，協助居民能夠吃到東西。

現在，樂施會又著手進行一項新的計畫，撥款支付當地的居民打掃那個區域，移除垃圾和排泄物。

「工作換現金」的計畫，意味社區不僅可以開始改善自己的生活品質，清運一部分的瓦礫，同時代表民眾能夠開始賺取最急需的現金，購買食物以及其他的必需品。

金錢有助於提振當地的經濟，對於那些最需救濟的人而言，金錢更是他們的生命線，比方為她那個初生女兒祈禱未來人生更光明的瑪格麗特即為一例。

＊＊＊

鄰里幫手

過了幾天，我走進樂施會和其他團體共用的那處倉庫之時，當時只感受到大家忙進忙出、異常活絡的氣氛。倉庫位於太陽城（Cité Soleil）。那是海地最惡名昭彰、犯罪案件層出不窮的地方。

直到大地震發生前夕，太陽城由於不安全，是旅居海地的外國僑民避之唯恐不及的地方。但現在不同了。

男男女女以類似生產線的方式賣力地幹活，組合內容物包括基本衛生與廚房用品的所謂「家庭包」，準備分送給一萬個家戶。「家庭包」裡面有

色彩鮮豔的塑膠碗盤以及廚房用具，外加杯子、毛巾、肥皂、洗髮精、牙刷和牙膏。

現場鬧哄哄的，可是一切按部就班。大家全神貫注在自己手裡的工作。

樂施會在現場的負責人達立歐・亞賀圖（Dario Arthur）說道：「衛生問題非常重要，民眾現在一無所有。他們睡在戶外，需要各種衛生用品。『家庭包』裡面找得到大家維持起碼生活品質所必備的每一樣東西，也有廚房所需的烹飪用具。」

每一天這裡大約可以組裝出一千個「家庭包」，然後分配給貧困的社區。樂施會從當地的公司找貨買貨，希望藉此幫助海地的經濟。我們雇用大約五十個無家可歸或是受大地震影響的人，請他們幫忙隨時確保「家庭包」不虞匱乏，並且盡快將其發放到各社區裡。

他又補充：「這份差事實在太重要了。民眾的生活都過得好辛苦，樂施會能以這種方式幫助大家真不簡單。」

拿黛芝・塞來斯丹（Nadege Celestin）小心翼翼地將一長條一長條的牙刷分開，然後裝入「家庭包」裡。她也同意上面的說法。大地震奪走她的姊妹以及外甥的性命，而且房子也被夷為平地。她說：「做這一份工真的非常重要。我可以為海地人民、為我的國家工作。」

「有些人喪失掉一切東西，所以『家庭包』將能幫上大忙。他們真的一無所有。」

這時，一輛滿載著「家庭包」的卡車離開了，倉庫大門的外面集結了一大群人。他們也需要幫助，許多人要求雇用他們。那場面教人十分難過。

樂施會的倉庫物流管理員歐立維耶・吉洛（Olivier Girault）嘆道：「我們無法滿足所有人。」他解釋說：「樂施會和設在營區當地的幾個委員會合作，包括位於倉庫後方的那一個，要求他們評估自己當中哪個最為脆弱、最需幫助。」

倉庫大門打開來讓一輛貨車駛入，由於人群也向前湧過來，倉庫雇用的武裝守衛便靠近過來。現場不分晝夜都有三位守衛執勤。大地震震毀了倉庫後方的一堵圍牆，因此在確保倉庫存貨和工作人員安全的考量上，守衛顯得至關緊要。

最後，群眾終於散去，大門也關上了。而在倉庫裡面，工作人員仍舊忙得不可開交，繼續組合需配送出去的「家庭包」。

樂施會的達立歐・亞賀圖說道：「我想我們會盡量讓手中有限的預算發揮最大的效益。目前，我們所能做的就是這樣。」

這場大地震的確是過去一個世紀裡數一數二的大事件。對於海地這樣一個問題叢生的國家尤其如此。大地震可以說是雪上加霜，令該國的人民以及政府承受更多的壓力。海地人真是處於水深火熱之中。

當天最後的一輛卡車開走，我們便離開現場了。那一天總共配送出一千三百個「家庭包」。績效很好的一天。

倉庫物流管理員歐立維耶・吉洛本身也是海地人。我們離開倉庫的時候，只見他若有所思的樣子。他說：「我們不能再像以前那樣過活，沒規沒矩。大家在山上蓋滿房子。完全沒有章法。我們必須以不同的方式進行重建。」不過，目前工作重點還是急難救助而非重建，應該幫助亟待救援的人，那是燃眉之急。

＊＊＊

「不要放棄自己，每個人都會哭，有時難免會受傷害。」

兩個半星期後，我踏上離開海地的旅程。

紐約樂施會的一位同事發電子郵件告訴我：「這裡很冷，你要多穿衣

服！！！兩邊的溫度相差四十度。」

我離開海地的方式和我來的時候一樣，走的都是陸路，先到多明尼加共和國，然後經由紐約返回英國。

只不過出差幾個星期，我整個人卻已精疲力盡，好像坐了一趟雲霄飛車似的。一方面，我在那段時間裡一直期待住到一個自己能獨享一張床的地方，不必再和別人同床共眠，不必排隊等用浴室，並且可以洗熱水澡，吃上一頓像樣的熱食。早餐或是中餐不必再吃壓塊的乾糧條！我許了個願：至少未來的六個月內不要再吃壓塊的乾糧條了。說實在話，只要想到壓塊的乾糧條，我就不禁反胃。

但是，征服我的那種強烈感受，其實就是意志消沉，好像一顆被刺破的氣球。汽車準備將我們載回辦公室，大家等著擠進車子，一面和同事們道別。我才開口說出幾句道別的話，喉嚨便被不舒服的團塊鯁住了。我還沒有弄清原因就先哭起來了。

我所經歷的事對我的打擊相當大，且比我先前的理解更要嚴重。儘管遭遇重重困難，儘管別無選擇，必須和別人擠著過日子，儘管經歷忙亂的一個小時又一個小時，加上樂施會同事間的緊張關係，大夥還是體會到休戚與共的感覺。我覺得選在這個時候離開彷彿撒手不管災民，畢竟有待完成的事還有很多。

紐約紐華克機場的移民局官員對我吼叫：「你這裡還有這裡都沒寫名字也沒有簽名。」她一面埋怨，一面把入境表格上幾個冒犯到她的空格、被我忽略未填的空格圈起來。

五分鐘後，我拿著已經填滿的表格回到小隔間。

同樣那一位移民局官員看了一眼，讀到我過去停留的地方包括海地這一說明，並且得知我是救援工作者。她的聲音改變了，表情也軟化了。「所以你去海地工作了，那裡的情況怎麼樣呢？」

我擠出笑容並回答她：「非常糟糕。」那個團塊再度鯁住我的喉嚨，我擔心自己又會哭起來，只好拼命地眨眼睛。終於把護照拿回來，我鬆了一口氣，然後匆匆離開了航廈。

我在海地的經驗不但深刻，而且令我內心受創。我費了好大的勁才從其中調適過來。把自己的想法寫下來是個有效的辦法。只要讀到新聞採訪或是一聽電台報導，我的淚水又會再度奪眶而出。在海地的時候，我幾乎是日以繼夜地工作，哪裡有閒工夫流眼淚呢！那時候根本沒有時間消化處理內心裡的任何感受。就是工作，就是繼續跨步前行。放鬆並不容易，不過，讓眼淚流下來倒是有助療癒。

我離開海地的時候十分清楚：這個國家不會很快就脫離困境的。救援組織都已著手準備應付可能爆發流行的疾病，並且擔憂即將來臨的雨季以及雨季之後接踵而至的颶風。

* * *

還好，救援工作所需要的經費至少不斷湧入。各界回應援助海地的籲求，情勢只有「銳不可當」可以形容。當年全世界有多少人都在全球性的金融海嘯中遭受重大損失，因此慷慨解囊的行動就更令人覺得驚奇。大家都被大地震災損的規模嚇呆了，而海地人的力量又令人感動，所以捐獻緊急救難的款項時，手筆才會大到難以置信。

在兩個星期不到的時間內，樂施會便已完全募足了緊急救援所需的經費，金額超過一億美金，足夠支應未來三至五年我們在海地緊急救援工作所需的開銷。我們宣佈不再接受對於海地的捐款，不過仍然歡迎各界贊助其他正在進行的全球性緊急救援計畫。我們的海地專案已經達到募款的目標了。世界其他地方遭受衝突或是災禍打擊的國家所在多有，只不過其危急性被海地的案例遮掩掉了，或是媒體將其遺忘掉了。

許多筆的捐款都由線上匯入，通常透過社交網站，例如臉書或 youtube 完成。對樂施會而言，這是我們首次在緊急救援的工作上，除了利用比較傳統的媒體外，也優先利用社交網站以及數位媒體，以便讓大眾和支持我們的人獲得資訊。

我們使用推特，而且有規律地補充更新訊息。我們寫部落格，也利用 mp3 進行語音報導，同時將照片和短片上傳到新聞媒體網站。

我大概在大地震前一個星期才啟用推特帳號。原先注意我推特的人並不算多，可是等到我去了海地之後，追隨者的數量便突然暴增。有許多記者和新聞組織都密切關注我補充和更新信息，以便在瞬息萬變的情勢中獲知重要的新聞報導。大地震隔天上傳到 youtube 的一則呼籲，成為其後五天點閱率數一數二高的影片。我們在 skype、推特、臉書以及網路部落格平台上的數位露出本身，即成為一個傳奇，因為許多新聞管道都描述了救援組織如何搖身一變，成為「新媒體」，能夠蒐集真相、而且迅速補充並更新資料的「新媒體」。

不過，仍然有幾件事令我憂心，其中一件是：僅管大量的援助資源不斷湧入，可是包括興建組合屋在內的一些緊急措施的進度依舊十分緩慢。

樂施會和其他許多組織都踴躍發聲，呼籲在做出所有的決定之前，必須先徵詢海地人的意見，讓他們也成為整個過程的參與者。各方也紛紛強調「建設升級」的概念，務求讓海地的重建工作，亦能成為該國重生的機會。我一面拜讀納歐米・克萊恩（Naomi Klein）的暢銷書《震驚原理》（*The Shock Doctrine*），一面思考起上述的問題。

她書中所蒐集的資料很有說服力，在在都向我們說明：無論是自然的災難（例如地震、颶風以及洪水）或是人為的災難（例如戰爭、政變以及恐怖攻擊），這些災難所造成的「驚沮與恐慌」（Shock and Awe）都讓倡言資本主義不該受到制約的人（比方經濟學家米爾頓・傅利曼）有機可趁。

災民還在因為強烈情緒的影響而暈頭轉向，他們則在這時全力促成體系與機構的私有化。然而，這些體系與機構先前卻是由公眾提供資金方才得以創立。大型災難造就豐厚的利潤。但我祈禱這種事可不要出現在海地的案例中。

另外一件令我擔憂的事是：海地很快就會跌出新聞舞臺。報章雜誌對於該事件的興趣將會消退，同樣，海地人儘管依然急切需要協助，公眾支援他們的熱忱亦會跟著消退。海地人在未來的幾年內仍舊需要幫忙。

＊＊＊

每一個人都會受傷

當你覺得白天漫長，而夜晚又孤獨一人。

當你覺得受夠這種生活，沒關係，撐下去！

不要放棄自己！因為做人難免會哭，有時難免受傷。

有時感到事情都不如意，該是大聲唱歌的時候了。

當你覺得白天黑夜一樣孤單，（撐下去，撐下去）

假如你想放手，（撐下去）

當你認為生命已經受夠了苦，沒關係，撐下去！

因為每一個人都會受傷。去向朋友尋求安慰！

每一個人都會受傷，所以不要放棄。不要放棄。

也許你以為自己孤單一人吧？不對！其實你並不孤單啊！

假如生活中你獨自一人，感覺白天黑夜如此漫長，

當你認為生命已經受夠了苦，再也撐不下去，

沒關係，因為做人有時難免受傷，

每一個人都會哭泣。何況做人有時難免受傷，

何況做人有時難免受傷。所以，撐下去吧，撐下去吧！

撐下去吧！撐下去吧！撐下去吧！撐下去吧！撐下去吧！撐下去吧！

每一個人都會受傷，你可不是例外。

chapter 3

第三章

洪水過後

巴基斯坦，二〇一〇年七月

電視新聞正在報導，海地爆發霍亂，至少已有二百五十人喪命。該國九個月前才遭受大地震的襲擊，死亡人數據估計至少二十三萬。

電視播出民眾在各醫院排隊等候救治的畫面，他們極其虛弱而且表情絕望。許多人都由親戚攙扶著，或是軟綿綿躺在墊子上。有位年輕婦女吃力背著一個看起來明顯憔悴的男人（也許是她的丈夫、男友或是親戚），正在找尋最近一家診所以便向人求助。

根據新聞報導，那是海地近一個世紀以來首次爆發的霍亂疫情。報導引述救援組織的說法，他們很關切這一次的流行，不過他們認為，當前情況還算穩定。雖然目前爆發霍亂的地區尚未包括人煙稠密的首都太子港，可是現狀能夠維持多久？疫情能夠控制下來嗎？

可憐的海地尚未從大地震所造成的極度驚恐中復元。它最近才遭受颶風的侵襲，如今又可能面臨一場由疾病引發的災難，不過這次的危機倒是可以預防的。在此之前兩年，我在另一個爆發嚴重霍亂疫情的國家辛巴威，參與一次部署行動時得知：誰也不該死於霍亂，這種會引起嚴重腹瀉以及脫水現象的水傳染疾病。霍亂有藥可醫（前提是患者必須及時喝下補充水分的飲劑），而且可以預防，不過社區居民必須養成良好的衛生習慣，例如洗手、不吃生食並且取得乾淨的飲水。即使在二○一○年大地震發生之前，海地也很少有人能喝到乾淨安全的水。大地震發生之後，情況即使沒有變本加厲，至少仍和先前一樣糟糕。難民營裡擠了那麼多人，這是疾病快速蔓延開來的絕佳溫床。

我很難接受這樣的事。海地的新聞依然令我淚眼汪汪。可是，我收看新聞報導的地方距離加勒比海如此遙遠。過去幾個星期我都待在巴基斯坦，那時該國仍忙於應付自己的天災。

二○一○年七月底，巴基斯坦發生國內有史以來最嚴重的水災。受災民眾高達數百萬人，全毀或半毀的家屋總計二百萬棟，大片面積的農地仍然

被水淹沒。

世界銀行以及亞洲開發銀行的一項共同調查指出，巴基斯坦水災所造成的損害高達一百億七千萬美元，而且重建費用保守估計也需六十億美元。

三個月過去了，巴基斯坦仍在復元的過程中掙扎。在許多飽受洪災肆虐的地區裡，大部分的家庭都已返回自己的村落，並開始重新修補支離破碎的生活。不過，在受創最嚴重的南部地區信德（Sindh）邦裡，無家可歸的人仍超過一百萬。由於大片土地仍然浸在水裡，他們一時還無法重返家園。

政府以及其他聯合國的專家都指出：那些家庭可能還要等上好幾個月才能返家。積水偏偏沒有消退的跡象。

有人將這場災難比擬成緩步移動的海嘯。日子一天一天、一週一週過去，這樁罕見的不幸事件不但不見緩解改善，反而逐漸惡化。聯合國因此稱之為全世界最嚴重的人道救援工作危機，因為根據估計，受災民眾高達二千萬人。

＊＊＊

洪水係由季風的強降雨所造成。壯闊的印度河從南到北貫穿巴基斯坦，最後在信德邦的港市喀拉蚩附近住入阿拉伯海。這次它從河床溢流出來，造成毀滅性的災難。

首當其衝的災區是早年被稱為西北邊境（North-West Frontier）邦的吉波巴克吞克瓦（Khyber Pakhtunkhwa，簡稱 KPK）邦。我在水災的前幾個月便曾到訪該邦，目的在於突顯那裡超過一百萬個流離失所的家庭所遭遇的苦難，因為一年前，巴基斯坦政府和激進團體曾在那裡開戰。

從速度以及人數來看，那是近代史上數一數二大規模的移徙事件。如今，不僅這些原本已經脆弱得不堪一擊的家庭再度受害，巴基斯坦廣大的國土上另有幾百萬人因為洪水的爆發落得無家可歸。

洪水導致許多社區變成孤島。只能利用直升機，將救援物資運往那些難以到達的地方，然後再將裝了救濟品的大袋子，從打開的直升機門丟給下面焦急等待的家戶。

相同的苦難景象很快便出現在巴基斯坦全國各地：接下來是旁遮普（Punjab）邦，然後信德邦也無法倖免於難。信德邦原本是個塵土飛揚的乾燥地區。在正常的年份裡，該邦的農夫只嫌水不夠用，而不是水太多了。

信德邦是最後受災的地方，但是它的災情也是最慘重的。被曬得又乾又硬的土壤無法吸收大量的洪水。有一座大湖的水溢出湖岸，結果氾濫成災。到了十一月，亦即水災初發後的三個月，仍有不少整大片的土地積水很深，有些延綿二十公里甚至更廣。

我出發到那裡去，一方面是自己要觀察一些問題，另一方面是為紀念洪水爆發滿三個月，而準備一些媒體材料以及新聞稿。

難民營收容流離失所的人，其特色也相當不同。有些很像擁擠的村落，家庭帳篷旁邊住著成群的牲口，這番景象就和其他的難民營相當不同。那座在達都（Dadu）地區綜合技術學院外面突然冒出來的難民營，即為一例。那種場面教我大感驚奇：難民以及牲口混居一起，有人煮食，有人清掃，孩童在旁玩耍，大家擠在同處，擠得水洩不通。走在裡面你得非常小心，否則一定踩到牛糞或是羊屎。

其他一些難民營，則是組織完善而且極其乾淨整齊，例如那座位於瑟灣沙里夫（Sehwan Sharif）的難民營即為一例。該難民營距離海德拉巴（Hyderabad）兩個半小時車程，是由巴基斯坦一個人道基金會所管理的。那裡甚至有一座熱鬧的兒童遊戲場，設有幾架鞦韆以及小型的旋轉木馬。

海德拉巴附近的夏巴茲（Shabaz）難民營，是樂施會駐點的難民營中規模數一數二大的，收容的難民人數高達一萬人。不過，那群人口的流動性也相當高，每個星期大約有四十個新的家戶遷入。

他們逃離家園的時候，把自己能帶上路的東西都隨身帶著。帶上路的東西有時較為罕見，比方一頭母牛、幾隻母雞或是一輛摩托車。來自賈柯波巴德（Jacobobad）地區的十九歲青年莫哈瑪德‧拉吉（Mohamad Razi）便將自己最珍視的曳引機開上路。他的家庭擁有三十畝地，一直都種稻米和小麥。可是，淹沒那片農地的洪水仍然有六呎深。莫哈瑪德告訴我，他認為至少一年之內，他們無法收成任何糧食。

那輛紅色的曳引機顯然很受重視，因為主人原先很仔細地以衣物將它包覆起來。在我拍攝照片時，為了讓我能查看得更仔細，便又小心翼翼將布移開。曳引機以塑膠花和其他的小玩意兒裝飾，就停放在他們家庭棲身的帳篷旁邊。他們以分期付款的方式買下這輛價值七十萬盧比（約合七千美元）的工具機。莫哈瑪德說道：「我們將有好長一段時間不能耕作了。」

他說：「我們的糧食作物全毀了。如果我們無法如期付款，他們恐怕要收回曳引機。這次的洪水真是大災難，大家只能倚靠政府。現在我們什麼都沒有了。」水災初發生時，許多家庭都到學校或是其他的公共建築物裡暫求棲身，然而，有關當局因為新學期的到來而急於重新開放學校，受災家庭便面臨了必須遷離並且另覓住處的窘境。

* * *

在我抵達夏巴茲的時候，一輛載滿了人和貨物（包括搭建帳篷用的長竹竿在內）的卡車正駛過來。我揮手請司機暫停一下，然後和車上的一位男士閒聊起來。

車上大約有三十個人，都正要回去他們那位於開普爾納坦（Khairpur Nathan）市某村落的家鄉。他們緊緊擠在卡車裡面，僅剩不多的財物就搖搖欲墜堆在卡車的頂棚上。有位名叫羅善‧卡地（Roshan Gadhi）的男士告訴我，他們已經在難民營裡住了兩個月，並且說道：「我們聽說家鄉村

落的積水目前還沒有消退。我們這些農民也搞不清楚自己的土地到底是不是還淹水，也不清楚到底可不可以耕種。不過，我們現在已經沒有食物了。我們想要回家。」

等到他們再度起程之後，我便走進了他們先前棲身的，那座向四處蔓延擴展開來的難民營。一排排的帳篷，似乎向前一直延伸到視線可及的範圍外。帳篷大小不同，品質優劣不同。好奇的兒童聚攏在我身邊，他們因為自己那一成不變的日常生活或許將被新事物打破，而感到興奮。設在營區帳篷裡的班級就要開課了，居民設法恢復學校教育，盡可能讓自己的生活復歸常軌。不過，我的來訪倒成了孩童們當天最棒的娛興節目。他們將我團團圍住，亦步亦趨跟著我向前走，看著我照相或是和別人交談。

難民營的規模令我有點驚訝。我試著想像生活其中必然會有的感覺。這種經驗對於女性而言應該是最艱苦的。許多都來自極端保守傳統的家庭以及文化背景，她們平常幾乎是足不出戶的。如今，她們突然發現身在難民營裡，自己的周遭擠滿了男男女女的陌生人，來自不同部族的人。尤其教她們感到極端不安的是：居家的四周並無保護安全的界線。

在某些營區裡，由於沐浴和如廁的設施男女共用[2]，前述的情況就更尷尬了。女人害羞到除非夜幕低垂，否則不肯到戶外使用那些設施。可是如此一來，又會有一連串的危機威脅到她們的安全，畢竟女人在夜裡離開帳篷的家更容易會受到傷害。

法米達‧甘查（Famida Ghancha）來自達都地區的梅哈爾（Mehar）。她是六個兒女的母親，前一天晚上才住進難民營裡。她說自己以及家人先前為了避難而住進學校教室，後來屈從於粗暴的驅離手段才會搬出學校。

2　樂施會和其他許多的救援組織一樣，在工作中都非常強調男女有別的原則。在樂施會駐點工作的難民營中，如果要建造如廁或是沐浴設備時，就會確保男女各有專屬的設備，並且在決定地點之前，先評估隱私與安全的問題。

她說當局起先逮捕她的丈夫，等到她丈夫答應將家人帶離學校之後，當局才將他釋放。她解釋道：「他們要把我們趕走，這樣學校才能開課。我們昨天夜裡才來到這裡。我們還沒有辦法回家，因為我們知道村子裡的積水還有五呎高。」她說洪水在三更半夜的時後淹進她的村子。家人在逃離那越漲越高的積水時，僅來得及隨手抓起幾件毯子。

法米達看起來體力透支並且不知所措。她的一對眼珠子好像黑石礫般沒有光彩。由於她的家人還拿不定主意要在營區裡的哪一處落腳，所以她身旁的地面上還擱著幾條毯子，以及幾個煮食用的瓦罐。她告訴我，她那年僅一歲的么兒還有她自己都生病了。前一天晚上，人家送她到醫院裡，診斷的結果是她患有高血壓和貧血。

不過，她也向我吐露，在她看來，最難過的一點還是置身一群陌生人當中。她坦言道：「對我而言，最大的問題是沒有一個自己的家。我們的四周都是陌生人，完全沒有隱私可言。過這種日子真是羞死人了。我正請求政府幫助，以便我們能夠回到家鄉重新開始。我不需要水或食物，只要給錢，這樣我們就可以回家了。」

不過，這種遠景目前看起來是越來越不可能了。根據幾天前這個家庭最近一次探得的消息，他們的村落據說還淹沒在五呎深的積水下。在未來的一段時間裡，搬回家鄉的事恐怕依然遙不可及。

巴基斯坦的洪水所直接造成的災損大家有目共睹：房舍毀損、道路以及橋樑沖失、牲口死亡等等，但是造成的心理創傷就不是那麼容易可以觀察出來，而且也許要花上更長的時間才能克服。正當我準備告辭的時候，法米達告訴我，她一直重複做相同的惡夢：水淹進來，並且正要蓋過她的頭頂，又說經常渾身是汗嚇醒過來。

她並不是唯一出現創傷後緊張症症狀的人。有一位同事告訴我：她遇見過一個小孩，自從三個月前洪水爆發之後，那個小孩因為遭受極深的心理

創傷，以致於連半句話都說不出口。

對於其他人而言，儘管自己面對諸多困難，不過只要能夠接續昔日生活的軌跡，那麼便已足夠讓他繼續跨步向前。來自坎巴爾沙達科特（Qambar Shahdadkot）的女教師沙西達・洽恩狄歐（Shahida Chandio）即為典型的一例。她在洪水來襲的前四天，才剛產下一名女嬰。

沙西達很興奮地告訴我，她很快就要開始在難民營裡教書了。她說，賺點錢為自己的家人添購一些東西當然是不錯的，不過，最重要的還是能夠再度投身工作。她一面輕輕搖晃臂彎裡的女兒，一面說道：「這份工作當然讓我精神振奮起來。我覺得自己的生活因此多少恢復了常態，我又可以按常規過日子了。得到這個工作機會真教我鬆了一口氣，我的心裡自在踏實多了。」

在信德邦的達都地區，那條通往開姆賈托伊（Qaimjatoi）的道路看起來直接就消失在河裡了。一條被水包圍的路，一條哪裡都去不了的路。一個星期以前，這一條路完全無法通行。現在，它的四周仍舊是一片片被水淹沒的稻田，看起來彷彿是大江大河似的，不過，儘管表面仍有不少泥漿淺窪，至少大部分路段已從水裡再度露出臉來。

我上路要去拜訪沙奇娜・加音查（Sakina Ghaincha）。這位十八歲的小姐和其他好幾百位無家可歸的人暫時棲身在一處高堤的狹窄脊部上面。那裡的家庭都住在以木頭搭起來的克難居所，上面蓋了幾塊草墊權充屋頂。有幾間簡陋棚屋的側面就掛著所謂的「黎里」（rili），那是當地傳統的手縫拼布棉被，色彩十分醒目。屋主藉此確保一點個人隱私，並在夜裡氣溫驟降以後獲取一點溫暖。

許多人可以從高堤上面遠望自己那橫遭洪水破壞、淹浸的村落，然而因為積水尚有好幾呎深，他們暫時還沒辦法回家。對於大多數人而言，坐船仍是唯一進出的方法。

沙奇娜來自開姆賈托伊，距離她目前的避難之處僅有一公里遠。八月間爆發洪水的時候，她挺著即將臨盆的大肚子，在及膝的積水中奮力前行。兩天過後，當她還住在露天避難所的時候便產下了一名男嬰，起名為古斯・布克斯（Ghous Bux）。

她靦腆地告訴我：「在這種艱困的處境裡，他真是我們希望的曙光。兒子出生了，我好快樂。這真是降臨在我們身上的奇蹟啊！」

這個兒子是她的頭一胎。附近並沒有醫療設備，不過沙奇娜很幸運找到一位傳統的助產員來協助她。這位助產員也是從附近一個遭受水患的村落裡撤到同一處高堤上避難的。

沙奇娜和這裡的其他家庭，也都接受了樂施會以及樂施會在當地之合作夥伴「信德邦農林業工作者協調組織」（SAFWCO）的援助。這兩個團體和社區一起協力維持附近一帶的清潔，並且發放衛生用品包、供應清水、建造廁所。

她告訴我：「他們是第一個來到此地工作的組織。我們和衛生人員一起坐下來，並且聽他們講解什麼是良好的衛生習慣還有洗手的重要性，洗手如何能夠預防疾病。現在我已經能夠以適當的方式照顧我的兒子，並且用肥皂為他洗澡。我們有水桶可以蓄水，我也可以洗澡了。以前我們真的一無所有。」

沙奇娜露出了微笑，因為她兒子醒了，並且要人餵奶。她下定決心將來要提供他每一樣自己以前從來不曾擁有過的東西，包括教育，包括讓他能有機會累積資歷、讓他能有機會覓得一份好的工作。

沙奇娜儘管初為人母而感喜悅，卻也十分擔憂未來的事。她家的屋子完全被洪水毀了。她丈夫是個佃農，由於土地上的積水尚未消退，未來至少六個月沒辦法耕作。他們在收割季的前夕被洪水奪走所有眼看就可到手的稻穫。

沙奇娜和法米達以及其他我遇見過的婦女一樣，她說自己也害怕無法確保隱私這一件事，特別是當她必須在路旁那間沒有遮蔽的簡陋住所裡餵兒子吃母奶的時候。在我們談話的過程中，就有卡車、摩托車、汽車以及牛車馬車不斷經過。

她說：「我們不知道未來會有什麼結果，現在只能過一天算一天。就算我們回家鄉去，那裡什麼機會也都沒有，連棲身的地方也找不到。我們煩惱不知道該上哪裡找工作賺錢養家。」

現在，眼前每天要應付的問題已經夠困難了。可是，我遇見的家庭也會擔憂自己長遠的前景。

他們損失了房屋以及牲口。大家都是費了好大的勁才能存活到今天。他們比較擔心的是：如何在未來的幾個月裡餵飽自己的家人。然而許多人都還得等上好幾個月才能開始整地準備耕作。若是想拿收成換錢，那恐怕要熬過一年或是更久才行。家家戶戶債務越背越重，他們那無助的絕望感也隨之越深。

沙奇娜告訴我：「現在唯一的寄望便是我兒子。因為我有兒子，我才生出希望。」

* * *

我打算更進一步接近幾座仍然被水淹沒、被水包圍的村落。瑟灣沙里夫難民營的一位資深官員告訴我，可先借條小船，而且無須航行太久便會抵達水患最嚴重的區域。

船行只需五分鐘的時間，便可從難民營到達最近一片洪患地區的邊緣。不可思議的是：這個看起來像是一條大河的地方先前竟是稻田。來自布巴克（Bubak）的希達雅特・席亞樂（Hidayat Siyal）大約五十來歲，是一位身形瘦削但是優雅高尚的女士，當時已在難民營裡住了一段時日。她同意

陪我們坐船。我希望船能一直駛往她的村落，也就是說，得順著「河」再向前走一個小時。可惜我們沒有足夠的燃料。不過，雖然希達雅特還沒有機會親眼目睹洪水對她的村落所造成的災情，但很顯然已先被眼前所見到的景象攪得心煩慮亂。一整片廣大的區域裡，頑固的高水位硬是不肯消退下去。

她告訴我：「我完全不清楚，到底還要在難民營裡待上多久時間。我們沒有工作，而且身無分文。我們耕作地主的土地，並且背了一身債務。我們欠人家五萬盧比[3]。」

「等到我們回去，仍舊是替地主種田，並且設法把欠他的錢還給他。可是那要花多少時間呢？就看收成的情況怎麼樣了，不過我認為起碼得等上一年半。」

洪水一來，有錢的、沒錢的一概受到影響。但是最重的擔子還是落在窮人的肩膀上。許多人都像希達雅特一樣，在洪水爆發之前，自己只能勉強度日，況且還有一家子人要靠他們來養。

如今，牲口都淹死了，房子以及收成都毀了。如此一來，他們在債坑裡就越陷越深，並且引發新的焦慮。因為一連好幾個月沒有棲身之處，沒有工作機會，他們擔心不知道要如何應付未來。

根據估計，信德邦大約有百分之六十的人民沒有自己的土地，而大部分廣闊的農地都掌握在一小撮富裕同時在政治上具影響力的菁英份子手裡。

自從獨立建國以來，巴基斯坦並未推行重要的土地改革計畫。其結果是：巴基斯坦的農業以及農村結構仍具有高度的封建主義色彩，許多人被困在悲慘的赤貧狀態，甚至像依附在土地上的農奴一樣辛苦耕作。

在難民營裡，我遇見過幾個上述那樣的家庭。幾個世代已來，他們被套牢在依附土地做苦工的命運之中，無法逃脫那個令他們背負債務的制度，

---

3 約合五百美元

驢車上的家當。

經常被迫償還貸款，同時支付地主訂定的、高得誇張的利息，如此便被鎖進他們似乎不太有機會改變的制度裡。

這套制度促成上述那種依附關係進一步的深化。若是有人生病並且需要醫療，那麼地主就會「好心地」支付所需費用，但是此舉只會讓病人的家庭在債坑裡陷得更深。碰上婚喪或是意料外的緊急狀況需要用錢，情形也是一樣。佃戶家庭必須拿出貸款購買肥料、種子或是工具以便耕作地主所擁有的農地，然後再將大部分的收成上繳給地主抵債。

對於外人而言，其實很難想像為何民眾不願改變如此離譜的不公平制度，因為這種制度嚴重剝削弱勢，並且強迫數百萬人屈從。

可是法律殊難更動，更何況許多重要的地主本身也是搞政治的。在他們看，改變法律對其並無益處，反而令其處於大不利的地位。

自從洪水爆發以來，已經有更多人開始公開質疑現行制度，亦即先前被他們接受的那套制度。

信德邦以及旁遮普邦盛傳許多未經證實的控訴：有些地主蓄意將洪水引離自己的農田，並將那水導向窮人耕作的土地上。

不過，在許多地區裡，洪水顯然打擊了每個人，富者、貧者都難倖免。

若說水災也許引發政治運動，是促成封建制度崩解的催化劑，那又未免言之過早。然而，在與那些洪水受災戶訪談的過程當中，我看得很清楚：有更多人開始以較公開的方式表達他們那理想幻滅後的深沉感受。

此外，洪水雖令民眾流離失所，卻也解放了這些先前生活在地主與官員高壓下的人，讓他們享有新的移徙自由，讓他們有機會審視、質疑自己的生活。

＊　＊　＊

在達都地區的 KAD 難民營裡，我遇見了一對名叫克里什南‧拉勒

（Krishnan Lal）與巽達拉‧巴格里‧興杜（Sundara Bagri Hindu）的夫妻。他們以前就是上述那類耕作稻米和小麥的辛勞佃農。

克里什南說道：「我們原先過的日子已經夠悲慘了，後來洪水又完全毀掉我們僅有的那一點東西。」

克里什南怨道：「現在我們至少還得為地主再工作七個世代。為了清償債務，我們必須像奴隸一般幹活。目前，如果想要勉強度日，我們還是需要土地或是扶助。」

他告訴我，除了必須清償積欠地主的錢以外，他和一群其他的農民還得支付費用給某某中間人，因為藉著後者的協助，他們在當地市場所栽種的西瓜方能行銷出去。

後來，克里什南提到八月份洪水爆發，他的家庭被迫離開村落之後所遭遇的種種困境，這時他顯然更加憤怒了。

他說：「上次我們的農作物歉收，我無法償還那筆積欠地主的錢，他就帶走我們的牲口、我太太的黃金還有我們幾張好床。如今，我這些值錢的東西已經一件不剩，我擔心他會強迫我的幾個小孩去為他做工。」在巴基斯坦的許多地區裡，小孩在農地裡幹活並不是什麼稀罕的事。

儘管這個家庭在洪水中失去了大部分的財產，克里什南仍然保留他所有債務的單據。他小心翼翼地從襯衫的口袋拿出幾疊髒兮兮的破紙片，然後展開來給我看。原來都是收據，詳細載明肥料、種子以及其他的借貸。

他的妻子巽達拉‧巴格里‧興杜說道：「就算地主對待我們不公不義，我們也很難逃出他的手掌心。」她告訴我，最近為了養活家庭，她也只好開始向人乞討食物。「我們的父母和小孩都面臨這種處境。我們想躲也沒地方躲。地主會把我們搜出來的。我們有生之年註定幹農奴了。」

克里什南輕輕拍了她妻子的手表示心有同感，同時繼續把他家庭的事說給我聽。他們是印度教教徒，在穆斯林的主流社會中只佔少數。克里什南

說道：「我信印度教，所以很多地主對我們都非常殘酷。」這對夫妻宣稱，即使到了難民營裡，在爭取生活基本物資的時候，例如想要一頂像樣的帳篷或是乾淨的水，他們都會遭受歧視。

我問克里什南是否打算回到他的村落，並且再度過起以前那種日子。他說他們別無選擇。

他說：「許多地主兼搞政治，事情不可能有所改變。但是一切都是那麼不公不義。他們只提供我們土地而已，我們卻得負擔種植作物所需支出的所有費用，最後，他們分得收成的百分之八十，我們才分到百分之二十。我們不得不回農地裡幹活，地主會視我們付出的勞力減免債金。」

在離開前，我向那對夫妻表達感謝，感謝他們撥出時間陪我。然而我也感到罪過，因為他們目前的生活已夠艱困，我卻問起他們的處境，此舉可能不慎再度觸發他們的傷痛。

＊＊＊

不過，到了另外一座難民營裡，也就是位於達都市綜合技術學院外面的那一座，我遇到一個不一樣的家庭。他們雖然也是依附土地生活的佃農，卻開始審視起他們先前從不曾思考過的問題：揚棄他們的舊生活，拒付積欠地主的債務。

夏貝蘭（Shaberan）和洛珊・潘瓦（Roshan Panhwar）原籍俾路支斯坦（Balochistan），那是巴基斯坦數一數二最傳統的地區。

過去他們耕作十五公頃的農地，大部分種稻米、小麥和豌豆。大洪水爆發的時候稻子正好幾乎可以收割了。家人們說，洪水在清晨五時淹過來，它們只來得及逃命，能帶出來的就僅僅是身上穿的衣服。他們養的動物，包括幾隻綿羊、山羊以及一頭水牛、一匹驢子，全淹死了。

養育五個兒子和五個女兒的夏貝蘭說：「我們還以為自己死定了呢！我

們只想到如何保全自己的性命，哪有時間搶救其他的東西。」

洛珊說到：「優質稻米全被洪水毀了。這是一場大災難，因為我家還背了十五萬盧比[4]的債務啊！實際上講，我們只借了七萬盧比[5]，可是地主卻把利率訂得很高。現在，我們欠了一大筆錢。」

不過，在他們和我繼續聊天的過程中，我了解到，這一場大災難也許帶來了一些能改變這個家庭的正面東西。他們告訴我正考慮要放棄原先在俾路支斯坦的舊生活，並且在信德邦定居下來。夏貝蘭告訴我，洪水爆發之前，你幾乎別想離家，因為地主會雇用職員來確保他的佃農不會私下遷移，確保佃農都能留在村落，留在他的掌控範圍之內。

我問他道：「所以，從某個角度看，能不能說洪水將你們解放了，為你們消滅了那種桎梏？」這話問得有些天真。

夏貝蘭回答道：「你很難說因有洪水幫忙，我們就解放了。我們不會真正從地主那裡爭回自由，因為將來不知道哪一天，他還會強迫我們回去的。如果我們不回去，我敢說地主一定會設法強迫我們。」

這個家庭深信，除非他們把債務都還清了，否則一定會被不斷追討。要是重回舊地，他們又擔心自己的兒子會被逼去為地主的家庭做工，這樣的話，孩子可能會遭受到粗暴的懲罰。如今，他們把希望寄託在政府答應發給洪水受災戶的補償金上面。果真如此，據他們說，他們將會清償債務，然後定居在信德邦，因為那裡有一些親戚朋友。

我問：「可是，政府的錢萬一無法到位呢？」夏貝蘭的回答如此直白，他說：「政府的錢萬一無法到位，我們就是死路一條呀。地主會強迫我們回去，而且可能訴諸暴力，我們就死定了。地主會強迫我們回去，我們就得做牛做馬。我們是不會有什麼力量的。」

4　約合一千五百美元。
5　約合七百美元。

並不是所有的佃農都已開始思考：這場大災難可能為他們帶來一點變革的機會。甚至也不是每一個人都要求這套地主、佃農的關係應該改變。至少，在成長的過程中他們已經根深蒂固相信，這種關係由不得你決定要或不要。

來自達都地區梅哈爾（Mehar）鎮的瑪莉安姆・昌迪歐（Mariam Chandio）告訴我：她的家庭已在同一個村落裡生活了五個世代，而且在這一段歲月裡，他們欠債的對象也是同一個地主家庭。

她說他們總共欠了地主五萬盧比（約合五百美元），而且她很清楚，一旦回到村落，他們一定會被發現。如此一來，想要清償這筆債務就更困難了。她告訴我：「才一年前，只因為我們欠了五萬盧比的錢，地主就扣押了我全部所有的四隻山羊、一條母牛以及兩頭水牛。除了走回頭路，我們沒有其他的選擇。地主會把地交由我們耕作，但他不會再借給我們半毛錢。我們必須以勞動來抵債。」

聽起來這像是很為難的下下之策。但是才一轉瞬，她又告訴我說，她想離開難民營然後直接回家。她說難民營讓人覺得綁手綁腳無法自在，又說圍在身旁的都是陌生人，這點教她的家人快活不起來。她還認為，在他們以往的生活裡，至少還有一定程度的安全保障以及舒適便利。那是他們熟悉的生活，儘管碰上一些問題，但自己畢竟是在那些習慣中長大成人的。

「我們的日子過得相當快樂。我們擁有良好而且受到周全保護的房子，手動幫浦一打就有水可以用。我們想要回家，可是目前一切都還淹在水底下。」

她那七十五歲的父親穆哈瑪德・巴洽樂（Muhammad Bachal）原先一直靜靜聽著我們談話，此時他也開口發表意見：「我們住在這裡得到什麼了？政府是不是會提供我們像樣的住所？如果是，那麼我們就留下來。可是，如果我們不回去，食物要從那裡來呢？我們住在家裡一切就穩穩當當的。

我們好幾個世代都是這種生活方式，也沒有第二條路可以走。我們會受苦也是因為這個緣故。我們還是會回去，並且耕作農地。地主將從我們的勞動中獲取好處。不過我們將會被債綁住。等到我們收穫新的糧食，他就會拿來抵掉一部分我們所欠的錢。」瑪莉安姆嘆了一口氣表示同意：「我們很想擁有自己的土地。就算只有幾公頃也是好的。如果你沒有自己的土地，任何人都可以佔有你佃耕的土地，在它上面耕作，愛種什麼就種什麼。就算政府推行土地改革，受益的也將是地主而不是我們。只有神能夠改變事情。」

＊　＊　＊

話說回來，信德邦的農村地區最近幾年發生了一些小規模的改變。信德邦邦政府開始推行一項土地重新分配的計畫。該邦的政府受巴基斯坦執政黨人民黨（PPP）的控制，也就是被暗殺的前總統碧娜芝·布托（Benazir Bhutto）所隸屬的政黨。布托死後，總統職位由她的丈夫亞吉夫·札爾達里（Asif Zardari）繼任。

上述計畫並不是改頭換面的重大土改變革，其目標只在於將政府名下的公有地重新分配給沒有土地的小耕農（hari）。該計畫主要的對象是婦女，而既定的目標則是增強她們在經濟上的自信與實力，試圖藉此減少貧困，並且在農村地區促成更深、更廣的許多社會改革。

被指定納入重新分配計畫的土地超過二十萬畝。該計畫的第一階段已於二〇〇八年九月上路，大約有四萬三千畝地被重新分配出去。

不過，第一階段執行起來卻出現嚴重的缺失。許多分配出去的土地被人發現根本無法耕作，原因不是地表積水、凹凸不平，就是產權不清不楚，許多人聲稱自己才是地主，結果導致曠日費時的司法纏訟。儘管如此，第二階段也已在二〇一〇年四月開始實施，而且政府也保證該計畫先前的瑕

疵都已處理，同時執行過程將會有更高的透明度。政府告誡官員：在執行這項計畫的時候務必清廉自持，同時根除唯親是用的舊陋習。

在這個第二階段裡，土地只重新分配給目前沒有土地的女小耕農。有史以來，南亞地區由政府推行的計畫案都不曾像這次一樣，選定這個族群做為服務的對象。這些婦女也會獲得農業方面的配套資助，包括種子、肥料、殺蟲劑以及技術支援。

如今，雖然巴基斯坦的洪水造成大規模的災損，不過信德邦當局也表明了，二〇一一年仍要開始執行該計畫的第三階段。

信德邦向來都和當地一個朝氣蓬勃的非政府組織「主動參與發展」（Participatory Development Initiatives，簡稱 PDI）攜手合作。該組織以法律的專業扶助許多獲得土地分配的婦女，因為她們的土地所有權後來常被其他地主質疑，而這些地主比較富有，比較強勢，通常在政治上人脈豐沛。

他們執行的工作也包括宣導以及主動出擊，例如宣導土地再分配的方案，並且鼓勵更多沒有土地的婦女申請土地。他們透過當地電台讓婦女明白自己的權益何在。由於許多婦女都是文盲，因此也會幫忙她們填寫表格，同時提供交通工具，接送她們出席自由參加的公眾集會，以便她們遞交申請。

幾個月前，我就參加過一次這種公眾集會。為了舉辦這一次聚集了數百名婦女的活動，有人臨時規劃出了搭起開放式帳棚的會場，避免她們在令人窒息的暑熱之中受苦。

很多人都是坐巴士或是卡車來的。「主動參與發展」組織安排了箱型客貨兩用車，將婦女從一些比較偏遠的地區載過來。有些像哈吉亞尼（Hajiani）那樣的婦女甚至花一個多小時赤腳走了一段路才抵達果拉巴利（Gora Bari）鎮的公眾集會會場。

她們在這裡遞交申請書，正式要求國家撥給土地。土地會重新分配給該

邦最窮困的一些婦女。很多人當天便可以知道自己是否如願以償。

哈吉亞尼告訴我，她不知道自己幾歲。她害羞地伸出沾了藍墨水的大拇指，表示她的文件已經掛號登記，就等著看自己是否列入名單，成為首度正式獲撥土地的人。

她告訴我：「我們一無所有，只靠捕魚勉強餬口。可是近來魚源減少，別想靠捕魚過上什麼像樣的生活。所以我才來申請土地。如果我們擁有自己的土地，我們就能餵飽家人並且賺更多錢。目前，食物有時夠吃，但是不夠吃的情況畢竟還是常態。」

其他的婦女也告訴我類似的事情，告訴我為何該項土地計畫會讓她們的日常生活變得如此不同。

賈納特（Janat）是四個孩子的媽媽，先前為她的地主耕作四畝的土地。她說：「取得土地對我而言實在太重要了。」她的家庭僅能獲得自己收成穀物的四分之一，其餘的都歸地主所有。

她解釋道：「我們想獲得可以一代一代傳給子孫的土地，並且擁有自己的房子，不必活在必須搬家的恐懼或威脅裡。地主是可以隨時趕你走的。」

另外一位婦女插話進來，她是帶著六歲兒子一起上路的沙綺娜（Sakina）。她說：「我們認為安全的考量是最重要的。如果我們擁有土地，我們就會有安全的房子，就不擔心腐敗墮落的人奪走我們的穀糧。」

在這些婦女眼中，能夠擁有一片私人的土地正是最關鍵的，就算分配給她們的土地再小都無所謂。土地的所有權能讓她們獨立，而且她們理解，這樣她們就會更有自信與力量。

幾個月後，在我最近一次造訪巴基斯坦的行程中，我又再度回到了信德邦。我計畫參觀一些獲撥土地的婦女所居住的社區，目的在於了解，在那場造成慘重災情的洪水之後，她們是如何走過來的。

奈瑪特．亞梅德（Naimat Ahmed）一面走入積水，一面伸手把先前她所

耕作的稻田指給我看。她的村落位於他塔（Thatta）地區，目前積水水位仍然很高。她帶著些許的不安打開自己那間簡陋住所的門。那間茅草覆頂的土牆房裡面盡是泥濘。

她叮嚀道：「要小心喲，有時有蛇。」我立刻驚慌地向後跳，然後兩個人都喀喀地笑起來。

除非地板的水都收乾了，否則奈瑪特是無法搬回房子裡住的。目前，她只能和村落裡其他的人一樣，睡在露天的臨時避難處，在木柱上披了幾塊棉布的避難處。不過，她和一群其他的婦女都已下定決心，洪水一旦消退，她們就要儘快趕回去，以便保護標示土地地界的標樁。

奈瑪特告訴我：「我們的土地在這裡。我們擔心，如果不儘快趕回去，其他的人便會趁虛而入，不但住在這裡，還從我們家裡拿走財物。」

她那保護自己寶貴財產的心願不難理解。直到今年稍早的時候，她都不曾擁有自己的土地。後來，信德邦邦政府實行土地重分配的計畫後，她獲得了四畝的土地。

奈瑪特說：「自從我有了自己的土地以後，這才第一次耕種，而且眼看稻穀幾乎可以收成。誰料到洪水來了，一切都化為烏有。」

她說：「真不知道要到哪裡找足夠的食物，而且還要等上好幾個月，我們才有辦法再使用自己的土地。就算到時候我們真能使用那塊地了，我們也沒有錢買種子和肥料。我們因為賒帳，已經積欠一些店家貨款。日子不好過啊！」

有關洪水消退、家家戶戶得以重返故土之後將可能引發的土地糾紛一事，已有各種預言流傳開來。土地權狀在洪水中遺失了，先前許多由灌溉溝渠標誌出來的農地地界也沖毀了。因此，奈瑪特以及其他婦女才會如此焦慮，非得儘快趕回家裡不可。她們不願意損失先前千辛萬苦才掙來的財產。

然而，即使在洪災尚未發生前，土地糾紛便已存在。亞希・馬拉（Aasi Mallah）是六個孩子的媽媽。邦政府發放給她一塊四畝的土地，但在賈提（Jati）的村落裡，卻有人對她暴力相向，挑釁她對於那塊土地的主張。她告訴我：「能得到土地是我們的福氣，可是卻引來了一大堆人並且威脅我們。後來，他們使用暴力，竟動手打我們。」

亞希和她的家人被迫逃離自己的村落，暫時棲身於路邊的一塊土地，希望土地所有權之爭能透過法庭上的攻防加以落實。

然後洪水來了，逼使他們前往一個非正式的難民營裡大約避難了十五天。等到我遇見他們的時候，這個家庭已經遷出了難民營，又回去住在路邊的那塊土地上。他們睡在一塊塑膠布下面，綁在幾根木柱上的塑膠布。

除了每天操心家人如何找到一些吃的東西以外，亞希所想的幾乎只是奪回土地的事。儘管這個家庭在洪水中損失了大部分的財物，亞希仍然仔細保有以塑膠檔案夾收存起來的重要文件。他把檔案夾拿給我看，裡面的紙張以及法律文件說明了她對土地所有權的主張以及她透過法庭所做的的攻防。

她說：「對我而言，最難過的莫過於從自己的土地上硬被別人趕走。我想把土地要回來，這是我唯一想要的。」不過她也補充，不管要走的路還有多長，自己仍有信心最終能夠贏回土地。

我也問她，土地的所有權為何如此重要。她回答道：「那是我們自己的土地，我們只能這樣生活下去。現在，我們有時候有得吃，有時候沒得吃。我們得餵飽好多小孩子，總不能老是這樣搬來搬去。我們必須擁有自己的土地，自己的地方。」

像亞希這樣的婦女就是信德邦裡最貧困、最脆弱的一群人。分配一塊屬於她們自己的地給她們，幫助更多沒有土地的婦女成為地主，這樣便能給她們尊嚴、驕傲和安全的感覺。這是一個讓她們可以開始幫助自己以及家

人擺脫貧困的方法。亞希很清楚理解這一點，而且她也下定決心不要放棄
這場戰鬥。

chapter 4

第四章

我不
是誰

我是個綜合體

每一樣東西都包進來一點點

是賤貨，也是好情人

是小孩，也是好媽媽

是罪人，但也是聖徒

我從來不覺得羞愧

我是你的夢魘，我是你的美夢

我不做半調子

你也明白，你不要我換個樣子

摘自《我是賤貨》，梅瑞狄斯．布魯克斯（Meredith Brooks）作詞，艾拉妮斯．莫莉塞特（Alanis Morissette）演唱

我是誰？為什麼我要做目前我做的事？

好吧，有一點先聲明一下：我絕對不是古墓奇兵遊戲以及劇情片中那位全球走透透的冒險女英雄蘿拉．卡芙特（Lara Croft）。想當初我到樂施會位於牛津的總部就職時，同事一下子就開起玩笑把這個外號奉送給我。

我也不是今日版的德蕾莎修女，情願犧牲一切只為赤貧民眾奉獻的德蕾莎修女。我遇見過一些參與災區實地救援工作的三十幾歲女性，我倒懷疑她們自以為和德蕾莎修女是同一個模子印出來的。她們從一個非常重要的緊急會議議場衝往另一個非常重要的緊急會議議場，對別人的態度可以斷然冷淡，彷彿由她一肩挑起將某社區從災難拯救出來的重責大任似的。她們的觀點似乎是：凡是眼前恰巧不和她們執行相同工作的人，或者不像她們在艱困的條件下花費相同時間到災難現場救援的人，簡單說就是不配和她們平起平坐，就算只是瞧上一眼都是在浪費她們寶貴的時間。

在她們的眼裡，媒體工作也許應該劃歸上述那種不入流的種類。媒體工作不像分送食物或是施予外科手術那樣可以救人一命，或是鑿井取水以及設置水龍頭站，可讓數以千計的人取得乾淨又安全的飲水。

媒體工作經常被許多國家的工作隊視為次要，有時被認定為不必要的事後諸葛，絕非緊急救援時不可或缺的一環。

然而，媒體工作應是不可或缺才對。救援組織因有媒體報導，於是民眾覺得可以信賴。如果組織已經發動緊急呼籲，特別在努力募款的時候，媒體則可為其贏得更多公眾支持以及品牌意識。如果組織嘗試促使政府、捐款者或是其他人改變政策方針，那麼媒體可以為其倡導或是訴求。媒體促成大家對事件更多的醒覺以及了解，如果組織呼籲國家環境以及現況有所改變，媒體也能幫得上忙。救援組織特別強調透明度以及問責性，媒體不失為有效的方法，可以向公眾清楚交代組織的工作內容。

人們終究基於各式各樣的理由而投身於救援工作的領域。我想，所有人道主義的工作者都想做點不一樣的事。我也覺得，我們具備一些技巧，一些有助於促成更可觀改變的技巧。當然，我之所以決定轉換職業跑道，從新聞工作到救援工作，這些都是一部分的理由。

媒體是改變及影響輿論的有力工具，能將錯誤和不公平的事情突顯出來，並為爭取正義而戰。影響輿論接著又能影響政府。這也是我最初選擇記者這門行業的部分原因。

能夠駕馭媒體力量，並使其專注於救援組織所從事的工作，這也是向民眾清楚說明組織方方面面的一種方式，比方展現他們進行何種工作、如何完成工作以及這類工作對民眾的生命如何產生影響。

許多救援組織同時兼做宣導以及人道響應。如果他們覺得重要問題被人忽視而且必須採取行動，他們便會在公開以及私下的場合仗義執言。他們會從災難現場傳回第一手的實況，以便喚起公眾注意。此舉有助於強化採

取行動以及進行改革的呼籲，其重要性可能攸關生死。

　　我並不是容易輕信事情的樂觀主義者，其實打從內心深處，我依然認為自己是帶一點懷疑精神的新聞記者。不過，如果拿掉這層懷疑精神，我通常還算是樂觀，並且相信每一個人都有最寶貴的東西，都有為善能力。

　　沒錯，今天沒有咖啡因提神我就嘮叨起來了。我不算是最有耐性，手腕也不算最得體圓滑，工作的時候最痛恨懶散草率。我為自己設定高的標準，也以這個標準期待別人。面對工作，我是熱情洋溢，只知勇往直前。

　　我真相信，一個人的行為是可以引起改變的。我見識過援助計畫如何能夠正向改變個人、家庭和整個社區的生活。

　　而且，我也嘗試以自己的方式做一點不同的。

我在尼日。

chapter 5

第五章

別提那個 F 開頭的字！

尼日・二〇一〇年六月

如下有關尼日的十件事，大部分人應該都不知道：

一、該內陸國位於西非乾旱的撒海勒（Sahel）區域，包括沙哈拉沙漠的邊緣地帶，曾經是法國的殖民地。

二、尼日（Niger）是法語系國家，不可和英語系的奈及利亞（Nigeria）混為一談。尼日人在英語稱 Nigeriens，而奈及利亞人則另稱 Nigerians。

三、該國是世界上名列前茅的窮國。它在聯合國人類發展指數排名表上敬陪末座。即使遇上豐年，五歲以下兒童營養不量的比率仍然高達百分之十二，而且平均每六個小孩中便有一個活不到五歲。該國的出生率是全世界最高的。我曾讀過相關資料，大部分的尼日婦女養育七個小孩，不過我也遇過不少婦女養了十個或者甚至更多的小孩。識字率和教育水準低得駭人。極多數的人一天賺不到一美元。

四、尼日在二〇一〇年二月曾經發生軍事政變。在我到訪該國的時候，新政府似乎比舊政府受到人民歡迎，而且執政成績亦較舊政府出色。前任總統麻馬杜·丹吉亞（Mamadou Tandja）先前由於行事越來越獨裁而普遍遭受人民輕視。

五、尼日是鈾礦的供應國。北部阿爾利特（Arlit）的鈾礦供應法國核能發電廠所需的原料。尼日曾在二〇〇三年成為媒體的焦點，因為當年美國總統喬治·布希聲稱伊拉克的撒達姆·海珊打算向該國購買俗稱「黃餅」的半成品鈾。

六、尼日的人口約一千五百萬，人口成長率之高在世界上是數一數二的。尼日的國土面積甚廣，包含橫跨多國之撒哈拉沙漠的一部分，比法國、西班牙和葡萄牙的面積總和還大，或是等於加利福尼亞州的三倍大。

七、二〇〇七年，由於圖瓦雷格（Touareg）族發動一連串的攻擊，尼日

政府宣佈北部地區進入警戒狀態，並且賦予軍方更多打擊該族叛徒的權力。居住於撒哈拉地區的游牧民族圖瓦雷格族一直嘗試爭取更多的自治權以及礦產利益。

八、最近幾年，該國北方的邊界區域已被視為動盪不安的地帶，據說也是伊斯蘭激進團體「伊斯蘭馬格里布的蓋達」（AQIM）活躍的地盤。

九、奴隸制度雖是官方明文禁止的，但是根據估計，至今仍有數以千計的人口遭受奴役。

十、中國渴望取得尼日的石油、黃金以及其他礦產資源，現正成為該國舉足輕重的盟邦。

二○○七年，尼日遭逢饑荒或是嚴重的食物危機。到底是「饑荒」還是「食物危機」，端視你說話的對象是誰。不管如何稱它，反正當年尼日食物嚴重短缺就是了，一方面因為旱災，另一方面因為稍早幾個月前又有大批蝗蟲壓境，對農作物造成毀滅性的破壞。數以萬計的孩童因急性營養不良而接受治療。聯合國警告道，該國有二百五十萬人瀕臨餓死的邊緣。

當年五月，聯合國發起一項一千六百萬美元的勸募活動，但是兩個月後，募得的總額還不到四分之一。後來英國國家廣播公司和「無國界醫生組織」一起合作採訪此一事件，然後透過電視報導將其公諸於眾，救災捐款方才大量湧入。此外還有其他大批新聞記者密切注意後續發展，因為他們渴望在獨家新聞的發掘上不落人後。

那時聯合國主管人道事務以及急難救助協調工作的副秘書長揚‧艾格蘭（Jan Egeland）曾抱怨道：「等到我們看到電視播放的畫面，等到我們看到兒童瀕死的畫面，世界才醒過來。」根據他的說法，世界如果及早採取行動，這場危機本應可以避開。原本每天只需花費一美元就可讓一個兒童免於營養不良，如今卻要耗掉八十美元才能救回一個營養不良兒童的命。

然而，媒體披露饑荒在該國肆虐的消息卻引起反彈。有人控訴：該場危機故意被誇大成饑荒，目的在於衝高電視的收視率，並讓聯合國以及救援組織得以增加自己的預算。

使用英文 famine（饑荒）這個 F 開頭的字會有麻煩，因為科學界對於構成饑荒的要件為何，尚無一致的結論[6]。大致上講，「饑荒」可以定義為：「因食物的極度匱乏而造成不尋常的高死亡率」。雖說這類死亡可直接歸因於飢餓，但是更有可能的情況經常是：嚴重營養不良引發疾病或是損傷，進而間接造成死亡。此外，飢餓導致人體極度虛弱，若是又有下痢或是瘧疾等疾病的侵害，那便是致命一擊了。

今天，大家普遍相信：食物危機以及饑荒並非總是由於食物極度缺乏才會發生，其實更可能是由於貧困脆弱的社區無力取得市場上所販賣的食物。說白一點，有太多人根本沒錢餵飽自己。政治因素也在當中作祟。誠如印度的經濟學家阿馬蒂亞·沈恩（Armatya Sen）所寫到的：「民主制度若是正常運作，饑荒是不會發生的。」

另外一個問題是：這個 F 開頭的字，它的爭議性實在太高了。二〇〇五年，麻馬杜·丹吉亞的政府故意將該場危機淡化處理，企圖迴避外界指控他怠惰或甚至無能，指控他沒辦法掌控情勢。政府方面警告，不可將情況「政治化」，並且不願承認國內出現任何問題，結果造成各救援組織難以號召響應的行動。

二〇一〇年的尼日依舊和二〇〇五年的尼日一樣，是世界上名列前茅的窮國。該國人民營養不量的比率高得驚人。即使在收成好的年份裡，遇上青黃不接的季節，為補口糧之不足，社區居民通常也吃野果和樹葉。此種

6　二〇一一年，聯合國宣佈索馬利亞的六個地區發生饑荒。判定「饑荒災區」（in famine）的標準是：任何地區只要至少百分之二十的人口面臨食物極度不足，而且「總體嚴重營養不良」（GAM）比率高於百分之三十，另外全部人口的死亡率超過每天萬分之二。

下策，在救援組織的用語中被稱為「因應對策」（coping strategy）。

其他的「因應對策」還包括變賣財物、大人縮減餐數確保小孩能夠吃飽、把家搬到都會地區以便尋求其他收入來源、仰賴食物救濟等等。

二〇一〇年，上述辦法紛紛出籠。所有教人擔憂的「因應對策」變成普遍的現象，而且有為數龐大的孩童被送往增設的供食中心。諸多現象都使嚴重食物危機又將再度籠罩的預言變得更加可信。根據預言，受災地區將包括尼日以及西非其他數個從馬利到查德、位於撒海勒（Sahel）半乾旱帶上的國家。

二〇〇八和二〇〇九年，撒海勒地區的降雨異於往常，結果導致糧食作物以及牧草嚴重歉收。根據聯合國糧農組織（FAO）的調查，查德的穀物收成減少了百分之三十四，尼日減少百分之三十，茅利塔尼亞減少百分之二十四，布吉那法索則減少了百分之十七。

＊＊＊

由於撒海勒地區中有多達一千萬人口面臨了食物供應不穩定的危險，樂施會便在六月的一份新聞稿中提出警告[7]，並且發起了一項七百萬英鎊的急

---

7 樂施會於六月二十一日的一份新聞稿中提出警告：
「作物歉收，旱災災情加劇，西非有一千萬人口正面臨飢餓的嚴重威脅。樂施會從自己的保留款中提撥三百萬英鎊以便在災情最嚴重的地區先辦理緊急救援工作。目前，為了應付危機，樂施會面臨的資金缺口尚有七百萬英鎊。
主導樂施會在西非地區工作的麻馬杜‧比代耶（Mamadou Biteye）表示：『如果我們趕快採取行動，那麼現在在我們眼前初現端倪的災難應能避免。距離下次收成還有好幾個月時間，人民已經覺得一籌莫展，因為只能吃樹葉、喝髒水。除非我們能募到錢，否則我們將會被迫棄那些最窮困的人於不顧。因此，雖然我們知道如今大家手頭都緊，但是仍然要向公眾提出籲求，仍然要伸手進去他們口袋的深處裡掏出錢來，以便幫助那些處境最為危殆的人。捐點小錢便能造成巨大改變。只要二十英鎊，就能餵飽一個家庭十天。』
樂施會對於截至目前為止所收到的善款表示歡迎，但另一方面也表示，因為上述危機的規模非比尋常，世界各國政府迄今整體回應情況依然不夠熱

難救助募款活動。

　　尼日是急難救助地區的核心地帶，人口將近有八百萬，亦即該國有半數的人口處於飢餓狀態。不過，其他國家受影響的人口數也相當可觀，例如查德大約有兩百萬人面臨飢餓窘境，另外還有馬利、茅利塔尼亞、布吉那法索以及奈及利亞的北緣地帶。幾十萬名五歲以下的兒童暴露於嚴重營養不良的風險中。

　　樂施會有位同事在查德紀錄了一則赤裸裸的「因應對策」：幾名婦女掘開蟻窩，目的為了吃掉螞蟻儲藏在裡面的種子以及穀粒。

　　西非的食物危機正是救援組織所稱的「慢燒」（slow burn）危機。情況複雜而且強度漸增，起因多重而且影響不只一端。至於其他類的災難，例如地震、洪水、颱風以及颶風或是亞洲海嘯則可稱為「突發危機」（fast-onset crises）：張力強而引人注目、災損明顯易見、畫面出現在電視螢幕上教人看得目不轉睛。這類災難比較容易估算傷亡人數以及災損。對於媒體而言，食物危機比較難以捉摸，因此也就比較難以獲得採訪曝光機會。

　　但是仍有一個問題。我才抵達我們設於塞內加爾首都達喀爾的西非區域中心，尼日當局就頒布了一項新的法令：除非事先獲得該國通訊部的專門許可，否則禁止記者甚至非政府組織的媒體人員在尼日境內進行採訪活動。申請書至少在出發前的三個星期便須送進通訊部，內容必須清楚交代到訪目的，還要附上詳盡的行程規劃，並且說明可能參訪該國的哪些區域。

烈，這點不免令人感覺遺憾。『尼日緊急人道行動計畫』（一項由聯合國以及非政府組織共同發起的勸募活動）所需要的經費幾乎仍缺一半。經費缺口總額共計二億零五百萬美元。
樂施會的麻馬杜・比代耶表示：『在這場食物危機尚未演變成大災難前，捐款的人必須立刻採取行動。捐款金額以及速度正是最關鍵的。五年以前，尼日爆發類似的危機時，由於捐款人的速度太慢，人命被無謂地犧牲掉了，同時造成人道救援工作費用飛漲。目前急需各方慷慨解囊，如此方能拯救生命，又讓人民不致流離失所。』」

除此之外，並須支付五十萬至二百萬非洲法郎[8]（如果採訪結果會在電視播放，價碼就是後者）的「手續費」，由通訊部和國家拆帳。

我被通知暫且按兵不動。人家在首都尼阿美倉促安排幾次會面，聯合國和救援組織針對新的強硬規定表示抗議。

情況還沒有明朗化之前，我也只能在達喀爾閒居，做做行程規劃，也和記者見面談話。

關於尼日政府頒布新法令的事我們都非常驚訝。先前，各方普遍認為：二〇一〇年二月新的軍政府開始執政後，很快就會承認其國內的食物危機已經浮現，並在應變計畫的擬定上，積極和聯合國以及各救援組織合作。的確，新政府開始執政後才一個月便宣佈該國面臨緊急的食物危機，同時呼籲國際社會伸出援手。我們肯定這是向前邁出了一步。至少政府承認問題確實存在，而且願意著手處理。

還好，我滯留在達喀爾的時間僅有短短幾天，最後旅行許可總算發給我了。針對非政府組織的新規定已經上路，應繳交的規費雖然稍微降低，不過為獲當局批准，依然必須提出計畫。我和某位通訊部的官員一起上路（我認為是派來監視我的），同時支付其日常的開銷。

我在深夜飛抵尼日。車子開進市中心的時候，其實很難產生什麼感受。我只能說，路上幾乎沒有車子，四周靜悄悄的。等到上午已過了一大半，等到我睡了幾個小時醒過來了，我才設法想進一步了解四周環境。

從旅館到辦公室大約十分鐘的車程。首都尼阿美步調緩慢，氣氛慵懶，與其說是都市，不如說是大型村落還更貼切。交通號誌少之又少，柏油路面更是罕見，是個乾旱、塵土飛揚的地方。雖然市場有時會很熱鬧，一般很少看到人群擁擠的情況。

* * *

8　一歐元約合六百五十非洲法郎；一英鎊約合七百八十四非洲法郎。

尼日多少讓我想起它的鄰國馬利，尤其是社交禮儀這一方面。就算只是打個招呼也不是輕鬆可以打發掉的：你也必須詢問對方的健康情形，打聽他的家人過得如何，關心他的整體近況。辦公室重要的會議也常被這種極具儀式性而且冗長的問候打斷。

大家明明都在忙著工作，這時卻走進來一個人，打斷你的討論，只為把那套日常的社交問候戲碼重新搬演一次。起初，在我看來，此舉幾乎算是粗暴的攪局。可是我很快便學會欣賞他們。在西方的社會中，手邊的工作經常令我們忙得連微笑或是抬頭看一眼的時間都省掉了，甚至在上班的路上也沒有閒功夫向同事或是其他人說聲「你好」。在牛津樂施會的超大總部裡，大家很少探頭到其他同事的辦公桌旁聊個三句兩句，而是利用網路的線上日曆安排小型會議或以電子郵件取代面對面的溝通。尼日人的社交問候習慣正好提醒我們：人和人之間的相互聯繫很是重要，而且我們是人，具有人性。說來慚愧，光連這個都需別人點醒，不過我是欣然接受。

尼日全國已有幾百萬人開始對於生活感到絕望透頂，但在首都尼阿美幾乎觀察不到什麼明顯警訊。

尼日是世界上數一數二最窮的國家。它名列前茅的一些統計數據都不是他國羨慕的對象：人口成長率世界第一，從一九五〇年的二百五十萬人遽增為現今的一千五百萬人；嬰兒死亡率世界第一；全國五歲以下兒童有百分之四十體重低於平均值，因為飢餓阻礙了他們的發育；低識字率以及低就學率。

多數的尼日人居住在撒海勒這個半乾旱的南部帶狀區域。該區容易降下為時雖短卻難預測的豪雨。該國其他的地區大部分是沙漠，也是撒哈拉大沙漠的邊緣地帶。近幾年來的氣候變遷導致沙漠化的現象，沙漠開始吞噬昔日的可耕地。這逐漸成為令人擔憂的問題。

尼日對於旱災周期並不陌生。旱災可能對大多數居住在鄉村地區並靠農

牧維生的人民造成破壞性極大的影響。這一年比起往年又更嚴重。過去兩年以來，不可預測的豪雨已經造成穀物減產百分之三十。

然而，你在尼阿美很難獲悉這些災情。當地五彩繽紛的市場裡堆滿新鮮蔬果以及穀物。我很快便發現：在主要城鎮的市場上，放眼望去都是相同的景象。許多食物都是進口貨。專家分析之後指出：問題的癥結所在並非可買到的食物發生短缺，而是人民是不是有夠強的購買力。食物都在那裡，只是沒有人買得起。基本糧食的價格節節攀高，某些地區甚至翻漲一倍。可是一般人的收入卻掉了一半。這是雙重打擊。許多家戶不得不出售他們那些極有價值、如今卻餵不飽的牲口，然而到手的錢卻可憐地比市價低了甚多。他們開始變賣剩下來的家庭財物以及農事工具，債台經常越築越高，只為借到足夠的錢購買食物以及用以播種的種子。

最大的衝擊是：家庭開始讓小孩子休學，然後離家搬到城鎮或是都市，並經常越過該國關防鬆弛的邊界，只為尋求幫助以及工作機會。

樂施會一位名叫穆罕默德（Mohamed）的司機，在我們前往辦公室的途中指著街上的人對我說道：「這些不是尼阿美人。他們靠乞討維生，從鄉下來的。」

有人估計，今年在首都行乞的人，數目已比往年增加一倍。車子續向前行，我開始注意到一些明顯的跡象。經常看到一些穿著比起一般市民破舊的婦女和兒童站在樹下，以躲避那教人無法忍受的酷熱。兒童走近停在交通號誌前的車輛，舉手指指自己的嘴巴表示飢餓，然後再伸手乞討食物或是金錢。婦女則拿篩子去篩地面的沙，希望能撿到從載運食物的卡車上掉落的穀粒。不過，我們很難判斷這些家庭是否剛從鄉下來到首都，或是他們來到首都已有一段時日。

我抵達尼阿美的第一天早上便在樂施會辦公室的外面遇見伊素伏·穆穆尼（Issoufou Moumouni）。這位有兩個孩子的父親手裡拿著一個錫碗，沿

著馬路走下去。他告訴我，三星期前他離開自己那位於烏拉姆（oullam）地區凡都－卡伊納（Fandou-Kaina）的村落。據他猜測，他村落裡大約五十個家戶中已將近有四十個男人在過去幾個月裡紛紛離家尋找工作以及食物。

他面帶苦笑告訴我：「今年情況非常差，什麼東西都種不活。老天不下雨，我們就沒有希望。」

現在情況不好，可是接下來可能還會變得更差。那時正是六月，也就是傳統上尼日人所謂「青黃不接」的季節。下次的農穫要等到九月或十月，換句話說，民眾還要再等好幾個月才能收割穀類作物、送進糧倉儲存，然後才有得吃。如果習慣應付旱災以及飢餓的尼日人現在已經掙扎在過日子，那麼除非他們能夠獲得更多援助，否則我們就只能擔心，接下來的幾個星期和幾個月可能會發生憾事。

* * *

然而我面對的卻是一場枯等的遊戲。我已經將參訪尼日一些地區的申請書送進該國的通訊部。樂施會在那些地帶正執行幾個計畫，目的在協助身陷困境中的社區。有人告訴我，可能還要再等上一段時間才能獲得批准。

得有耐性才行，可是這偏偏不是我的強項。在這段期間裡，我盡量充分利用時間，例如：讓自己熟悉計畫工作的內容、和樂施會的人員談話、參考我們的人員或是合作夥伴新近從現場拍回來的相片和影片（或許可以寄回我們牛津總部）、參與計畫會議、更新補充策略資料並和記者談話。

我抵達尼阿美不過才幾天，正坐在辦公室裡用我的電腦工作，時間是傍晚日落之前。當時突然颳起一陣沙暴，天空轉變成耀眼的紅色，那番景象不但壯麗而且扣人心弦。我以前未曾見識過類似的景象，趕緊拍下一張天空的照片。那片天空似乎藏著預兆，甚至有如聖經裡的場面。過了不到十

分鐘，雨水已經降下來了。起先雨勢不大，可是後來卻轉為驚心動魄的暴雨，而且持續兩個小時之久。

後來人家告訴我，他們已經好幾個月沒見過這麼大的雨。有人認為：前一年穀類產量遽減，而且多處大片草地消失，這種不規律的降雨應是可歸咎的一項原因。為了替牲口覓得水及草料，牧人必須往更遠的郊野移動。

人家常說，對大部分的尼日人而言，牲口好比他們的銀行帳戶。該國百分之八十的人口住在農村地區，仰賴自給農業以及飼養牲口維生。年份好的時候，他們也許多買一些牲口，因為牲口被視為對未來的投資。可是如今景況很差。

許多牧人面對越來越嚴重的飢餓、食物短缺以及基本糧食價格不斷高漲等的問題，於是被迫做出痛苦的決定：就算與當初購入的價格相差甚遠，也只能賤價賣掉他們擁有的寶貴的資產。

由於無法為他們的牲口取得足夠的水和食物，許多牧人只得出售他們那些肋骨嶙峋的瘦弱牲口，價格比起市價低一大截。他們別無選擇：那些牲口已經瀕臨餓死邊緣，萬一真的餓死，他們就是血本無歸。

但是這些下下之策意味家戶的「銀行帳戶」已被提領一空了，如此一來，他們更加沒有力量抵抗未來的衝擊。

在這種危機中，樂施會的一項主要應變措施便是：提供社區支援之時，重點放在牲口這項他們主要的生計上。在一些最脆弱的地區，我們供應免費或是補貼的牲口飼料，並為牲口注射預防針還有除蟲。

我們同時也辦理所謂的「出清存貨」活動：以危機發生前的價格（亦即高於當時市價的價格）收購瘦弱的牲口，幫助他們將現金注入當地的經濟體系中，然後屠宰那些購入的牲口，並將肉品分配給一些最窮困、最無以為繼的家戶。

當時樂施會在該國的資訊主管莫巴克‧尼昂（Mbacke Niang）告訴我：「牲

口是家戶的命根子。有許多家戶的收入完全來自牧業。我們目前正鎖定一萬個以放牧為生的家戶,其中有許多再也禁不起打擊。但這樣做還不夠,因為需求太龐大了。我們一直接受更多捐助以便拓展目前的工作。可是窮困的人始終都有。」

他剛剛從提拉貝里(Tillaberi)大區烏拉姆(Oullam)分區的芒蓋伊澤(Mangaizé)回來。他去那裡參加一場活動,為樂施會在那裡舉辦的的系列活動正式揭開序幕。

有一百多人現身參加那場開幕活動,現場發放現金抵用券以及牲口飼料給處境危急的家戶。樂施會購入的瘦弱牲口也經宰殺,肉品亦在現場分送出去。

莫巴克說,群眾相當感激這些協助,只是所需要的資源還缺很多。另外一位也去參加上述活動的計畫專員同事雅烏拉・艾夏圖(Aoula Aichatou)以「千鈞一髮」來形容當地災情危急的程度。

她說:「情況實在悲慘,所以我們才介入協助。好多牲口奄奄一息或是等著嚥下最後的一口氣。我們必須提供更多的支援,需要幫忙的項目多到不勝枚舉。」她拿出一些問卷給我看,那是同事在目標地區工作時和村民談話的紀錄。在阿巴拉(Abala)行政區的一個村落裡,山羊的價格一年裡就掉了超過一半,而乳牛的價格更是下跌三分之二。基本食品的價格卻上揚了:小米漲了百分之四十,稻米漲了百分之十三。

民眾反應:他們最擔心的是如何為自己和牲口覓得食物;此外,找到足夠的飲水和灌溉水也是棘手問題。我們在問卷中問他們如何應付這種苦日子,得到的答案從「賣力工作」到撿柴換錢或是吃些野果野菜充飢都有。許多家庭如今每天僅吃一餐,並且減少食物的量。

但有一份反映某位女性戶長心聲的問卷特別引起我的注意。他們沒有牲口也沒有錢,過去七天之中總共只吃了四餐。他們的因應對策為何?答案

是：「只能忍耐下去。」

然而，青黃不接所造成的飢餓危機階段才剛開始而已。距離下次收成還有好幾個月的時間。這場食物危機影響到尼日以及西非的幾個國家，如果沒有捐款挹注給站在第一線的救援組織，家戶光憑耐心是活不下去的。

幾天的時間流逝了，我還在等出差許可。不過，我們事先已發出一份新聞稿，呼籲外界再捐更多錢給尼日，同時也接到幾位記者從倫敦和非洲其他地區打來的電話，因為他們急切想要知道，我可以提供什麼補充更新的資料。說實在話，我能給的實在有限，因為我只看過幾張當地同事傳過來的相片以及影像資料，都是他們親自去現場參訪時拍回來的。我只能把先前同事給我的資訊轉發出去。

*　*　*

我終於說服當局讓我參訪樂施會最靠近首都的一個計畫地區，開車過去大約一個半小時。因為我尚未取得正式的差旅許可，人家便告訴我：「你可以拍一些照片，但要非常謹慎才行。」也就是說，拍攝影片根本想都別想。我的數位攝影機和三腳架實在太醒目了，可能引起官員們的注意。

所以，我們由一位會說法語的司機陪同，起程前往烏拉姆地區的席米黎（Simiri）村。那裡絕對不是尼日受災最嚴重的地區。人家告訴我，如果再往北走，會看到更嚴重的災情。

然而，甚至在席米黎，我已經覺得情況夠糟糕了。

我看見一群男士坐在建築物的陰影裡抽菸，於是走上前和他們打招呼，然後自我介紹並且說明我來訪的目的。

我問他們情況如何，他們回答我：「大災難啊！」大部分男士告訴我，他們以前都養牲口，但是為了買食物給家人吃，不得不把牲口全部賣掉。

有兩位男士說，他們的母牛最近死了。根本沒有食物或是草料餵養牠們，

連水也是少得可憐，所以牠們就是活生生餓死的。先前，樂施會曾在該地分送一些動物飼料，可是根據那些男士的說法，那批飼料已經全部用完。

吉布里‧達烏達（Djibri Daouda）是四個孩子的父親，他揮手示意道：「請跟我來。」我跟著他經過一批以茅草蓋頂的傳統土屋，然後又走了大約五分鐘才停下來。他告訴我：「去年我不得不賣掉兩頭母牛，以便買食物給家人吃。」然後伸手指指沙地上一具爬滿蒼蠅的牛屍說道：「這是最後一頭，可是九天前死了。」

他讓我參觀他家所擁有的那間蜂巢形的糧倉。儲放在這間以茅草覆頂之糧倉裡的少量小米收穫幾個月前就吃完了。他苦笑道：「現在只有老鼠肯光臨了。」

除了牛隻以外，以前他也飼養山羊、綿羊以及好幾隻雞。但是他說碩果僅存的那一隻母雞已經生病，無法再下蛋了。如今，他的家庭主要是吃混合了樹葉的樹薯粉才能撐下去。

「我也只能向神禱告，祈求我們可以度過難關。只要我們撐過去了，那麼也許可以重新燃起希望。」

這段時光可真教人擔憂。青黃不接的季節剛開始，民眾似乎就已使盡大部分自己慣常用的因應對策，所以才賣牲口以及家戶資產。

穆沙‧寇里寇耶（Moussa Kolikoye）是另一位我遇見的村民。這位八個孩子的父親告訴我：「總之，這裡的人眼前就是死路一條，我們只靠野地裡的樹葉勉強度日。」

穆沙曾經一度擁有三十隻公羊、十三隻綿羊、九頭母牛、一匹驢子和兩匹馬。

但在過去幾年之中，他不得不賣掉他珍貴的牲口，連最後的那隻綿羊也在去年年底死了。

「總之，這裡的人眼前就是死路一條。我們可以一連三天四天沒有像樣

的東西可以吃，就靠樹葉度日。」

返回尼阿美的路上，我們在宗通迪（Zontondi）村停了一下，看到有人在賣從路邊撿回來的木柴。這是少數能讓他們賺點錢的零活。即便如此，他們還是得要走上九公里或甚至更遠路才能找到木柴，通常一大早出門去，要到傍晚才能回家。

三十二歲的穆沙‧牧穆尼（Moussa Moumouni）是三個孩子的父親。他告訴我：「不下雨，小米就種不出來。我甚至記不得上次什麼時候吃過肉。」

五十歲的優努沙‧馬穆都（Younoussa Mahmoudou）有十二個小孩，是個做買賣的。談到最近的食物危機時他告訴我：「就我記憶所及，情況從來都不像現在那麼差，比起二〇〇五年還要差。」

這種說法已經變成老生常談。人家都告訴我：今年鬧飢荒的地區比二〇〇五年的那一次還要更廣。

但是兩次饑荒卻有幾點不同。首先，政府這次沒有矢口否認，並且公開承認國內出了問題。其次，在尼日的聯合國相關機構以及其他非政府組織發布警告的時間比上次要早很多。更多救援組織及早便已提出並且執行紓困方案，此舉有助於扶助當地的社區，同時讓人對於救援地點的環境，以及所需要的解決辦法有更深入的認識。警訊及早發佈以及資訊共享等的制度也都到位。可是資金挹注依然是個主要問題：解決方案以及所提議的計畫仍舊需要捐款。麻煩的是：善款僅像涓涓細流一般進來。一項命名為「尼日緊急人道行動」的聯合勸募活動目標訂在二億零五百萬美金，然而到了六月，募到的錢連一半都不到。

除非保證能有更多錢捐進來，否則我們擔心：「錢太少，來太晚」這句話也許將成為此次緊急救援行動的經典寫照。所以，我們必須博取媒體更廣泛的注意，這是我們達成目標的關鍵環節，如此我們方能敦促更多民眾、更多捐款人關切一個發生在距離他們那裡幾千哩遠的危機，發生在一個聞

所未聞之陌生國度的危機。

　　終於，好消息傳來了。我的差旅許可被批准了！我趕赴通訊部領取證件，也和將會陪我走完接下來為數不多幾趟旅程的官員見面。亞米娜（Amina）在通訊部服務，是個年僅二十幾歲的女孩。一來因為陪同人員是個女的，二來因為對方比我年輕許多，我就放心一大半了。我希望她只是待在一旁看看就好，不要干涉我的工作。我想，至少我還是個老資格吧！話雖如此，一想到政府派人來「監視」，我仍然覺得很困擾。

　　這讓我想起從前以記者身分在共產國家北韓的工作經驗。陪同人員任務之一便是負責翻譯，不過所有記者都稱他們「眼線」。他們所從事的基本上是確保我們不要造成任何麻煩、不要做出任何照理不該做出的事、不要擅自前往不該去的地方。他們主要的任務是緊緊盯著我們，並且確保我們不會違反北韓人訂下的嚴格規矩。

　　很多人都知道，不管我們去到何處，房間一定被人竊聽。據傳在某些旅館裡，房間甚至裝上單向透明的玻璃鏡。反正，那些「眼線」不知道為什麼就有本事摸清你的一舉一動。

　　在尼日就如同在北韓一樣，除了接受人家規定的工作條件之外，我們別無選擇。不過，現在我的差旅許可至少已經拿在手裡。根據規劃，我會先走陸路前往兩個據說在當前的危機中受災最重的地區：馬拉迪（Maradi）以及金德爾（Zinder）。樂施會另外兩位同事恰巧也計畫前往相同的地區集會，因此我們決定一前一後開兩輛車上路。其中一位同事相當熟悉那個地區，所以可以對我們預計執行的一些計畫先做簡報。趁著旅程最後一些細節尚在安排之際，我再度抽空回去烏拉姆地區進行一趟短時間的參訪。

　　達布雷（Dabré）村的人口數一度超過四千。說精確些是四千五百八十四人。可是，該村現年六十四歲村長哈里杜・優努剎（Halidou Younoussa）告訴我們，現在村民幾乎都走光了。

據他估計，百分之六十的村民都已前往外地尋找工作以及食物。我們一起坐在陰影之中，談起這種艱困情勢如何嚴重影響村子裡的居民。這些居民原先大部分靠飼養牲口以及種植穀類作物維生。他說：「為了對付這場危機，到外地去也是一種辦法。」

就算遇到收成好的時候，尼日人的生活也不見得好過。當地的官員告訴我們，就算在尼日整體收成都不錯的年份裡，烏拉姆地區仍然短缺食物，北部一帶尤為嚴重。四月間，一份政府的家戶食物安全觀察報告，就把烏拉姆列為全國食物供應最不穩定的地區，指數高達百分之六十四點一，而全國鄉村地區的平均值才不過百分之二十一點五而已。

哈里杜・優努剎解釋：「因為糧作歉收，我們才會遇上那麼多的困難。去年的收成只夠撐上兩個月，也就是說，我們面對的青黃不接長達十個月。有些家戶根本沒有收成。」

二〇〇九年降雨失衡，不僅危害農作，人民養的牲口也受到了波及。可供放牧的草地變少了。環顧四周，幾乎到處光禿一片。眼前棕色沙土一直接到天邊，上面點綴一些尖細的植物和樹木。

人家告訴我，過去短短的幾個星期裡，村子便死了大概一百隻牲口，都是食物缺乏所導致的結果。許多農人不得不以明顯低於行情的價格，出售他們那些骨瘦如柴的牲口，以便拿錢購買食物讓家人吃。

誠如哈里杜所言，很多人已經不願在村子裡枯等，被動期待雨水降下或是援助到位。他們寧可搬到尼日境內的都會區或是鄰近國家，設法找到比較穩定的工作以及食物。

然而，大部分的結果是：女人必須單獨面對一些最沉重的負擔。因為男人紛紛離家謀職，女人就得負責照顧家庭以及剩下來的幾隻牲口，尤其還要設法讓將食物放進家人的餐盤裡。

村裡婦女協會的一位代表卡蒂佳・塔西魯（Kadidja Tahirou）指出：「女

人因此非常辛苦。她們必須兼做其他工作，而且經常是非常耗費體力的工作，目的就為照顧家庭，獲取食物等等。這種任務有時非常困難。女人通常出外採集野果，然後拿回家裡面吃或是拿到市場上賣。」

樂施會和當地的一位夥伴卡爾卡拉（Karkara）合作，共同協助一些最無能力面對困境的村民，比方發給他們現金代用券以便購買主要的食品。村民可以選擇的食品種類其實不少，包括食油、茶葉和糖，可是他們告訴我，他們認為那些都是「有錢人」吃的東西，所以寧可購買穀物就好，畢竟那才是填飽肚子最便宜的東西。

我們同時也供應牲口吃的草料，並且執行所謂「出清存貨」的工作：為了幫助農民，我們以高於市場行情的價格收購瘦弱的牲口，然後將肉品分送給社區裡最窮困的家庭。

七十八歲的必芭塔・塔伊魯（Bibata Thairou）收到我們分送的一些肉品，她的牲口幾個月前全死光了。

寬大的袍子部分遮住必芭塔那教人看了心疼的乾瘦四肢。她告訴我：「我還沒見過像現在這麼差的狀況。一切都那麼乾。」

尼日上次遭逢嚴重食物危機的時候是二〇〇五年，但是她強調這次的災情比起上一次更要令人擔憂。她說：「上次情況還沒那麼糟糕。這次有更多的牲口等著嚥下最後的一口氣，更多人民受苦受難，總之就是大災難啊！」

不過，她和二十六歲的姪兒布巴卡・伊迪（Boubacar Idi）並沒有完全放棄希望。他們兩位都在祈禱雨水快點降下。據他們說，還是有時間等老天下雨，雨一下來，他們還來得及為下次的收成開始耕作。

不過，現在情況看起來並不是那麼樂觀。布巴卡已經身為人父了，他的雙胞胎兒子才二十二個月大，當時正因營養不良而在一處健康中心接受治療。

布巴卡說：「這次的危機尤其不好過。只要下雨，情況便會好轉。我們祈禱老天幫忙。」

我們離開之時，出現一個跡象，顯示上天也許已回應了他的禱告。才開了五分鐘的車，我們就經過了一個前一天夜裡已經下過第一場大雨的村落，地上的土因為大雨仍然潮濕鬆軟。村民忙著在地面上挖洞，為下次的收成播下種子。

畢竟，總有地方可以容納希望。

*＊＊

牲口墳場以及奮鬥求活

最後，終於盼到長途差旅出發的那一天。我們先將水儲備好，並且停在當地一家麵包店買了早餐要吃的牛角麵包（尼日擁有幾間很棒的法式甜點店，有些甚至位在距離首都很遠的地區，這是法國人留下來的一項比較好的傳統），然後一大早就離開了尼阿美。沿途購買東西有其必要，因為前往馬拉迪的車程長達九個小時。

我很興奮能夠離開首都深入鄉下地區，我也期待看到景象隨之改變。可是，說實在話，我們看不到什麼驚人的明顯飢荒景象或是呈現什麼嚴重的食物危機。

我不斷看到一片片綠色的灌木林，這是最令我詫異的，另外還有很熱鬧的市集。

危機，什麼危機？車子駛經多索（Dosso）、杜加瓦拉（Dougarawa）以及加樂米（Galmi），我繼續思考著。這些村落絕對不是電視記者或是攝影記者想要挖掘最具食物危機震撼力的地方，想到這裡，我的情緒不知為何

沉重起來。眼前的郊野點綴著一處處的盎然綠意。地表是豐饒的紅色，而不是我在烏拉姆看到的那種彷彿曬到脫色的慘白沙土。

先前下過一兩天的雨，可以看到民眾為了播種正在整地，並在地面挖出小洞。我也看到整理得很整齊的一塊塊耕地，玉米（此地的主要食糧）以及高粱都已札根生長。

我們穿越一處法文名為「塔爾卡低谷」（Basse Vallée de la Tarka）的山谷。這裡的土壤相當肥沃，河道裡面也還有水，沒有我在烏拉姆地區看到的那種乾到出現裂痕的河岸。我沒有預期會看到如此肥沃的地帶。恰好相反，在目睹烏拉姆地區不毛之地的單調景象以後，我以為後者才是常態。

車子駛經好幾座村落，我們看見到處堆累著高與胸齊的袋子，裡面裝的都是紅皮洋蔥。民眾正用特大的袋子將洋蔥打包起來，做買賣的則是忙到不可開交。到了阿雷瓦（Arewa）村，我那位了不起的司機阿達姆（Adamou）立刻化身為導遊兼翻譯。他用手指著幾群女人並解釋道：「她們都是貝南來的商人。這個地區最出名的特產便是洋蔥。」後來，我在其他地方讀到，這處谷地出產的洋蔥佔了尼日全國總產量的百分之四十，而且尼日也是非洲數一數二的洋蔥出口國。

可惜好景不常。車子續向前行，才過不久，地景再度改變。車子往馬拉迪的方向駛去，土地顏色轉為蒼白，樹木以及灌木變得更稀少了。

坐在另外一輛車子裡的同事繼續駛往馬拉迪鎮，以便義務性地拜訪當地官員。馬拉迪和金德爾這兩個地區都被視為「危急地區」，一方面因為食物短缺，另一方面則因為圖瓦雷格叛軍在當地十分活躍。到訪該地的人必須先到政府的辦公廳報到。就算你握有合法的文件，但報到時卻可能有變數，尤其到訪目的又牽涉到敏感的媒體工作。我的同事樂意代我向當地政府辦理報到的手續，我很高興自己不必隨同前往。

我已預先做好安排，準備參訪距離馬拉迪鎮半小時車程的基丹盧姆吉

（Guidan Roumji）鎮，而且期盼能夠盡早抵達那裡，以便日落之前可以完成一些訪談。

我打算參訪一家專門收容營養不良兒童的餵食治療中心，因為人家告訴我，在目前的危機中，五歲以下的兒童是受害最深的一群。不過，這個行程並非樂施會執行的一項計畫。

我在尼阿美的時候就已獲得參訪該中心的許可。我先向幾位醫生自我介紹，然後聽取他們為我做的簡要說明。該中心前一年才剛啟用。據他們說，和前一年相比，今年該中心收容的人數大幅成長。糧食歉收，家戶已經山窮水盡，沒有辦法獨力撐過這段艱苦的時日。

醫生一面指著病床上的婦人以及和她們的幼兒，一面對我說，當時中心還不是最忙的。據他們說，先前幾個星期，送進來的病童一下減少很多，其原因是：下過了幾場雨，耕種季節已揭開序幕了。許多家庭面臨了兩難的抉擇：或是整理田地然後趕緊播種，這樣整個家庭才有存活希望，或是特地將一個病童從村子裡送到餵食中心，路程通常耗費幾個小時不說，還有可能要陪孩子住院三至四天。

我去參觀病房並看醫生巡房，看他們為孩童進行檢查並且測量體重以便評估病況進展，但我心裡卻深深覺得自己像個偷窺狂似的。孩童餓成了皮包骨，這讓我回憶起二十多年以前饑荒肆虐衣索匹亞的那陣子，電視螢幕播出來的畫面。孩童有氣無力躺在病床，大部分都吊著點滴，他們的母親憂心忡忡守在一旁照料。

我看著一個男童由他的母親陪同被送進來。他的兩臂以及雙腿瘦得好像細枝，覆在四肢上的皮膚都成鬆垮垮的皺褶，這使他看起來既年輕又同時非常非常衰老。他的頭顱和鼓脹的腹部就身軀整體而言似乎太大。

才一歲大的拉哈曼·亞庫巴（Rahaman Yacouba）被放在保護袋中，醫生為他測量體重以及身長。他的體重只有四公斤八百公克，差了他這年紀的

然而饑荒是個敏感詞。在阿穆拉
斯（Amoulasse）。

平均值好一大截，因為正常體重應為六至八公斤。他的身長亦顯發育不良，正常值應為七十五至一百公分，而他僅有六十八公分。

他的母親拉比‧加爾巴（Rabi Garba）看起來非常疲憊，而且本身也很消瘦。拉比坐著，將她兒子支在她的腿上，而她兒子則只是設法要從她的胸脯吸奶。可是拉比幾乎無法分泌乳汁。她自己也很餓，又因感染瘧疾所以十分虛弱。

她的家庭住在距離中心大約四十五公里的地方。我問她的家庭狀況，她回答我：「我有十個小孩。」但她又立刻修正自己的說法，說她總共養過十個小孩。有個女兒出生之後不久便夭折了。她說另外還有六個死於營養不良。最後，她補充道：「五年前有一個死在像這樣的一間治療中心。」她指的是上一次嚴重的食物危機。

她的這個兒子現在病得非常嚴重，不僅腹瀉而且嘔吐。她神情呆滯地說道：「這是我記憶中最糟糕的一年。我們沒有得吃，所有能夠用的都用完了。一切都看神怎麼安排了。今年的雨水下得比較早，我們希望情況能夠好轉。」她說她的家庭已經種下一些糧作，可是收成還要再等上幾個月。在這一段等待的時日裡，他們一天只能吃一盤子量的食物，主要是湯或是小米的混合物。但這是不夠的。治療中心的醫師說，他們會細心觀察拉哈曼的病情。餵他吃的食物將是一種玉米和黃豆的混合餐外加「胖胖果」（Plumpy Nut）。「胖胖果」是一種以花生醬為基底所調製、高營養價值的糊狀食品，功用有點像是能量棒，特別設計用來治療幼童營養不良。他們說拉哈曼應能治癒，這點他們很有信心。

時候不早，而我必須趕在日落以前抵達馬拉迪。我懷著沉重的心情離開餵食中心。那裡的孩子們如此脆弱而且瘦得教人由衷憐憫。目睹他們這種處境誰能不心碎呢！

隔天早上，我和同事一起開車前往市集小鎮達科羅（Dakoro）。我們打

算在那之後繼續前往阿姆拉斯（Amoulass），並在該地舉辦一場「出清存貨」的活動。到了阿姆拉斯之後，我們必須再度出示先前官方核發給我們的文件。

本來應該只是例行公事罷了，然而這次似乎遇上麻煩。那位官員主張：馬拉迪的長官辦公室並沒有收到我們的文件。我的同事向對方解釋說，因為長官本人不在，文件當時只能交給長官秘書室的一名職員。

我的那位「眼線」也被嚴厲斥責一頓，因為她沒有親自陪同我本人到馬拉迪的長官辦公室。那位官員認為，這項任務是無法隨便找人代勞的。很明顯的，他極享受這種公然羞辱別人的場面。我們盡量在臉上堆起歉意的笑容，並且低頭看著地板。我們花了將近兩個小時的時間，設法聯絡先前我同事在馬拉迪遇到的那個官員，請他證明我同事的說詞，證明我們的文件確實曾被遞送進去。最後，秘書長總算對我們的文件已經受到仔細驗證這一事感到滿意，於是就把通行許可發給我們。

問題是解決了，可是由於經歷一場原本沒必要的爭辯，大家離開的時候是既緊繃、煩躁又十分倦怠。我們拖著疲憊的步伐走出去開車，目的地是阿姆拉斯，但是已經耽誤了寶貴的兩個小時。

上路不久之後，我發現大家正行經一處後來被我稱為「動物墳場」地方。道路兩旁（說得更精確些，所謂的道路其實只是在類似沙漠景觀的慘白土地上開出的泥徑而已）每隔才幾百公尺便會出現一些動物的屍骸。車子快速行駛在遍地白沙的景觀中，我們很容易就可以看到那深色的一堆堆東西。

從加達貝吉（Gadabedji）到阿姆拉斯不到七公里遠。可是在短短不到半小時的車程中，我算到的動物屍骸就超過了七十具：牛、驢子、綿羊、山羊，甚至包括一匹馬。我停下來拍攝相片並且錄了一段影片。有些動物陳屍樹下，有些則半掩在沙堆裡。牠們都是餓死的，每一隻都瘦得只剩骨架，

肋骨框架突出於軀幹之外。我是因為在攝影機鏡頭裡看到那匹死馬才停下車的。我真正是驚呆了。我不確定為何那一幕景象會對我產生如此強烈的作用。也許，在西方的文化背景中，看到馬餓死了就等於看到與家庭關係最密切的夥伴餓死了。

食物危機蔓延開來，這對該國那些逐水草而牧的人而言打擊可謂不小。不規律的降雨迫使他們遷移到距離原生村落越來越遠的地方。他們只能讓妻小留在家裡，自己經常越過邊界前往鄰國尋找可以餵飽畜群的東西。

牧人不得不做出困難的抉擇。

馬拉迪地區許多村落的居民主要是操布勒（peulh）語的富拉尼（Fulani）族族人。對他們來說，牛群是最重要的財富。有人告訴我：「有時候他們把牛群看得比自己的性命還重要。要是牛群死了，他們生命的根本意義也就沒有了，崩解了。」

由於這個緣故，目前發生的這件事才顯現如此強大的破壞力。

過去短短幾個月內，尼日全國便死了好幾萬隻牲口，說是活活餓死一點也不誇張。在當地的市場上，我親眼目睹虛弱到連站都不能站的牲口，因為無法承受自身重量而倒地的，或是因為力氣耗盡而被人用車推來的。

那年小米之類基本糧食的價格大幅攀升。雖然政府現在正出錢補貼穀物，此項措施應有助於穩定穀價，但在某些地區，價格已經上漲超過百分之四十。

因為很難找到食物，因為當地市場買得到的食物其價格都高不可攀，牧人不得不賣掉他們一部分珍貴的牲口。可是，那些瘦弱的牲口可以賣到的價錢和以往相比只有幾分之一。有時，金額低到令人覺得不忍，然而牧人別無其他選擇。

＊　＊　＊

我們終於抵達阿姆拉斯，並且和賈法魯・阿瑪杜（Djafarou Amadou）碰面。他是「尼日牧業振興協會」（AREN）的工作人員，而該組織正是樂施會在尼日當地好幾個地區的合作夥伴。他搖搖頭說：「在這一帶，為了買到一袋小米，牧人不得不賣掉多達十頭的牛。」一袋小米大概可供一個家庭吃一個月。

這項由樂施會出資贊助的計畫以食物危機發生前的價格收購牧人養的牲口。他們體型最大的牛可以賣到五萬非洲法郎。為「尼日牧業振興協會」監督「出清存貨」計畫的阿布巴卡・麻馬內（Aboubacar Mamane）說道：「如果把牛牽去當地的市場賣，現在只能賣到一千五百非洲法郎。大家明白，如果現在不趕緊脫手的話，等牛一死，那就連一毛錢都沒得進帳了。這種情況真是災難一場。牧人被迫以微不足道的價錢賣掉他們的牲口。他們並沒有其他的出路。」

我是吃素的人，所以覺得阿姆拉斯屠宰場的景像有點令人吃不消。工作人員在牲口的脖子上劃一刀，很快就結束了動物的性命。有時候卻要等上一陣子牲口才會斷氣。如果這樣，他們的腳就會劇烈地痙攣起來，而且鮮血湧出來的聲音聽起來十分怪異。空間裡的氣味以及燥熱令人作嘔。

在其他地區，人們就在樹蔭下剝掉肉的皮，然後再把肉放進大鍋裡煮。煮熟的肉接著掛起來讓太陽曬乾。乾肉分送的對象便是生活最無以為繼的家戶或是已將自己營養不良的小孩送往餵食治療中心的母親。

在我們舉辦的「出清存貨」活動中，設定的目標是處理掉大約一千七百隻牲口（其中大部分是牛）。然而，「尼日牧業振興協會」的人員告訴我，這個計畫現在也把例如山羊等較小型的牲口包括進去，因為當地的居民越來越束手無策了。一旦收購較小型的牲口，我們至少提供一點讓他們可以熬過艱困階段的收入。

上述活動在兩個村落中舉行。由於「尼日牧業振興協會」擔心那些牲口

太過虛弱，以致無法自己步行走向生命最終的目的地，所以便派卡車將牠們集中運送過來。

不過，計畫執行的進度卻趕不上預定的進度。每一天牲口的屠宰數量其實相當有限。當地的富拉尼族族人基於文化因素不願執行屠宰工作。因此，我們必須先在達科羅雇妥豪薩（Hausa）族族人，然後再將他們送往阿姆拉斯執行汰弱任務。這是一份很熱、很繁重的苦活兒，沒什麼值得人家羨慕的。

我和幾位牧人談話，他們把牛送來讓人屠宰，心裡其實很不情願。那些人都長得高大挺拔，身穿顏色鮮艷而且寬鬆飄逸的長袍子，頭部包裹頭巾以防沙漠風沙，那股尊貴氣質教人看了印象深刻。

拉波·貝爾摩是八個孩子的父親。他來賣掉自己牛群中的兩頭牛。他說：「換來的錢可以買到兩袋小米，足夠家人吃上兩個月了。」

他說，因為草料不足，過去才短短的六個月裡，他的牲口已經死了一百多隻。

他說：「今年的狀況比二○○五年更糟糕。更多牲口紛紛死去，沒有食物，野地沒有草料。每天都有牲口折損。我對未來感到非常悲觀。始終沒有下雨，每天都有牲口死去，大家沒有一個不是餓肚皮的。如果情況持續下去，我想到最後我的牛沒有一頭能活下去。」

站在他身旁的盧達卡·瑪哈滿（Roudaka Mahaman）強調：「今年我們遭遇了饑荒，所以現在情況才會變成這樣。還好有你們這種組織出面協助，我們才有一點希望。如果外界沒有伸出援手，那我們就什麼也沒有了。」

「就算雨水很快就來，我們還是要等到九月間才有收成，食物不是說有就有，我們仍然需要救濟。」

有個女人朝我走來，她身上裹著鮮艷多彩的非洲印花布料，懷裡抱了一個虛弱的嬰兒。這嬰兒出生才一個月多一點。馬里亞瑪·拉比（Mariama

Labi）十分絕望。她說：「你看，我瘦成這樣子，根本沒有奶水給孩子喝。他這麼瘦，我好擔心。」她告訴我，因為缺乏食物，村裡剛剛才死了一個兩星期大的嬰兒。

她的丈夫拉比・穆杜庫（Labi Muduku）是在郊野放牧的牧人。他說過去自己曾經擁有四十二頭牛，但是現在死得一隻不剩。如今只剩下三隻綿羊。他告訴我：「我們損失那麼慘重，這裡沒有半點希望。」

家家戶戶都已動用自己慣常用的因應對策，但是那還不夠。他們應付未來衝擊的方式教人看了很難過，距離下次收成的時間畢竟還有好幾個月。

開車回達科羅的路上，氣氛是冷靜而嚴肅的。說到那位政府派來陪我的「眼線」，先前從來不曾到過尼日那地區的「眼線」，與其嚴格監視我的行動以及我的工作，她更熱中流行音樂、購物或是傳簡訊給她的男友。甚至連她都說被自己親眼目睹的場景嚇壞了。

我聽太多有關家戶只吃野果以及樹葉果腹的事。過了兩天，我看到路旁有些小孩圍著灌木叢在摘取野生漿果。這種稱為「安札」（anza）的植物很有名，先前我就常常聽人談起。

「安札」結出來的漿果帶有苦味，必須先浸泡並煮滾多次之後才能食用，才不至於造成胃部不適。然而，家戶必須經常食用「安札」，不然就是混合小米或是樹薯粉的樹葉，這樣才能勉強鎮住飢餓。可是，這種食物營養價值很低，只能墊墊胃囊罷了。這經常是他們一天之中唯一吃的一餐。

為了尋覓工作以及食物，許多家戶幾個月前便離開村子搬到都會地區了。在距離馬拉迪東方幾小時車程的金德爾地區塔努特（Tanout）鎮，我碰到一群在街上販賣熟食的女人。通心粉、米飯以及一些傳統菜餚都裝在大碗裡賣。

這個場景並不尋常。那些女人穿著義大利麵圖案的汗衫，而不像一般女人因求端莊而穿戴長袍以及頭巾。其中許多人臉上有明顯的刺青。她們坐

在地上，旁邊圍著一群男人。有些男人伸手捏捏她們的手臂同時高聲開她們的玩笑。我懷疑她們賣的不只食物而已。大家都知道那一帶是鎮上的紅燈區，而且每周有一次大市集，吸引做買賣的以及牧人從尼日各地和鄰近國家趕來這裡。

這些女人從一個開店的那裡賒買食物的材料，她們說等賺到錢再付清欠款。她們告訴我，他們一個月前離開遠在一百公里外的家鄉巴基畢爾吉（Baki Birgi）。

三十五歲的拉雅‧沙阿杜（Raya Sa'adou）說：「饑荒迫使我們離開家鄉。」她和丈夫「別無選擇」，只好把三個小孩留在家鄉並請母親代為照顧。

她說：「我們沒有牲口。為了購買食物，我們已經賣掉所有東西。」

她繼續說給我聽，很多女人迫不得以只能採取更無奈的做法：「不少女人讓丈夫留在村子，自己則獨自到城鎮裡討生活。她們在村子裡一無所有。現在為了買點吃的，她們只好下海充當妓女。我知道這裡有很多女人都是這樣。」

我終究鼓不起勇氣直接問她是否也涉足那種工作，所以便繼續問了一連串比較含蓄的問題。不過，拉雅很快就明白我問題的弦外之音。她相當直白地告訴我，來這裡的女人分成兩類，一類是和丈夫一起的，像她自己就是，另一類是讓丈夫留在家鄉，自己單獨進城裡的。這第二類的最後都為錢而出賣身體。

她補充道：「這裡生活比較好過，城裡畢竟不同。這裡的人比較有錢，有些人會幫你。在農村，誰也幫不了你。」

我向她道謝之後便離開了，而那群人也再度聚攏成為嘈雜的圈子。在上車前，我回頭望了望他們。甚至在我這個不識內情的人眼裡，在尼日這國家，那些女人和圍擠在她們身邊那些男人的關係絕對不是現在被我稱呼為「正常的」行為。我當然不會從道德的角度去評斷她或是其他任何女人。

這是艱困的非常時期。家家戶戶都努力設法解決問題。為了度過每個日子，他們必須將該做的事情付諸實行。他們的牲口奄奄一息，他們的小孩嚴重營養不良。有一些人幸運獲得救助，但其他人只能任其自生自滅。

那天晚上雨下很大，是這個地區一整年來首次出現的真正降雨。降雨至少因緩解了窒悶的氣候而受歡迎，在此之前，溫度常飆升到攝氏四十幾度。隔天早上，家家戶戶都到田野裡幹活，整理耕地並且種下小米、高粱以及扁豆。

他們的希望全寄託在好幾個月以後的收成，但問題是他們要如何應付才能撐到那時候。在這個伊斯蘭的國家裡，每次只要我這樣問，人家就會以這個熟悉的口頭禪回答我：「就看阿拉怎麼安排了。」

第六章

油綠只是假象，食物危機不斷惡化

尼日，二〇一〇年八月

我來到尼日已經一個月多一點。現在，雨季來臨，雨水改變了這國家。

才幾個星期前，我開車經過的地方觸目盡是慘白的沙漠地景，僅有的一點綠意便是尖細的樹株以及灌木。很難想像，在如此嚴苛的環境中能夠長出什麼東西。如今，正常的降雨能讓飢餓的家戶開始種下糧作，並且祈禱今年預計兩個月後的收成會比去年的好。

我們開車前往位於首都尼阿美（Niamey）北方四小時車程的提拉貝里（Tillabéri）地區費藍蓋（Filingué）縣，沿途所看到的一片翠綠實在令我驚訝。前幾個月，死的牲口數以萬計，這讓很多的家戶損失他們珍貴的畜群，令其懷疑起自己的未來以及整套生活方式。如今牧草長回來了，當時在生死邊緣掙扎的牲口如今氣力恢復而且體重增加。水坑裡面水又滿了，而在某些地區，小米已經長得與人齊高。

你應會誤以為一切都已好轉，但這並非實情。尼日的那一片綠意其實只把處於巔峰期的食物危機遮掩起來罷了。數十萬名兒童面臨飢餓威脅。根據聯合國兒童基金會的調查，尼日五歲以下的兒童有將近百分之十七被歸入嚴重營養不良的等級，比前一年的數字增加了三分之一，也超過被認定為「整體緊急狀態」百分之十五的門檻。

我才抵達沙蓬加里（Sabongari）村，一大群村民便聚攏過來了。樂施會及其合作組織提米德里亞（Timidria）已在該處執行救濟行動，方法包括發放現金代用券以便村民可以購買基本食物，也包括提供補貼的動物飼料。

瑪伊穆那‧薩依杜（Maimouna Saidou）是九個孩子的母親。她告訴我：「當時我們正在野地摘要吃的樹葉，一看到你們的汽車開進村裡，趕緊跑過來了。」過了幾分鐘，又走來幾個小孩，手裡提著裝滿野生植物「加西亞」（gassiya）的塑膠袋。有些家戶告訴我，他們會拿「加西亞」和樹薯粉混合同煮，這樣他們每天勉強可以吃上一餐。

我問瑪伊穆那‧薩依杜：雨水降下來了，農作物成長了，她是否覺得比

較有希望。

她說：「什麼農作物呢？我們什麼東西也沒種啊。因為我們太餓，所以連種子都吃光了。我們能有什麼前途？只能看阿拉怎麼安排了。」

可是人群當中一位名叫芭西拉‧阿布杜卡黎姆（Basira Abdoukarim）的婦女就稍微比較樂觀。她說自己種了一點小米。

她說：「我們認為兩個月後有了收成，所有事情都會改觀。不過眼前就是沒有東西可吃。只能掙扎著過日子。」然後，她指著自己十一個月大的兒子阿那斯（Anas）補充道：「你也看到我的小孩了。他營養不良。日子很難熬得過去，我們受太多苦。唯一的希望就寄託在樂施會和提米德里亞那裡了。他們幫我們很大的忙，幫我們減輕痛苦。」

她的鄰居撒西亞‧哈姆札（Sahiya Hamza）點頭表示認同。這位有十個小孩的母親說道：「飢荒的情況仍然很嚴重，我沒有奶水可以餵小孩。我的丈夫已經不在村子裡了，他三個月前出發到尼阿美去找食物和工作，不過還沒有寄任何東西回來。所以我也沒辦法餵小孩。」

危機越來越嚴重，但是緊急援助的款項並不足夠，而且撥付的速度又很慢。聯合國的世界食物計畫不久前才宣佈擴大自己的緊急餵食計畫，可是現在因為資源有限，只好承認無能為力。該組織強調自己必須大幅縮小計畫的規模，只能提供食物給七十萬名兩歲以下的孩童及其家人。如此一來，估計將有一百萬個家庭以及兒童面臨飢餓的危險。

在我重返金德爾地區的途中，我順道參訪了米里亞（Mirriah）鎮。這裡的女人正將一大捆又一大捆的小米穀粒打下來或是正為穀粒搗去穀殼。

他們說自己都是賺日薪的農工。據她們說，某個有錢的生意人前一年買了玉米，如今便可以用暴漲的價格賣出去。她們每生產出十杯的玉米，自己便能領取一杯做為酬勞。

小米和樹葉混起來，加工製成盡量能耐久貯的產品。

和其他鄰近的幾個村落不同，這裡的婦女告訴我：她們並沒有領到任何食物配給或是其他發放的東西。但她特別強調：「我們不忌妒也不生氣。每個人都很餓，每個人都需要幫助。」

對於大多數尼日人而言，如果目前情況還不算最壞，那麼情況還會惡化下去。如今因為雨勢過猛，該國好些地區已經傳出洪水災情。原本再過幾個月便有收成，如今雨水卻沖走寶貴的糧作，也沖走人民的茅頂泥屋。

在金德爾地區的卡左埃（Kazoé）村，我清楚見識到先前災情嚴重的程度。我抵達的時間點大約是洪水侵襲村莊後的兩個星期。災損包括：一百八十棟房屋遭水沖毀，超過一千二百隻綿羊死亡，一百三十五座花園以及三十公頃田地被水淹沒。

我們從縣治古爾鎮開車過來原本只需短短的四十五分鐘，不過，由於道路和橋梁被沖毀，這趟路程竟耗掉二個半小時。

樂施會的合作組織「尼日牧業振興協會」（Association pourla Redynamisation de l'Élevage au Niger，簡稱 AREN）負責將「世界糧食計畫」供應的食物分送到縣內的社區。數學教師馬伊・阿布杜（Mai Abdou）的學校目前放假，所以前來擔任志工，協助「尼日牧業振興協會」分送食物，並在我前往卡左埃的路途中陪伴我。他說：「按照原先計畫，所有食物本來應該在四天內發放完畢，可是我們從開始執行任務到現在已經兩個星期，卻還沒有做完。」接著他嘆氣道：「雨下得太大了，運輸補給變得十分困難。有個村子還因為雨水而和外界隔絕了一個星期。」

我們順利通過淹滿水的沙地車道，看到大型的食雀鷹低低飛過田野。看起來毛色發亮又健壯的牛隻在低頭吃草。遠處可以看見色彩鮮豔的帆布小帳篷，那是游牧牧民暫時的棲身之處。在這季節，他們要把畜群趕回家了。雨季已經開始，水和牧草又出現了，分量足夠餵飽牲口，又讓牧人得以踏上與親人相聚的旅途。

尼日的食物危機已然解除，至少對於牲口而言確實如此。天降甘霖，牲口也就有草可吃，有水可喝。然而遺憾的是：你從尼日農村地區大部分人民的角度來看，食物危機結束的那一天還仍然遙不可期。他們依舊奮力掙扎才有希望熬到下一次的收成。

卡左埃有個會說英語的秘書長，這一點令我十分驚訝，因為這在法語系的國家裡是很罕見的。伊布拉因‧瑪哈滿（Ibrahim Mahaman）告訴我，不久之前，他曾為一個美國的救援組織工作，並且曾在美國短住一段時間。他拿出幾張詳盡的清單讓我過目，上面統計最近洪水的災損，包括房舍、牲口以及農地。

他告訴我，縣長前一天才到村裡巡視，並且允諾撥款三千二百萬非洲法朗做為重建經費。

伊布拉因答應帶我在村裡繞上一圈，以便我能親眼看看幾處災損情況。洪災發生已經兩個星期，可是土地仍然浸在水下。房舍以及店鋪都塌陷成一堆堆的瓦礫，其間只孤單立著幾處的斷垣殘壁。他指出幾棟洪災之前用來貯放小米和豇豆的建築物。緊急存糧都被水沖走了。

伊布拉因說當地人告訴他，就他們的記憶所及，四十年來不曾發生過更嚴重的狀況。

* * *

我正在拍攝紀錄影片的時候手機響了，是樂施會在尼阿美的總指揮打電話來。他告訴我，根據可靠的消息來源，該國出現了嚴重的安全威脅，因此當局要求尼日境內所有的外國僑民都須盡速返回首都。

人家要求我必須趕到最近的城鎮馬拉迪，因為那裡有一座小型的飛機場。於此同時，他們會先進行協調，以便讓我搭上第一班由聯合國安排的航班。

我是花了兩天的時間走陸路才抵達卡左埃的，況且工作幾乎還沒有開始做，可是人家態度果斷地告訴我，由不得我自作主張。我很不情願地終止訪談以及拍攝工作。我們必須先到古賀過夜，幾小時後再一早趕往馬拉迪。

在那時候，我並不十分清楚所謂的安全威脅是什麼，但是過了幾天，我倒也能自己拼湊出更多的訊息。

法國總理夫杭索瓦·費雍（François Fillon）在七月二十六日的一次電台訪談中宣佈：「我們和蓋達組織開戰了。」而在一星期前，法國和茅利塔尼亞的聯合部隊才攻打了位於馬利境內一個激進的伊斯蘭團體，並且殺死幾名士兵。不過，這場軍事行動未能成功救出一位法國籍的救援工作者。這位工作者四月間在尼日被綁架，隨後慘遭殺害。

自從二○○七年以來，蓋達組織已經在該地區站穩了腳步，並自稱為「伊斯蘭馬格里布的蓋達」（AQIM）。法國政府曾經宣佈，將要加強對尼日、茅利塔尼亞以及馬利等撒海勒地區國家在軍事與戰略上的支援，因為這些國家業已成為伊斯蘭恐怖分子策劃攻擊行動的目標。

「伊斯蘭馬格里布蓋達」的許多成員原先分別都是自己國家裡叛亂組織的成員，從阿爾及利亞、突尼西亞、摩洛哥到利比亞、茅利塔尼亞都有，後來又從尼日以及馬利招收新血。

上述組織資助整個撒哈拉地區的訓練營，並且聲稱犯下好幾起綁架並殺害西方觀光客的案件。

該國北部靠近撒哈拉沙漠一帶是出了名的高危險地區，主要是因為先前吐瓦雷格（Touareg）族叛亂分子十分活躍，但是很難想像，歐洲人在該國其他的地區竟也成為別人蓄意攻擊的目標。尼日和我曾造訪過的或是曾因工作而停留過的其他非洲國家不同。儘管尼日人民十分貧困，但是該國卻讓人覺得很安全。在非洲其他的國家，你經常會明確感覺自己的處境隨時有可能變得危險，到了夜間尤其如此，唯獨在尼日的時候情況不是這樣。

坐車從鄉野回來的時候，我的心裡十分納悶，該不會是先前自己完全誤判情勢了呢？我因此緊張起來。當天晚上，我們停在古賀的市場吃晚餐，居民和往常一樣親切友善。可是，等到回到當地某個救援組織時，那處築有圍牆之建築群的室內時，我也沒忘記要把房門仔細鎖好。那天夜裡我睡得並不安穩。

隔天早上，日出時分我們便開車出發回馬拉迪。當天剩餘的時間裡，不管白天或是夜晚，我都足不出戶，窩在那間狹小的旅館裡。人家要求我靜候飛往尼阿美的航班，而且不可擅自離開旅館的範圍。還要等到隔天飛機才飛，我等於被圈禁起來了。

我完成了一些工作，叫人送來外賣餐食，然後按了電視機的開關。螢幕上出現精力充沛的非洲舞者隨著流行音樂的節奏在狂亂旋轉的畫面，姿態很是撩人，然後則是嚴肅的新聞剖析節目。那是法蘭西二十四台（France24），也是我在電視上找到唯一報導外國新聞的頻道。這些便是我僅有的娛樂和消遣了。

飛往尼阿美的航班擠滿了人，大部分是「無國界醫生」組織的人員。他們似乎和我一樣，都對強行撤僑的行動感到驚訝。回到尼阿美後，我聽說首都的同事整個周末也都被關在一間旅館裡面。

人家告訴我們：可以乘坐樂施會的車輛往來於工作場所間，但是暫時不能大膽私自上街，至於離開尼阿美到外地訪查的事更是想都別想。

尼日的安全問題雖然和上次尼日政府頒佈新法令的問題有些不同，卻再度使得我的工作變複雜了。

可是，我在卡左埃實地拍攝的紀錄影片是很有力的材料，我並不想白白浪費這些心血。不過，我很快就了解到，我的疑慮其實沒有必要，因為首都尼阿美也發生嚴重的洪災。流貫非洲西部九個國家的尼日河達到八十年以來最高的水位。河水沖毀尼阿美的堤岸，淹沒好幾千個家戶以及花園，

小孩在摘取安札（anza）漿果。
這種食物營養價值很低，只能墊
墊胃囊罷了。

受影響的人數超過六千。既然我和團隊仍然可以到尼阿美附近淹水的地區走動訪查，我直覺認為自己應可以蒐集一些引人關切的媒體材料。

我們開始提供衛生及清潔用品組，並在某些社區建築、安置水槽，因為那裡暫時收容了逃離洪災的家戶。

我去那裡看看。

＊＊＊

二十一歲的伊素福・阿里領我沿著一條看起來像河川的水流前行，其實先前那是通往他家的道路。如今只剩幾間坍塌了的泥磚房子。房子地面散佈幾個水桶、一雙塑膠平底人字拖鞋以及一些烹飪用具。

伊素福和他的家人以及另外三百多位同為尼日河右岸地區的居民一起在一所青少年中心裡避難。他們身邊沒有什麼東西，原先種蔬菜賣到市場的主要生計也因大雨以及洪水而無著落。

他告訴我：「國內下起雨了，我們都好高興。一旦下雨，我們就能耕作。田裡長出東西，我們就有得吃又有得賣。可是上禮拜下的一場雨，大水卻淹得到處是。堤岸撐不住都塌了。我們的一切都沒了，房子、菜園、衣服還有其他的小東西。原來我們有十五小塊菜地，現在全泡湯了。這一陣子是伊斯蘭的齋戒月，本來應該是一年之中我們最忙碌的時候，因為大家都上市場買東西嘛。菜園毀了，我估計我家損失了十五萬非洲法朗。」

沒有比這個更加諷刺的了。在一年裡的這個時節，大部分的尼日人和伊素福一樣，都在祈禱老天降更多雨，以便他們的作物能夠長得更好。主要因為過去兩年雨水降得太遲太少，今天尼日以及撒海勒地區才會飽受缺糧之苦。

現在，雨水來了，但這次降得太早降得太猛。傾盆大雨以及洪水侵襲尼日多個地區，摧毀房舍、道路以及橋梁並且奪走數千隻牲口的性命。根據

聯合國的統計，單單一個星期便有六萬七千人無家可歸，而且自從七月底開始下起暴雨之後，已有六位民眾不幸罹難。

在這種情況下，不但社區急需的物資很難配送出去，而且令人擔憂是否因此造成水傳播疾病的流行，使得最脆弱的人群增加感染瘧疾和下痢的風險。這一群人，尤其是五歲以下的孩童，原本就因缺乏食物而嚴重虛脫。

尼阿美的幾處郊區如今要坐小船方能到達。我遇見夜間巡邏員烏馬盧‧哈米德（Oumarou Hamid）的那一刻正好是他交班之後，準備坐上小木船回家的時候。到了船上，他小心地把自己的自行車抬高起來，然後和大家一起等候更多乘客上船。我們注視的地方先前都是農地，如今卻都淹沒在水底下了。他告訴我：「我以前沒見過這麼嚴重的洪水。」烏馬盧要到月底才領得到薪水，所以目前只能借錢餵飽他的家人。儘管他們種的蔬菜被洪水淹沒，損失大約六千非洲法朗，他們的生活還是比許多人好過。

雖然很多人仍不肯離開他們家附近那已經遭水淹沒的地區，不過仍有其他幾千人遷入政府經營的學校以及公共建築，因為那裡有人送來救援物資。但是人家也把話明白對難民說了：他們不太能安居下來，住了一段時間就得搬走，因為學校秋天就要開學。

我到的時候，政府人員以及醫療團隊正在安排配給事宜。樂施會也正在好幾個難民安置地區架設大型水槽，並且幫助提供衛生以及清潔用品包。

家戶成員住在教室裡面，每間教室最多可睡二十個人。他們把能夠隨身帶著的東西都帶出來了，有時候僅僅是幾張草墊以及煮食用的罐子。現場實在擁擠，可是人家告訴我，他們感覺這樣比較穩當、比較安全。

他們告訴我，大雨在半夜襲來，造成群眾的恐慌。三十八歲的莎菲亞度‧金加雷（Safiatou Gingarey）是六個孩子的母親。她說：「才幾分鐘的功夫，那麼多間房子就消失了。我們一無所有，日常的生活很難過下去。我們一想到將來就很擔憂，根本沒有錢把房子再蓋起來啊。」

懷有七個月身孕的亞米娜・穆馬尼（Amina Moumani）說：「那場雨來得太快了。才一轉眼，水就漲到腰間，接著房子就垮下來。現在我們和其他很多家庭睡在這間教室。大家撐著過苦日子，最大的問題是沒東西吃。我們沒有小米或是稻米，而且身上沒半毛錢。」

另外一名婦女拉瑪度・奧瑪（Ramatou Omar）告訴我，她的丈夫先前去馬利找工作，所以根本不知道老家已經被洪水沖毀了。她說：「我們無家可歸，而且沒有得吃。這是我經歷過最難捱的一年。」

大家也告訴我，就算洪水一旦消退下去，他們也沒有任何可以用來重建家園的資金。他們面對的是艱困的未來。

經過長期的乾旱之後，雨水本來應該為人民帶來希望的，然而在許多地區，雨水只是加深了百姓的苦難。

我去參訪之後，樂施會便公布了一支影片和一篇標題為「雙重災難打擊尼日」的新聞稿。根據聯合國的估計，受到洪水影響的人超過十萬，其中大部分人面臨極嚴重的飢餓問題。

「國際救援組織樂施會指出：距離收成期只剩兩個月，尼日全國卻有多處發生洪災以及暴雨，該國現有的食物危機因此加劇了。洪水至少奪走六條人命，造成數千人無家可歸，不但摧毀農作，且令飢餓的家戶陷入了困境。」

這段文字在許多關鍵的國際媒體上成為頭條。BBC從早到晚都有報導，例如出現在最重要的國內時事節目「今天」（Today）中。此外，「幫助世界」（World Service）電台以及包括「黃金十點新聞」在內的電視新聞節目亦有披露。

在過去的幾個月裡，我們促成主流媒體報導此一事件，這是一項大的突破。

但問題是：這種報導對於需要幫助的人而言是否緩不濟急？大約一個星

期之後，也就是我要離開尼日的那陣子，根據聯合國提出的報告，受洪災影響的人數高達二十萬。

對於媒體而言，災難預防總比不上災難救助那麼具有戲劇張力、那麼引人入勝，但是從長遠看，災難預防更能為社區提供更多的幫助，而且花費絕對少於災難救助。誠如樂施會西非地區的主管拉法艾勒・辛戴（Raphael Sindaye）在一篇新聞稿裡所評述的：

「西非的情況乍看之下似乎複雜得無以復加，而且也找不到解決方法。然而，國際社會只要願意長期投資在可預期的發展工作上，我們確信家戶未來面對衝擊時將不會如此脆弱不堪。這樣也可以為我們省下金錢。」

我離開尼日的時候，雨仍繼續下個不停。每次下起傾盆大雨，辦公室的電力供應系統便會故障。

根據我讀到的資料，光是北部阿加代茲（Agadez）地區的某個地方就有八萬隻先前已因食物危機而瘦成皮包骨的牲口死於洪水。這個數字大得嚇人，我懷疑牧人能安然度過這場災難。也許很多放牧人口從此改變他們的生活方式。好幾個世紀以來，這些半游牧民族的生計全仰賴他們的畜群，並為尋找食物以及牧草而從此處移徙到彼處。如今牲口大批死去，那些家戶將如何熬過難關呢？

已經有更多的援助投入尼日，然而那裡的情況依舊岌岌可危。人民承受極大打擊，災難奪走許多性命。

要過多少年歲方能再度站起？也許有太多人永遠無法辦到。

chapter 7

第七章

煩躁
苦惱

我到世界各地出差，有些事情自己越來越不喜歡：

一、廉價旅館裡那硬得像石塊的枕頭。到底怎樣？軟枕頭會比硬枕頭貴嗎？還是軟枕頭不好找？

二、沒水可洗澡或是洗澡水少得可憐。我已習慣沒有熱水可用，但是除非環境條件極端嚴苛，否則我不適應整天無水可用。出完野外，度過酷熱難耐的一天後，如果能沖個冷水澡，你會覺得一切恢復正常，自己又脫胎換骨了

三、公用浴室。這種浴室很少能夠保持乾淨，使用的人通常不會想到其他人也要用，而且裡面難得有衛生紙。我很不喜歡在浴室洗戰鬥澡，我喜歡在早上洗個從容不迫的澡。

四、房間骯髒或是蟲害為患。我曾經在伊索匹亞的阿迪斯阿貝巴住過一間跳蚤房，之後身上癢了幾個禮拜，只能不停地抓。那種經驗很不舒服。被瓜地馬拉的床蝨咬也會同樣難過。

五、沒有咖啡或是咖啡蹩腳。解決之道：現在不管出差到哪裡去，我都自備咖啡以及濾壺。只要早上過足了咖啡癮，當天我還滿能夠耐受任何事情的。

六、尋找一頓沒有肉或是不含肉類製品的餐。我也不要素食餐廳裡賣的人造肉。對於吃素的人而言，東非特別地不方便，但是到了南亞，那可就如魚得水了。我最喜歡的餐通常也是最簡單的：路邊小餐館賣的現做印度豆泥糊、燉煮蔬菜以及煎餅。

七、嘈雜的旅館或民宿。就算睡眠條件再如何好，我還是很淺眠，因此出差必帶耳塞。多少有點幫助。

八、住在沒有電的地方。糟糕。我該如何為電腦、手機、攝影和錄影設備的電池充電呢？幸好，這種窘況越來越不常見，因為太陽能板已推廣到全世界最偏遠的村落了。此外，我對手搖發電式的頭燈情有

過去開小吃店的，到了難民營，
還是開起了小吃店。伊拉克。

獨鍾，因為那不需要電池。

九、出野外時路程耗時又不舒服。無可奈何，生活現實即是如此，絲毫沒有辦法改變。我有好幾年的時間都在偏遠且貧困的社區工作。在那些國家裡，基礎建設以及道路系統通常很差。有時，我會設法利用這種「枯等階段」回覆電子郵件（前提是得連得上網）或是寫寫田野紀錄。有時，路況真的太糟、過於顛簸，那就什麼事也做不成了。

十、我那支智慧型手機。我對它是愛恨交加。不管去到世界哪個角落，不管什麼時間，人家幾乎都能找得到我。不過，我也因此和朋友與家人綁在一起。

十一、明明截稿日期刻不容緩，說好可以用的網路連線卻失靈了，於是你得找出其他方法，把具時效性的影片畫面或是相片傳回總部。

十二、生病。幸好這事很少發生。我的身體相當強健，早年當背包客那段時間曾感染過由梨形蟲引發的胃腸炎，也曾感染過阿米巴痢疾，如今對於許多疾病似乎都免疫了。我好像幾乎注射過每一種主要疾病的預防針。有一次我去巴基斯坦執行一項調度佈署的任務，到了最後一天，我出現了類似流行性感冒的症狀。症狀一直沒有消失，我去做瘧疾的檢查，結果是陰性的。在那兩個星期之間，我只覺得噁心想吐、畏寒、潮紅、全身倦怠。到了肯亞的奈洛比，我又做了一次檢查，仍是陰性反應。後來我又飛去南蘇丹執行另一項調度佈署的任務。一到首都朱巴（Juba），我覺得好多了。奇怪。也許到了較惡劣的環境，我的身體反倒適應得好。其實，我對疾病也非全然免疫。最後去到剛果民主共和國時終於染上瘧疾。我在邊境城鎮頓古（Dungu）差一點被惱人的蚊子咬死。每天下午五點左右，那裡的蚊子大軍多到把天空都遮暗了。

我在那裡工作兩個星期，整個人覺得越來越倦怠，但並未出現瘧疾的典型症狀。驗血結果呈現出的指數高得嚇人，醫生十分驚訝，為何我還能夠到處跑來跑去，而不是奄奄一息躺在醫院的病床上打點滴。

十三、電子設備出現狀況。沙塵會破壞相機、錄影設備以及電腦。在南蘇丹時，我的錄影機突然故障（還好發生在田野工作的最後一天而不是第一天）；曾有一顆新的外接硬碟竟然壞掉，結果我那些細心儲存起來的資料外加幾千張珍貴的相片全部不翼而飛；攝影機的鏡頭會被沙塵刮得慘不忍睹。有時，路面顛簸如此厲害，放在車裡面的電腦因此被震到失靈了。

十四、在窒悶炎熱的環境工作。起先，我一部分因為討厭寒冷，不喜歡英國那潮濕、冷到骨髓裡的冬天，所以才會搬到亞洲居住。但是幾年下來，我大部分的時間都在氣候炎熱國家的田野工作，因此開始夢想搬到氣候溫和的地方去，既不太冷也不太熱，晚上能有涼風吹拂。

十五、蜻蜓點水到處奔波，連行李箱都來不及打開。有的時候，我的救助工作需要進行緊急佈署，但是出差時間極短，或是我在某國境內頻繁移動，從此鎮到彼鎮再到他鎮，所以我甚至懶得打開行李了。不過，說來奇怪，不把行李裡的東西全部取出也有教人開心之處，上路離開之前你就不必浪費時間重新打包。

十六、住在紅燈區裡。怎會發生這樣的事？主要因為當我到訪某某城鎮之時，除了紅燈區外別無住處可覓。不過，我不推薦這種方案。

chapter 8

第八章

四海之內
皆姊妹

我到世界各地出差，經常對生命的無常感到驚訝。生命可比一場牌局，人家發給你一手牌，不管是好是壞，你就得盡可能把它打好。這時人的個性、本能、求生意志不但發揮效果，而且舉足輕重。不過，命運以及境遇的影響也不容小覷。

假如我生在一個伊斯蘭色彩極濃厚的國家，完全沒有上學受教育的希望，那怎麼辦？假如我父母都是自給農業的農民，無法擁有自家耕地，遇到困難的時候只能向富有地主借貸尋求協助，那怎麼辦？假如我生活在一個沒有電可以用、沒有淨水可以喝的村莊，那怎麼辦？假如我生活在一個瘧疾和肺結核流行但可以預防的地方，只是我的家庭買不起基本藥品或蚊帳，那怎麼辦？或者最接近的醫療機構位於幾小時的路程之外，那怎麼辦？要是我住的地區中，每六個小孩大約就有一個活不到五歲，那怎麼辦？要是我成長在一個只有戰亂以及貧窮的國家裡，那怎麼辦？

我很慶幸自己生在一個兩性機會平等的國家裡（至少在法律上如此）。這個國家並不會幾乎每年都受恐怖自然災害的肆虐，比方洪水、颱風、颶風所到之處就會奪走數以百計甚至數以千計條人命的那種地方。在這個國家中，人民活在舒適的磚造或混凝土造的住家或辦公室裡，而不是天災一來襲，很容易就會被徹底摧毀的土屋或竹屋。在這個國家中，人民可以有自己獨立的觀點並且質疑權力機構，不會因為有話直說可能就被逮捕並遭拘禁。那地方有勞動法和最低薪資，而且所有小孩都能上學，其中天份最高的那一些（包括女性在內）都可接受更高等的教育，並在政府和企業中擔任要職。

在旅行到許多遙遠的國家時，我曾遇見一些生活經驗和期待與我相去甚遠的女性，而我們仍感受彼此的心緊密連在一起，不但有相同的心領神會，並且分享歡笑以及希望，彷彿我們各自的背景儘管很不同，當下卻暫時消融了。我們好像變成親姊妹了。女性聚在一起，共同享受了一段深刻的融

洽時光。

　　我回想起首次在孟加拉西南部沙特其拉（Shatkhira）地區遇見鄰居亞妮瑪‧達須（Anima Dash）和珊迪亞‧蕾妮‧達須（Shandhya Rani Dash）的情況。當時，我正為樂施會及其合作夥伴「農村永續生計運動」（Campaign for Sustainable Rural Livelihood，簡稱 CSRL）組織所執行的工作蒐集資料，重點特別強調氣候變遷已對孟加拉造成的影響。為了完成該次任務，我的足跡遍及孟加拉的全境。我們組織所謂「動員人民」（pop mob）的活動，邀請數以千計的群眾參加集會、遊行以及其他項目，目的在於突顯該國位於極不相同地理區域的個別社區都已遭受氣候變遷的衝擊。

　　群眾所來自的地方相當不同。有的來自「查爾」（Char）地帶，也就是住在河中沙洲上的人。隨著海平面的逐漸升高，這些沙洲不久之後都將消失。有的來自東北部稱為「哈烏爾」（haors）的沼澤濕地，另外也有來自廣大丘陵地帶的原住民社區。

　　孟加拉的地勢很低，是一個目前已經深受氣候變遷現象影響的國家。根據科學家的預估，由於全球暖化導致了海平面上升，該國到二〇五〇年時，將會喪失百分之十七的土地。如今，孟加拉每年都顯得不堪一擊，容易受暴風以及其他氣候相關災害的侵襲。那些自然災害變得越來越強烈、越來越難預測而且越來越不容易應付。風險最高的社區通常也是最貧困的社區，因為他們獲得的訊息以及協助都少，以至於面臨威脅時無法預防或是對治。

　　我們舉辦這場「動員人民」活動的一個月後，聯合國也在波蘭的波茲南（Poznan）舉辦一場重要的氣候變遷會議。我們想要傳遞的訊息是：當西方比較富裕國家的科學家和專家討論氣候變遷的細節時，災區的民眾必須處理的並非理論探討，而是就地對抗氣候變遷所造成的實際影響，這種影響已經嚴重衝擊到他們的生活。我們也想告訴世人：世界上應該對溫室氣

體排放負起絕大部分責任的較富裕國家必須停止傷害（亦即斷絕溫室氣體排放）像孟加拉這樣較貧窮的國家，並且開始幫助這些國家。幫助的方法或許可以包括補償計畫，撥付額外的資金給較貧窮的國家，協助他們採取適應措施，以求緩和他們在面對氣候變遷的負面影響時那種不堪一擊的局面。我們提出警告，今天如果無法利用有效辦法，那麼將來必須付的代價必然更高，而且不僅是金錢的代價，還更是人命的代價。

亞妮瑪和珊迪亞和其他的一千多人住在塔拉（Tala）地區一間小學校園的克難屋棚裡。他們所謂的「家」，不過就是匆促搭起來的竹材建物，裡面擠住了八、九口人，上面用塑膠布遮一遮就算屋頂了。家家戶戶就這樣彼此緊捱著過日子。校地原本就不寬闊，現在大量難民湧進這裡尋求庇護，學校簡直快要被擠爆了。簡陋的木屋櫛次鱗比排列著，小孩以及雞鴨自由進出家戶，婦女則就著小火堆烹煮食物，嬰兒哭聲不絕於耳，男人聚在少數幾棵樹的樹蔭裡商議事情。時間不過是早上六點，但已經感受得到白晝的炎熱。

我來到校園的時候引發一陣興奮吵鬧。這個攜帶錄影設備的白皮膚外國人是誰呢？幾百個已對難民營裡一成不便生活感覺不耐煩的活潑小孩都聚攏在我身邊了。我生平第一次體會到了，身為名人大概是何滋味：一大堆人在你四周喧擾，同時注視你的一舉一動。這教人不舒服。那些溫熱熱的血肉之軀向我擠過來時，我覺得幽閉恐懼症要發作了。這種場面令我無法拍攝影片。我開始覺得自己快無法呼吸了，我需要空間。我請求幾位社區的領導人物幫我解圍：拜託拜託，我拍影片需要一些空間呀！拜託讓出一點空間，讓我可以在營區裡走動，不要受到那群激動的人干擾。社區的幾位領導人物於是對民眾高聲喊話，要求大家讓出一點空間給我，於是，人潮總算慢慢消退下去。然而，此時我的心裡生出了罪惡感：孩子難得高興一下，是我把同樂會搞砸的。

不過，至少我終於不再被血肉之軀圍困住了。接著，眼前所看到的不禁令我感到驚沮。嚴格來講，那裡並不叫「難民營」（refugee camp），而是「國內流離失所者」（在援助組織工作的術語裡稱作 IDP）的安置處。這裡並不是一個正式組織起來的營區，條件比起我參訪過的許多難民營惡劣許多。家戶全迫擠在一起，民眾越來越感灰心絕望。兩個月前的九月時，他們被迫離棄自己的家園。洪水爆發，把他們的房子都淹沒了。看樣子他們極有可能必須留在這裡，接下去的幾個月內都不可能回去耕種自己的田地了。

這種情況一部分要怪罪氣候變遷這個因素。根據以往經驗，孟加拉的西南部並非洪災的好發區。但是二〇〇四年以後情況已改觀了。當年洪水氾濫，幾十萬公頃的土地變成水鄉澤國，期間可以長達數月之久。那一年的水位竟比往年高兩公尺，究其原因便是海平面上升了，海岸線退縮了。有些家戶說，由於農地依然淹在水下，他們無法在下一季下田耕作，生活也就越來越艱困了。

造成嚴重洪災的另外一項因素即是當地河川淤塞，原因是河岸工事自從一九六〇年代末期修築之後始終疏於保養。當年興築了幾千公里的巨大河堤，目的在於將該國無序延伸開展的河流約束在河道中。築堤原意本在永遠杜絕水患，起先確實頗有成效，但如今卻成為一件麻煩。

這些河堤經年累月疏於養護，結果造成河川極嚴重的淤塞。水門被堵住了，導致水流無法順暢。一旦爆發洪水，河堤就像個障礙物，妨礙積水在乾季時順利排掉。如此一來，家戶便一連好幾個月無法返回自己的土地和農田。

那一年，總計有十六萬住在濱海地區的人受到洪水影響。他們四散逃生到校園這一類地方搭建臨時居所，然後等待積水消退下去。由於政府並未將洪水歸類為國家級的緊急狀況，因此救援規模相當有限。樂施會和合作

的夥伴組織為受災的社區提供一些基本的建築材料和乾淨的飲水。這種區域性的洪災被樂施會稱做「沉默的災難」，因為外界傾注的關心如此不足，提供的援助又如此稀少。在某一些地區，災民不得不直接排泄在水中或是鄰近的灌木叢。由於這種污染的水也被用來洗浴，因此極有可能爆發水傳染的疾病。

***

前一天晚上，人家已經為我預先排定參訪一座受災村落的行程。我在那處臨時的難民營完成影片拍攝的工作後便搭上一條小獨木舟，由亞妮瑪‧達須和珊迪亞‧蕾妮‧達須陪我去看她們那座積水仍未消退的村落坎普爾（Khanpur）。

我們慢慢划了四十分鐘才抵達她們的村落。我們順利通過佈滿布袋蓮的水面，獨木舟偶爾會卡在泥岸。這兩位女士告訴我，四年以來，洪水每年都迫使她們逃離家園，遺棄自己養的牲口。

珊迪亞憤憤不平地說道：「我們覺得孤立無援而且憤怒。我們很想留在家裡但辦不到。我們不要離開自己的村子，我們只想找出解決這問題的方法。可是政府卻不把對付這一場災難並且照顧居民的事當成第一要務。」她說自家那間泥沙房子被洪水徹底沖毀了，村裡只有幾棟用比較好的建材蓋起來的房子得以倖免於難。

兩位女士又告訴我，她們隸屬印地（Hindi）此一少數族群，亦即所謂的「利錫」（rishi），因此長久以來忍受社會的汙名化。眼前她們的處境只會加強她們的信念，使她們覺得自己仍然受到歧視。

亞妮瑪說道：「我們日常的工作不能做了，很難找得到錢買東西吃。小孩無法正常上學，他們待在營區都病倒了。」她要求政府拿出解決問題的長遠之計並且重新疏濬河川以免淤塞。

她們在那處克難的營區已經住一個月。兩位女士不樂觀地異口同聲表示，可能還要再等上七個月村子裡的積水才會消退。珊迪亞說：「誰喜歡住在難民營裡呢？但是我們別無選擇。那裡太擁擠，小孩一個個病了。」

　　我們終於划抵她們那座村落的邊緣地帶。前面有個男的在及膝的積水中來去，為的是要撈出自家殘留下的一點什麼。許多茅草覆頂的屋子都已坍塌，景象看來十分蒼涼，而且積水絲毫沒有開始消退的跡象。

　　像這類區域性洪災的案例無法被歸類為國家級的緊急狀況，因此政府對此挹注的援助資源也就十分有限。然而，這種案例在易受洪災侵襲的孟加拉是越來越頻繁了。

　　兩位女士看到村落的殘破光景時變得更加激動，對於自己的問題也更加直言不諱。亞妮瑪告訴我，她丈夫如今覺得工作難找，一家子每天只能吃一餐或兩餐。珊迪亞說：「我們覺得自己好像難民，覺得沒有希望。」

　　時間有點晚了，而我還要動身去參加一場以氣候問題為訴求的集會。在我們划船回去的路上，珊迪亞害羞地問我，集會的時候她是否可以稍微陳述一下自己的意見。這個提議讓我有些吃驚。兩小時前，我還不認識這兩位女士，而她們也沒計畫要參加該場集會。現在，她們不僅打算參加，還願意吐露自己的心聲。她們聲音飽含力量和不加修飾的情緒，這點令我印象深刻。我覺得自己和她們之間產生一種深刻的連結，一種心有戚戚焉的感受。

　　我也因為將能有所行動而感興奮，也許可以幫忙激盪出來一點不一樣的，非但賦予珊迪亞這位貧窮的農婦一個強有力的聲音，還提供她一方平台，讓她可以對著好幾千個聽眾說話。我說我會為她去找集會的舉辦人談談，並且竭盡所能幫她這一個忙，不過無法保證一定能談得成。

　　雙腳重新踏上陸地之後，我們開車直驅庫爾那（Khulna）區，也就是預計舉行集會活動的地點。我用電話和同事以及幾位籌辦集會的人交涉，詢

問他們珊迪亞能否在集會的時候發表意見。他們欣然同意。我高興極了，珊迪亞也是。她緊緊握著我的手表示感謝。

庫爾那的那場集會大概來了五千個人，包括遭受氣候變遷影響的海岸地區住民、社會運動人士、當地的從政者，甚至連市長都出席了。當地有個劇團演出一齣行動劇，生動敘述了桑德班斯（Sunderbans）這處世界最大的紅樹林如何逐漸遭受破壞，其原因是包括捕蝦業在內的跨國企業在該區域的活動日益頻繁。這次集會提出保護當地生物多樣性的呼籲，同時要求從政者禁止有權有勢的人從弱勢農民的手中掠奪土地，並將海岸地區的開發與利用列為公共資源。

珊迪亞接著起身說話。和其他在她之前發言的人相比，她的意見陳述並不算長。然而她的論點清楚、立場堅定而且慷慨激昂，完全從她個人經驗出發，而非口號空談。她訴說自己和同村村民的悲慘際遇，又提到當局如何漠視他們的處境，而政客也只有在選舉期間才會假裝關心他們。她懊惱地說道，票投完後，保證你永遠再也看不到那些候選人。透過她的陳述，大家了解一個活力一度充沛的社區如何變得脆弱不堪、變得受制於外來的因素，而這一切絕非咎由自取。她說，如今受害的民眾多達幾千人，由於缺乏醫療資源，家戶面臨水傳播的皮膚疾病。她的發言贏得聽眾們的起立鼓掌。我站在群眾當中和大家一起熱烈鼓掌，臉上同時露出驕傲的微笑。先前她是無聲無息的人，但是只要給她一方講台，她的心聲就可以被外界聽到了。天呀，那是雷霆萬鈞的聲音哪！

* * *

每當有人問道，我從這個危急現場趕赴另外一個危急現場、到訪世界一些最貧困的國家，是否曾因工作的因素而情緒低落或是感覺壓力過大，我就會想起上述那一類的插曲。當然，貧困、不公不義以及其他種種困難似

阿席亞（Asyat，左）和蘇慕黎
（Soomri，右）告訴我，開始
參加會議後，她們變得更加堅定
自信。

乎教人承受不了，但這並不表示我們因此收拾行囊走人。我堅決相信，個別獨特的行動可以開啟不一樣的局面。人民一旦注意起自己的權益，他們就可能成為改變現狀的強力推手，並且盡力擁護自己的社區。看到民眾鼓起勇氣要與強勢力量週旋到底，看到民眾尚未盡力一搏之前絕對不向現實低頭，看到民眾儘管面對巨大困難仍有能力堅持爭取較公平的生活以及機會，我的內心就充滿無限的希望。我經常想，如果我自己遇到類似這些女士必須應付的嚴重問題，我是否具備同樣多的鬥爭魄力。

事隔一年，等我再度返回南亞，我仍清楚記得先前在孟加拉和那些婦女相遇的事。但這一次，我去巴基斯坦。

我出差到信德（Sindh）邦觀察我們和當地夥伴合作的幾項工作。我們計畫推動比較公平的土地取得方式，尤其重視女性在這方面的權益。

就算是最好的年份，信德都是日子不容易過的地方。這裡一年到頭經常都是熱到教人無法忍受，它那被太陽曬到焦乾的土地不知為何還能勉強產出一些食糧。那是一個社會階級極森嚴的邦，有錢地主在政治上人脈資源豐沛，他們擁有廣大土地，並且經常訴諸威脅以及暴力手段逼使工人就範。他們最慣用的工具便是人的恐懼心理。人家告訴那些工人，不順從的下場便是監禁以及重罰。

單就理論來講，農奴在巴基斯坦是不合法的，然而該國包括信德邦在內仍有許多地區實行此種制度。數以千計的佃農仍欠地主大筆債務，這種慘況代代相傳，絲毫沒有鬆動跡象。

我在密爾普卡斯（Mirpur Khas）地區的密爾塔羅坎（Mir Tharo Khan）村遇到兩位村民：阿席亞（Asyat）和蘇慕黎（Soomri）女士。她們穿著顏色鮮豔並繡了花的短袖束腰外衣，頭部披上同樣是五彩繽紛的頭巾，而手臂則套了許多臂釧。她們和一群其他的婦女坐在一起，都聚集在村子裡準備告訴我她們各自的遭遇。

二十年來，阿席亞和她的丈夫都像農奴一樣，為了清償積欠地主的債務而被迫辛苦工作。

他們對自己的權力所知甚少，而且太過害怕以致連問也不敢問。阿席亞的丈夫欠地主五萬盧比[9]。雖然他們所耕作的土地屬於那個地主，但是農事全由他們獨力完成。在這種條件下，他們還須將收成的糧作分一半給地主。她的丈夫為了籌辦家人喪禮和自己的再婚婚事，不得不開口向地主借錢。

阿席亞告訴我：「地主擔心我們為了躲債會想辦法逃到不知什麼地方，所以到了夜裡就用手銬把我丈夫的手銬起來。地主把我丈夫關在他家，好比把動物關在籠子裡，六個月來都是這樣。」

聽到這種事情我很震驚。陪同我們一路從班達哈里山卡（Bhandar Hari Sangat）組織過來的代表同樣感到訝異。樂施會在信德邦的六處區域協助這個在地組織，設法改善巴基斯坦最弱勢民眾的生活，而這些民眾大部分是貧困的非自耕農或是僅僅持有小片土地的人，婦女尤其如此。

密爾塔羅坎村裡大約有五十位婦女接受幫助，掙脫出類似農奴身分的桎梏，其中包括五十來歲的阿席亞以及年齡小她一、二十歲的蘇慕黎。各種啟發、扶助以及促進覺醒的活動已經成功幫助婦女了解自身的基本權益為何，例如要求地主公開透明帳目，不可以利用做假帳的手段控制工人，令其背負一輩子還也還不完的債務。

阿席亞說：「他們違法竄改帳目，我們因此一直揹債。現在我明白了，比方我們借錢來買肥料，但事後地主就要求我們還他比實際借出數目多很多的錢。」

樂施會一直都在村子裡宣導衛生與保健的知識，促使村民體認其重要性，此外也鼓勵社區家戶將小孩子不分男女都送去學校。此一救援組織也協助信德邦的佃農將自己組織起來，成立自行籌措資金、獨立運作、名為

9　約合五百美元。

「信德哈里波爾希亞特會議」（Sindh Hari Porhiat Councils）的互助團體。團員在會議中討論例如土地租佃和勞動等等的問題。

不過，誠如蘇慕黎所說的，爭取自由並不是件簡單的事。她告訴我，他們第一次向地主表明離去的決定時，對方發起脾氣並且高聲怒罵。她說：「地主動手打人。」

儘管如此，他們還是脫離了農奴的地位。阿席亞驕傲地告訴我：「教育是人民的第三隻眼睛。」她解釋說自己和上述互助團體中的其他婦女如今都像志工一樣，出發到鄰近的村落向人說明自己的生活發生了何種改變，並且提供資訊，幫助身陷相同處境的人。

阿席亞說，她的村子已發生深刻的改變。雖然每天生活還是需要奮鬥，但是她告訴我，如今她和家人都有驕傲以及尊嚴的新感覺，因為他們不再因為背債而必須像奴隸一樣工作。她容光煥發地說道，自己以前好像一隻老鼠，因為過於膽怯以致不敢向威權質疑任何事情。如今她的自信已然建立。她的口語表達明確有力並且充滿自信。

阿席亞和蘇慕黎告訴我，自從開始參加「信德哈里波爾希亞特會議」後，她們變得更加堅定自信。蘇慕黎說：「以前我們都鼓不起勇氣質疑任何事情，但是現在我們變堅強了。有時，我一個月去參加兩次會議的時候，甚至開口要丈夫為家裡的人下廚。」想到自己那麼大膽，她不禁笑起來。

阿席亞附和道：「現在我們把自己組織起來了，都像獅子一樣！我要呼籲：無論男性女性都該覺醒，成立組織以將自己結合起來，這樣才能爭取權益……大家聚在一起相互交換情報，一起努力改善當前處境。」

為了闡明自己的觀點，阿席亞告訴我一則插曲。她和其他加入某個互助組織的佃農很憤怒地發現一件事情：政府在伊斯蘭教齋戒月糧價價格飆升之時出資補貼的小麥並未按照計畫送給他們這地區的民眾。

她說：「我們聚集了三百名婦女，不但發動罷工而且封鎖道路。我們堅

持政府必須透過婦女將小麥發出去。那是我們第一次的成功！大家發威起來就像獅子。」

　　兩位婦女再度笑了起來。我也笑了起來，同時分享她們那片興高采烈，又是另一次的心領神會，另一番的姊妹情誼。她們剛建立的信心以及自我肯定令人驚奇，因為以前她們一向如此卑屈恭順。以前她們連自己最基本的權益都不知道，如今卻已學會有能力組織行動，直接挑戰不公不義的事。我對這種改變感到訝異，此外，教育以及資訊在這項改變中所扮演的有力角色同樣令我訝異。目前她們誰都還不能說自己過起舒坦的日子了，然而，在全球落後的社會之中，民眾開始醒覺，開始認清了自己的基本權益。在巴基斯坦的農村地區裡，婦女決定再也不要甘做不出聲的一群。

第九章

新國家的誕生

南蘇丹，二〇一〇年十二月

我那一張所謂的「簽證」，其實只是夾在護照裡的通行證，上面貼了一張照片，附加不精確的描述文字，也許是哪一位工作夥伴或是駐肯亞奈洛比的南蘇丹官員幫我填上去，以便讓我在搭飛機之前取得那份必要文件。我讀了那一段文字，心裡暗笑起來，因為那上面說我的眼睛是黑色的（不對，應是淺綠褐色），記載的身高比我實際的身高足足多一公尺，而且職業欄裡只填一個「人」字。其他謬誤就不談了。當我抵達目的地後，機場官員竟然只對上述最後一點表示疑惑！

　　我一直期待回到南蘇丹。它的區域面積約和法國相當，卻是全世界數一數二的窮地。到訪該地使我大大開了眼界，並且讓我留下很深刻的印象。我想知道，要是那時我的生活起了變化，會不會就跑去當社會人類學家而非新聞記者呢。當地的文化和部落都深深吸引我。南蘇丹的發展極度不足，幾乎半個世紀以來都在衝突之中度過，期間只經歷一段短暫的和平，然後又是長達二十年的戰亂。

＊　＊　＊

　　蘇丹國土十分遼闊，以前曾經是英國的殖民地，如今是非洲面積最大的國家。現在它卻面臨一場關鍵性的投票，因為投票之後南蘇丹地區可能脫離蘇丹的統治，並且自行成立一個新國。

　　二〇〇五年，北方喀土木（Khartoum）的蘇丹政府和根據地在南方的蘇丹人民解放運動 / 軍（簡稱 SPLM/A）簽訂了「全面和平協定」（Comprehensive Peace Agreement，簡稱 CPA），為長達二十一年的衝突畫下句點。那是非洲史上數一數二歷時最長久又最血腥的內戰，造成二百萬人不幸喪命，導致另外四百萬人流離失所。

　　從那時候開始，南部地區就呈現半自治的狀態，自己處理自己大部分的事務。

南蘇丹的人民主要信仰基督教或是萬物有靈論。他們長久以來對於北方信仰伊斯蘭的阿拉伯人歧視他們、將他們邊緣化的態度十分反感。自從南方發現石油之後，南蘇丹人的積怨就更深了。令他們不滿的是，很多賺來的錢被挪去北部，而建設發展也只有北部受益。

蘇丹每天出產的五十萬桶原油大約四分之三來自南部。可是唯一一條將閉鎖內陸南蘇丹的原油輸出的油管卻通過蘇丹北部。賣油的收入由南北兩方共享，然而南北一旦分裂，情況便會改觀，因此才會有許多人擔心，北方必會想方設法破壞獨立公投，拖延南蘇丹獨立的期程。

世界各國中，美國堪稱最努力勸告喀土木政府奧馬・阿勒—巴希爾（Omar al-Bashir）總統的國家，勸告他接受未來公投的程序以及結果。巴希爾總統因為在達富爾（Darfur）犯下的戰爭罪而遭國際刑事法院通緝。美國提議，如果喀土木政府願意讓公投得以平順舉行並且接受最終的結果，美國將把蘇丹從支持恐怖主義活動國家的名單中除名，並且和喀土木恢復正常的外交關係。

不過，就算投完票了（各方普遍認為投票結果傾向支持南蘇丹的獨立），很有可能還要經歷不安定的階段。南北雙方無法在「全面和平協定」所涵蓋的關鍵問題上達成共識，例如南北國界如何劃分、未來如何處理石油問題以及如何決定產油區雅比耶（Abyei）素有爭議的歸屬問題（一般相信，此一地區應該經由公投決定加入北方或是南方）。「全面和平協定」原本可望大大改變人民的日常生活，然而南方許多民眾紛紛抱怨道，他們幾乎得不到和平應該帶來的任何好處。南蘇丹有一半的人口還沒有乾淨安全的水可喝，而且產婦的死亡率在世界各國中名列前茅，許多鄉村地區至今沒有學校或是診所。營養不良的問題始終沒辦法解決，瘧疾和霍亂等疾病依然盛行。

一年以前我曾經因為拍攝紀錄片的關係到訪南蘇丹，當時即預測二〇一

〇年將是該國成敗命運的轉捩點。二〇〇九年時，南蘇丹已經遭逢嚴重的暴亂，死難人數計有二千五百，被迫逃離家園的人數高達三十五萬。這些數字比在蘇丹西部達富爾地區大約同樣長的一段時間裡所紀錄到的數字更要慘重。達富爾事件是世界數一數二嚴重的人道危機，並且成為媒體關注的焦點。

有人擔心，和平協議已經瀕臨崩解邊緣，而且各方紛紛質疑，預定於二〇一一年舉行的關鍵性公投，作為和平進程不可或缺之一環的公投，是否真會如期舉行。這場公投提供南方人一個機會，讓他們投票決定繼續和北方結合在一起或是脫離北方獨立建國，創造出世界最新的國家。

幸好，混亂狀態避免掉了。雖然偶爾爆發了令人憂心的戰鬥，雖然害怕暴力衝突捲土重來或是技術上的嚴重延宕，公投仍將依照原先規劃的日期（一月九日）舉行。

＊＊＊

重返南蘇丹的時間點真令我感到興奮，因為距離投票日才幾個星期而已。我渴望看看南蘇丹在過去的一年裡發生了什麼變化，看看民眾如今懷抱何種心情。

然而，我才剛剛飛抵朱巴機場便了解到，有些事情根本沒有改變。我走向飛機場入境大廳時經過一塊上面寫著「不要戰爭，給我和平」的褪色標牌，此景令我不禁莞爾，因為我記得上次到訪朱巴時已在飛機場看過同樣一塊褪色的標牌。我已做好心理準備，就要迎向飛機場那必然的混亂光景。沒錯，一切都和以前一樣。比我至少高上一兩英呎的人[10]亂糟糟在翻找袋子以及物品，並對親戚朋友高聲叫嚷。那裡沒有機械化的行李轉盤，也沒

---

10 許多蘇丹人的身材極其高大，丁卡（Dinka）族人尤其如此，身高七呎以上的人並不罕見。

因為航班不同而有不同的行李提領處，而是僅供大家一擁而上任意翻找行李的地方。

我很高興自己仍然記憶猶新，因為我就得以作好心理準備，讓自己能堅強起來，應付眼前那片混亂。我在騷動喧鬧的群眾中擠向前去取回我的託運行李，似乎這也不是天大的折騰了。謝天謝地，幾個袋子看起來已完好如初送到那裡。

市區看上去也沒改變，和我記憶中那塵土飛揚的光景一模一樣。南蘇丹很少有柏油馬路，大部分集中在首都地區。即使如此，你在首都一般開車駛過的還是佈滿坑洞的泥土路。我步行前去拜訪樂施會辦公室附近的幾個組織機構，多麼失策的決定啊！我很快便了解到，這對健康頗有害處。塵土砂礫不斷吹進你的眼睛、嘴巴、頭髮。不論何時，只要車子一開過去，就像刮起了沙塵暴。

還好，我在首都停留的時間並不長。隔天我就搭機飛往湖泊州（Lakes State）的倫北克（Rumbek）。樂施會在該地執行組織中數一數二的大項目，並且擁有一個築了圍牆的寬廣園區。

主要因為當時大家預測倫北克鎮將成為南蘇丹新首都的所在地，所以樂施會才在此處營建這一舒適的園區。「全面和平協定」簽定之前，倫北克鎮也曾一度做為臨時首都，但在南蘇丹領導人約翰·加朗（John Garang）空難身亡之後，此一計畫很快就改變了。朱巴這時便被指定為常設的首都。

倫北克是個迷人的城鎮，市區逐漸擴大而且更多發展。不過也比以前稍髒。在我記憶之中，倫北克前一年比較乾淨整齊，如今街上卻隨處亂扔了藍條紋塑膠袋以及飲料塑膠空瓶。

但是你並不需走遠便可看到大部分的南蘇丹人是如何過活的。它們依賴土地甚深，而且牛群就是他們最珍貴的財產。

倫北克有幾片教人驚奇的野地。數以千計的牧牛人都將自己的牛群帶到

這些面積甚廣的土地。他們在那裡過夜,隔天再動身趕牛去找牧草和水。牛是丁卡族[11]文化和宗教裡的核心要素。

我到訪一處野地時,牛隻尚未集中起來,尚未動身展開當天的跋涉。那場面如此的莊嚴盛大。這裡的牧牛者大部分是丁卡族人,他們的外表如此突出,如此惹人注目:高大而且自傲,許多人的臉上都帶疤痕文面,也就是說,男性在要在額頭鑿刻水平線條,這是該族行傳統成年禮的一項儀式。男性在外表的裝扮方面特別講究。他們通常掛著鮮豔的耳環和串珠項鍊,有時頭髮還要點綴羽毛以及其他飾品。很明顯的,在丁卡族的文化裡,男性會像雄孔雀般神氣活現在女性面前招搖而行,而不是女性在男性面前搔首弄姿。

到處都是煙塵。後來我才知道,因為要驅走蒼蠅和疾病,所以到處有人生火。民眾通常會用灰燼塗污自己的臉,理由同於前述。不過我猜也有可能為了防止熾熱的陽光把臉曬傷了。

聚在這裡的牛隻隻健壯。這些牲口如此高大,頭上那對觸角多麼雄偉,而其曲線又是多麼優美,這是我在世界其他地方看不到的。我在那裡跑來跑去,拍了好多相片以及影片。太陽漸漸昇起,加上紛揚塵土以及佈滿灰痕的一張張人臉,在在都為那番場景增添魔幻般的感覺。然而,我的攝錄影機根本白忙一場。後來在這趟旅程中,我的那台數位攝錄影機非但故障而且無法修復,想必是灰塵卡進了設備裡的電路系統。幸好,故障發生在我旅程中的最後一天,至少讓我得以蒐集到幾乎我需要的所有資料。

後來我才從一位著手研究倫北克牛群暫棲場以及育牛術的博士生那裡得知,牛隻的角通常都被「動了手腳」,也就是說,牠們的角在幼年時期即被刻意扭彎,以便日後長成那令人驚奇的形狀。有些公牛的待遇則特別與眾不同,男性悉心飼育牠們,以漂亮的鈴鐺以及紅色緞帶裝飾牠們,因為

---

11 丁卡族是這個地區主要種族,亦是南蘇丹人數最多的族群。

這是他們成年禮儀式的一個環節。

　　牛隻是族人引以為傲的財富，但在蘇丹，那通常也是衝突和暴力的源頭。牧牛人將牛群從這一州趕到另一個地區時，不同族群之間就會發生衝突，因為那個地區常是務農族群定居之處。儘管半自治的南蘇丹政府（GoSS）多次禁止人民攜帶武器，但是依舊有許多牧牛人（大半是年輕人）若無其事在肩上背支 AK-47 步槍，以便碰上麻煩之時可以派上用場。如此多的蘇丹平民擁有槍枝，這是長年內戰留下來的遺風。武器如此氾濫，這也說明：任何爭執都有可能輕而易舉演為暴力衝突，而且這種收場並非罕見。敵對的部族間仍會相互劫奪牛隻，而且這類事件通常導致人員死亡。

　　對當地的居民而言，牛隻的重要性不僅因為牠是生計的來源而已。事實上，許多牛隻並不產乳，而且也不用於育種繁殖，主人只是養來增加自身威望，或是嫁娶之時充當一項重要資產。最多男性追求的女子可以索求較多的牛隻做為聘禮。

　　此種情況也會引發新的爭執。有些求婚的人牛隻數量不夠，於是就會發生私奔、劫奪牛隻或是爭執嫁妝多寡等的情事。我也驚訝發現，許多官員和其他在鎮上工作的人，儘管已經過著相當都市化的生活，卻仍然在附近的牛隻暫棲場畜養大群的牛，這證明牛在他們文化裡的重要性。

＊　＊　＊

　　一年以前，我曾旅行到湖泊州的一個村落，那裡剛發生敵對部落間的報復性戰鬥。

　　我遇見一位四十五歲的婦女瑞貝卡・孔卓（Rebecca Konjo）。她和自己的幾個小孩坐在地上採集充當口糧的野草。野草裝在小鍋裡和碗裡。除了野草，這個家庭還會到灌木叢裡找野果來吃。

　　她告訴我，她一家人現在每天只有一餐可吃。她說：「既然都和平了，

我們就不應該再有麻煩。可是我們沒有得吃，他們一打過來，一切都毀在他們手裡了。我們能去哪裡呢？政府能做甚麼呢？只有靠上帝了，大家只管祈禱，和平終究會來臨的。」

由於敵對部落兩度來襲，瑞貝卡和村裡其他四千個人被迫趕緊逃命。至少有五個村民遇難。

自從政府確立安全措施後過幾個月，家戶開始紛紛遷回家園。瑞貝卡回去之後卻發現房子被人洗劫一空，十一隻雞和十隻羊被人偷走，她的糧作全損失了。

她說：「我們所有的糧作都死了，高粱、花生、芝麻。我們沒有辦法正常耕作。所有的東西都丟了。所有的東西都毀了。我們還能怎樣？只能留在這裡摘灌木叢裡的野果來吃。」

瑞貝卡是村裡一個名為「杜商德」（Douchande，意即「驅走飢餓」）之婦女組織的成員。樂施會協助她們種植蔬菜以及飼養家禽為生，提供她們種子、農具以及雞隻等等東西。不過因戰鬥的緣故，糧作都損失了，雞隻被搶走了，禽舍也燒毀了。

暴力衝突不僅造成動亂，而且嚴重阻礙最迫切需要的發展。我們從瑞貝卡的嘴裡還聽到一件諷刺的事：在南北蘇丹對抗的時期，他們的村落並未遭受兵燹之災，可是到現在間歇的和平階段，村民反而首度面臨暴力以及動亂。

瑞貝卡說：「以前內戰的時候，情況完全不像現在。那時十分和平而且沒有戰鬥。自從簽了『全面和平協定』，許多問題都冒出來了，包括暴力衝突。現在只能仰賴上帝，希望很多事情都能實現。我們祈禱上帝幫助我們。」

去年我遇到許許多多遭遇和瑞貝卡相似的村民。暴力衝突有時發生在不同的部落之間。但是在其他的案例中，攻擊村落的卻是作惡多端的叛亂組

織「聖主抵抗軍」（Lord's Resistance Army）。該組織最初由惡名昭彰的領導人約瑟夫・柯尼（Joseph Kony）創立於烏干達北部，但如今遭其踐躪的地區幾乎遍及整個非洲中部，幹下屠殺和綁架等勾當，並且驅使兒童走上戰場為其賣命。

我參訪過一個曾慘遭「聖主抵抗軍」毒手的村落。四個孩子的母親瑪莉・阿吉雅（Mary Agya）根據自己切身的經驗告訴我：「和平是什麼？我看不到也感受不到。」在蘇丹南北戰爭的期間，她那位於西赤道（Western Equatoria）州的村落絲毫沒有受到破壞。但之後「聖主抵抗軍」打過來了，她和其他的村民才會被迫逃離家園。他們流離失所，暫時住在一處避難所，無法耕作或是另謀工作賺錢，只能仰仗收容者的善心過日子。

她悲痛地告訴我：「以前內戰在打的時候，很多村落裡面的人都跑光了，可是我們的村落沒有。是後來的『聖主抵抗軍』令我們逃到外地來的。他們教南蘇丹的村落起了恐慌，因為他們的迫害甚於內戰造成的苦難。」

她那十四歲的女兒芙比・伊底亞（Fubi Idia）顯然依舊無法從自己遭遇的陰影中走出來。她被「聖主抵抗軍」綁走，在森林裡住了十二天後才和家人重逢。她告訴我，她不想再回到村裡的家。

她說「聖主抵抗軍」來襲，她設法和其他人坐上一輛曳引機逃命的時候被叛亂份子包圍了。她說：「有個人想開槍殺我，但另外一個人阻止他：『別傷害她，放她走。』他們就說：『放她走好了。』可是那個人卻還是用大砍刀重重敲了我兩下。我痛得沒辦法走。我們在森林裡待了十二天，其中有兩天完全沒有水喝，又有一次連續好幾天沒吃任何東西。我根本不知道自己能不能活著走出去。」

芙比重新回去學校上課，可是她說，要不是想和朋友見見面，她是很不情願這樣做的。被綁架的那段回憶依舊折磨著她，而她顯然對於未來感覺憂心。儘管她母親先前對我說，家人都渴望能夠趕快返家，但她仍態度堅

定地告訴我，她並不想跟著回去。

「看情形那些人還會再回來，我根本就不想回家。我會要求爸媽搬到其他地方。」她告訴我這一段遭遇時還一面狠狠揉著眼睛，以免眼眶滾出淚珠。

我後來再也沒聽人說起這個家庭的情況。然而，他們對於未來所關切的、所憂心的，別人也有同樣感受。還好，一年以後，那地區的治安情況已經有所改善。傳出來的戰鬥消息比較少了，人民對未來的態度似乎比較樂觀。有幾位救援工作者告訴我，也許因為大家都體會到，這一年是關鍵性的一年。若是公投要有意義，若是公投結果要獲尊重，治安是最基本的前提。

我訪談民眾，想從他們那裡得知大家對於未來的期待，大家異口同聲的答案和對於改變的新信心令我十分驚訝。我難免會以懷疑的眼光看待此種現象，應是有人把公共關係做得很成功。南蘇丹政府正不斷宣導，經過幾十年的戰爭以及失序，蘇丹南部如果想求有效的改變，那麼公投就是根本大計了。

目前相當明顯的是：投票贊成獨立的人將佔壓倒性的多數。然而，不管結局如何，南蘇丹在建設發展上所面臨的問題是很艱鉅的，而且不是很快就能解決的。我似乎覺得，南蘇丹人民對於未來的期待未免樂觀得過了頭。可是，有一位同事卻認為，人民過去幾十年所經歷的就是戰爭、衝突以及飢餓，難道他們不能夠期盼、夢想比那段歷史好得多的未來？儘管我自己那新聞記者的底子令我多少保持存疑的態度，然而我不得不同意那同事的看法。當然，人民理應過起比他們必須應付的現實更好的生活。他們期待未來一切都能更好不也天經地義：小孩可以上學、他們能有更多工作機會、更多發展前途？

我並非不讓人民有機會盼望、夢想更美好的未來，我只是懷疑從政的人是否真的能夠給予人民所需要的，而且速度也能符合人民的期待。不過，

如今對於持久和平的希望和過去好長一段時間比起來似乎較有機會實現。如果沒有和平，根本無法侈言進行任何有意義的改革或是任何建設發展。

＊　＊　＊

我去距離倫北克大約一小時車程的庫伊貝特（Cueibet）縣參加某位同事所舉辦的一場主題名為「建構和平／化解衝突」的工作坊。當我抵達現場的時候，那個三十人左右的團體已經展開活動了。他們聚集在一個陰涼處，多棵大樹所形成的宜人濃蔭阻擋了猛烈的陽光。

這個訓練計畫三年前就已開始，因為我們的工作人員理解到，部落間的競爭問題和持續的緊張關係可能會破壞樂施會在當地開始推動的生計計畫。

樂施會在湖泊州的社區環境背景經理嘉布里耶勒・庫克（Gabriel Kuc）解釋道：「部落間的衝突如此頻繁，這可能會妨礙我們在社區中所推動的各項計畫。」我參訪過樂施會在全球所進行的許多計畫，這還是頭一遭聽到「社區環境背景經理」（community context manager）這種職稱。很明顯的，人家一定認為在這種部落衝突如此常見的區域中有必要推動此一計畫，以便社區可以瞭解衝突因何而起，瞭解如何不必訴諸武力便可和平化解衝突。根據嘉布里耶勒的說明，最近部落間緊張關係的起因主要是劫奪牛隻、報復性攻擊以及年輕女孩跟人私奔等等。他說，該地區上個月才有一個女孩跟人私奔，她的家庭因為男方不肯奉送聘禮而覺顏面盡失。

四十二歲的維多利亞・阿馬勒（Victoria Amal）是十個孩子的母親，同時也在當地一間小學任教。她附和道：「這一帶動不動就有衝突發生。」她說這裡由於資源相當匱乏，戰鬥於是屢見不鮮：「這裡沒有醫院，水資源也相當有限。我們的牛都病倒了，但是找不到藥餵牠們吃。很多婦女也生病了，沒有醫生，沒有藥吃。」

南蘇丹，丁卡族（Dinka）牧牛
人，與他們的 AK-47 步槍。

「女孩子跟人家私奔導致很多問題，甚至鬧出人命。在我們傳統的觀念裡，如果你家有女兒，那就代表你家擁有一筆財富。要是有誰膽敢不拿牛當聘禮就想把她娶走，那女方唯一的解決方法便是使用暴力，結果便有人會喪命。」

不過維多利亞相信，為了減少暴力而舉辦工作坊或是種種努力都是有幫助的。她說：「和平應從每個人的內心做起，從你和你丈夫之間做起，從家做起。一旦你和家人開始和平相處，那麼你的生活不會再有任何問題。然後這份祥和還會擴散到其他人身上。」

參加工作坊的團員莫不認為，公投之後，就算改變幅度很小且是漸進式的，生活應還是能有所改善，而且暴力衝突也將減少。約瑟夫·梅克（Joseph Maker）是「巴亞姆」（payam，或稱「次區」）的傳統法官，一向習慣調停部落間的紛爭。

他斷言道：「我（對未來）抱持相當正面的期待。例如殺人以及劫掠牛隻等等惡劣行徑都會停止。法治將會步上正軌，我們將能恰當統治人民。」

「不會再有戰鬥。過去人民因為無法享有權利，所以我們才會一打就是二十一年。二〇〇五年談和的時候，我們明白解決之道必須是商議出來的。這才是最好的辦法。暴力是不能解決任何問題的。」

其他人對於他的樂觀態度都表示贊同。身穿非洲樣式的鮮豔印花衫，頭上戴了一頂瀟灑的紅帽子，彼得·馬庫爾·麻丁（Peter Makur Mading）是那群人當中最醒目的一位。輪到他發言了。

他告訴我，他在牛隻暫棲場裡工作。他的孩子當中只有兩個能夠上學，其他七個只能跟他一起在牛隻暫棲場裡幹活。家戶通常無力負擔小孩上學的費用，而他們工作的選擇也相當有限。

他很有自信地告訴我：「我們瞭解，搶奪別人的牛一定會引發無窮盡的問題。現在我們當中有一些人已經體認到了，我們必須停止這種歪風。為

了公投，我們最重要的事便是團結在一起，以同一個聲音說話。一旦我們變自由了，所有這些負面的事都會改變。」

彼得就像我遇到的其他父母那樣，都期盼未來能有更好的機會，尤其是送小孩子進學校讀書，同時希望他們在人生中能比自己這個世代擁有更多選擇。

他解釋道：「只有現在接受比較好的教育，未來才能享受比較好的生活。國家一旦獨立，我們的孩子才能受教育，也才能上大學。只有這樣，我們才能做自己國家的一等公民，而非二等公民。惟有教育方能造就這種改變。」

* * *

我去參觀位於倫北克大約一小時車程遠的曼伊埃勒（Manyiel）牛隻暫棲場時遇見了正在擠牛奶的雅茉科·馬盧雅樂（Amok Malual）。她看起來大概二十歲上下，但是她說不知道自己的年紀，所以沒辦法告訴我。雅茉科從來沒有上過學，從來沒有學過讀寫。她並不那麼喜歡在塵土紛揚的牛隻暫棲場工作，可是她能挑的工作實在有限。

儘管如此，她仍然深信未來會更好，而且未來會有更多機會。

她說：「公投舉行之後，將來如果我生小孩，一定要送他們上學讀書，因為到那時候不會再有暴力衝突。」

她斷言道，南蘇丹獨立後，人民將享有新的自由與和平。她說：「人民再也不必像戰爭的年代那樣，平白無故去送死了。」

投票即將舉行，這件事激起民眾高度的熱忱以及興奮，大家幾乎很少談別的事。每當我向人家問起部落裡生活和工作的情況時，他們總以「等到公投結束……」做為開場，然後再說出自己對於未來的期待。首都朱巴架起了一座電子鐘，上面顯示了倒數計時的資訊：距離關鍵性的投票日還有

十七天或四百一十三小時或兩萬四千七百八十九分鐘。最後我沒忘記拍一張倒數計時鐘的相片，因為我想為這個重要時刻留下一件紀念物。

即將舉辦的公投也造成人口新的移徙現象。返鄉人潮有一大批，這些都是先前居住在北蘇丹的南方人。很多幾十年前為了逃避暴力衝突所以遠走他鄉的人如今紛紛歸國。過去兩個月內，返鄉人數已達九萬五千，還有更多人預料會回來。很多人決定返鄉在南方投下一票。因為有人憂心，如果他們是在北方投票（這種方式也是可行），他們投下的票可能會遭竄改，或者家人可能遭遇報復性的對待。

不過其他的家庭則決定先將妻小送回南方，留下幾名男性繼續在北蘇丹工作，除非局勢出現戲劇化的改變，否則他們暫時就不回去。

有些剛剛抵達的人是參加南蘇丹政府所安排的返鄉投票行程而回來的。其他也有些人因為急於盡快返鄉，決定自己先行出發。

一般來講，歸鄉的人返抵之時總會受到熱烈歡迎。不過，某些地區開始有人關切，返鄉人數如此龐大，是否會對社區造成新的壓力，畢竟這些社區目前提供基本服務的能力已嫌不足。

瑪莎・柏樂（Martha Bol）是一名寡婦。她和孩子一起回到位於南蘇丹統一州（Unity State）里爾縣（Leer County）的故鄉，不過第一個晚上很冷，他們卻只能露宿戶外。雖然這和她期待中的返鄉經驗頗有落差，但她仍因為能夠回到故里而感到興奮。過去二十年間，她一直住在北方喀土木的郊區。

瑪莎和其他好幾個家戶的人暫時在里爾鎮一處政府建築的院子裡紮營露宿。他們的家用物品，一些那時能帶上路的東西，全任意擺放在四周。幾張墊子、幾條毛毯，幾個罐子和平底鍋，外加幾只提箱。剛剛洗好的衣物掛在竹籬笆上，讓午後的陽光曬乾它。

這些家戶都是本地人，他們在蘇丹那長期內戰的期間離開故鄉。南蘇丹

政府安排船隻接他們回來，只是出發日期一延再延，最後花了十一天才抵達目的。已經太遲，因為趕不上該國選舉法所訂定的選民登記截止日期，他們無法在這場劃時代的公投中投下一票。不過，這種遺憾似乎未能澆熄他們那返鄉的熱忱。

對於許多像瑪莎這樣的歸鄉者而言，他們因為離開故里的時間太久，以致要麼想不起以前住在哪裡，要麼故居已經不見蹤影，在長年動亂的期間裡早已摧毀了。

瑪莎告訴我，她丈夫是軍人，但已在戰亂中被殺。她說，他們以前是農民，不過老早就忘記農家的生活方式。她完全不知道現在應該如何謀生，如何餵飽她的家人。

她嘆氣道：「時間已經過那麼久，我甚至記不起以前住在哪個村子，也不知道以前的人事物是不是都還在呢。」

橫在前面的挑戰十分艱鉅。這個家庭需要找到土地定居下來，想辦法賺一些錢，然後再讓自己適應新的生活方式。蘇丹南部的生活水準和北部差一大截。在南蘇丹的農村地區裡，只有半數不到的人口可以取得乾淨的飲水，無法讀或寫的成年人口超過百分之八十，而且學校和醫療機構的數量十分有限。此外，柏油路面也是少之又少。

瑪莎說道：「這裡的生活沒辦法和北方比。喀土木比較先進發達，但是我們以前的生活也不容易。」

她說：「雖然我們在這裡沒有房子也沒有工作，我還是很高興回來了。」為了強調她又重複一次：「我還是很高興回來了。」

她補充道：「我要讓孩子上學，讓他們生活在和平中，不要再經歷我們承受過的種種遭遇。我希望他們未來過比較好的日子。」

* * *

南蘇丹目前不安定的情況促使樂施會成立了一個健康保健的應變團隊。他們能夠迅速趕抵該國的各地區，到一些通常我們沒有計畫在執行的地方，以便提供當地最基本的協助。我們那支「緊急應變以及準備工作」小組（獲得歐洲執行委員會「人道援助及平民保護部」充足的資金援助）所派出的五位專家剛剛抵達統一州的里爾縣，因為當地湧進了大量的回鄉潮，有可能導致該地目前的人口暴增一倍。如今最關鍵的便是防止疾病的傳播，並且提供基本的供水和衛生保健服務。

該團隊的領導人馬利諾‧寇曼朵司（Marino Commandos）說道：「里爾的人口數幾乎翻了一倍，然而這裡鑿的井洞有一半毀損了，衛生習慣難以到位，保健工作也難推動。有鑑於此，我們才會來到這裡，希望能夠遏止疾病傳播開來。」

這一個團隊的行動能力教人印象深刻。我們在統一州並沒有任何預先計畫好的工作項目。過去兩個星期以來，團隊就在另一個援救組織的土地上搭起帳篷露宿。他們每天都會到訪縣裡不同的地區，修復井洞並宣導衛生保健的相關知識。他們以互動的方式、投入的態度執行那些工作，這是我進入樂施會服務以來見過最好的榜樣。

他們所扮演的角色相當敏感，因為他們必須設法避開返鄉這糾葛的政策問題，還需在極短的時間裡有效率地完成工作，讓社區整體均能獲益，而非僅僅鎖定可能引發緊張和仇視的返鄉人士而已。

我前往幾處村落觀察團隊如何投入工作。我常聽見許多救援組織抱怨，自己的付出只是造成了當地社區的依賴性，然而，就我在樂施會的經驗而言，情況並非如此，南蘇丹的情況尤其異於一般人的概念。該團隊強調，他們是以合作夥伴的身分提供幫助給社區的，而不是單純施與受的關係。

我記得先前一年人家告訴我一件事：有一處偏遠地區的居民請求樂施會為他們開鑿一口水井。我們答應這項請求，不過交換的條件是，他們必須

先開闢一條路，以便工作人員可以比較容易到達那個位於灌木林深處的地點。他們照做，所以後來水井也為他們鑿好。

在里爾縣，我們修復受損水井的那些地區裡，我們也會要求社區在水井四周築起圍籬做為交換條件，以便阻止動物接近水源，確保水質不受汙染。我們也會要求對方組織供水與衛生的委員會，都由鄭重宣誓在樂施會人員撤走後仍願意看守水井的志工組成，以便水能保持乾淨並且正常供應。

我真的很喜歡這種方法。社區並不是被動接受幫助，而是變成整個行動的一個環節。他們有如聯營企業的合夥人，自己和家人參與其事也有收入可以度日。

有一次在衛生宣導會上，婦女們承認自己以前對於良好衛生習慣的知識是很缺乏的。我實際下南蘇丹的田野前聽別人說，只有百分之六的人口使用廁所（自家的私廁或是社區的公廁）。大多數社區的居民都在露天排便，這種習慣明顯造成衛生上的隱憂，對於兒童而言尤其如此。雖然蘇丹的嬰兒死亡率減低了（但仍高得嚇人，每千名活產兒平均死亡一百零二例），而且每七個孩童就有一個活不到五歲。

伊莉莎白・尼亞托（Elisabeth Nyathot）向村民解釋、示範如何維持水井的清潔。她說：「以前水井還沒鑿出來，我們都到河邊取水，那時候流行很多種病。樂施會教我們如何清洗我們的取水桶，如何維持水井周邊環境的清潔，這對我們實在太重要了。我們希望家人健健康康，不要感染疾病。」

村落的環境對於從北方都會地區回來的人而言實在是個挑戰。返鄉的瑞貝卡・尼亞孔（Rebecca Nyakong）也來參加講習。這位三個孩子的媽媽說道：「我的三個孩子都生在北方，用的都是自來水，沒用過井水。他們都不習慣這樣。」

她說自從回來以後，她和孩子都感染腹瀉。

目前村落裡的水資源很豐富，河流和池塘的水都是滿的，但是有人擔憂，等到乾季來臨，返鄉的人將形成壓力，在分享水資源時會引發新的衝突。雖然我們那支「緊急應變以及準備工作」團隊盡力修復不少受損的水井，但每個水井前還是有婦女和兒童大排長龍，準備用塑膠桶裝滿水，拿回去供煮食和清潔所需。

＊＊＊

幾十年來，南蘇丹的許多社區過的都是危機四伏、躲槍炮的日子。離家的期間就在灌木林裡找野果粗食果腹，而且東奔西跑沒有定處。我們西方人認為理所當然的一些基本衛生習慣在這裡還是非常陌生的。

樂施會的這個機動團隊向社區居民宣導基本的衛生常識，比方取水前必須先清洗他們的塑膠容器、避免用骯髒的樹葉和樹枝掩蓋水面、煮食前和取水前應先洗手、避免共用杯具飲水以免傳染結核病。

他們親自加入操作，和婦女一起利用樹葉、石塊、細枝和肥皂清洗骯髒的取水桶，因為塵土和汙垢而幾乎變黑的取水桶。團隊也教導大家如何清理並維持水井的潔淨，如何防止動物靠近水井周邊，並以幽默有趣的說明以及角色扮演、實地操作演練等方式向兒童解釋，養成取水前洗手的習慣有多重要。

這些基本知識因為可以救人性命所以顯得珍貴。

南蘇丹面臨的挑戰是很艱鉅的，甚至可以說是生死攸關。就政治層面而言，舉行公投意味一個主要的障礙將被移除。不過，社區明顯仍因戰爭和動盪而驚魂未定、百廢待舉，如欲振興、發展，必須做的工作依然多不勝數。如果南蘇丹成為世界最新的國家，那麼它也將列在世界最窮、建設最落後國家的名單上。

後記

　　二〇一一年一月九日至十五日間，南蘇丹有超過三百萬人參與公投。超過百分之九十八的人贊成獨立。二〇一一年它成為世界最新的國家。可惜的是，公投以後許多部落之間仍偶爾發生衝突。二〇一三年十二月，因為一場政治危機導致效忠總統薩爾瓦・基爾（Salva Kiir）的政府軍和效忠基爾總統前副手黎克・馬查爾（Riek Machar）的軍隊爆發衝突，該國再度陷入內戰。

第十章

引發內疚
的嗜好

一、期待升等到商務艙

　　我的工作有時十分密集而且耗費體力。有時遇到最嚴重的緊急事件，一個星期工作七天而且二十四個小時待命也是常有的事。

　　出差旅行聽來教人嚮往，但是說到實際面就平凡多了。排不完的隊和安全檢查；在機場裡使勁拉著沉重行李；我的照相機和錄影設備必須接受嚴格查驗。朋友常以為我現在一定是許多家航空公司飛行哩程數的金卡會員，只可惜這並非實情。許多本人一再光顧的航空公司都是小公司，都不隸屬於任何航空聯盟。在非常難得的情況下，我會遇上被升等到商務艙的意外驚喜。於是我瞭解到，搭商務艙到目的地後，你在地面上的活動能力將會多麼不同。搭飛機的時候我一般很少睡得著，即便長途飛行，即便服安眠藥或是喝一點酒也是於事無補。甚至有時找到一排空位很奢侈地平躺下來亦復如此。身為從事救援工作的人，既然我已習慣粗魯生活，如果招認自己喜歡搭商務艙出差的話難免覺得尷尬。然而，事實的確如此。好一個引發內疚的嗜好。

二、購物

　　今天在世界大部分的已發展國家中，你到處可以看到連鎖店，而我卻喜歡待在看不到這些連鎖店的地方。全球的事物變得如此一致，經常你到國外的城市時，也看得到在國內出現的品牌商店。我喜歡旅遊，但絕不是為了這個。我喜歡逛小舖子，因為裡面經常陳列手工藝品和藝術品。我也喜歡街道市場，因為可以和賣新鮮奇特蔬果的販子討價還價。我喜歡認識搞創作的藝術家和匠師，這些人直接就在街上或市場出售自己的作品。我喜歡購買日後可以讓我回憶起以前旅行經驗的獨特物品。也許我很老派守

舊，反正就是比較喜歡手工的、獨特的而不是大量生產的東西。

對於你到某些國家該去哪裡購物的事，我已經累積了相當多的知識。哪裡買得到精采的藝術作品、手工藝品或是當地特色布料，哪裡找得到好手藝的裁縫師，哪裡買得到一些手工首飾。

我在一些朋友之間已經儼然就要變成購物專家，要買東西，「問她的意見就對了」，真有點難為情。不過我為自己這個嗜好找到正當理由：我以行動支持當地市場以及當地經濟。

三、在世界各地跳莎莎舞

我住台灣的時候學會跳莎莎舞。教過我跳莎莎舞的有台灣人、南韓人、波蘭人和祕魯人。很快我就上癮。我體內的腦內啡增加了，於是我了解到，和自己以前試過的所有東西比起來，莎莎舞是最能帶來幸福感的，況且遠比喝酒健康得多。沒有跳到歡笑滿盈我是不會停下來的。

後來我發現，那也是個在世界各地認識新朋友的好管道。如果到了城市或是大鎮，我就設法找個可以跳舞的地方，也因此結識了多到數不清的朋友。當你遠離家鄉的時候，這是一個融入當地社群的好方法。同時，你也進行了絕佳的有氧鍛鍊。我從不曾（或是幾乎不曾）獨自一人到酒吧去，可是獨自去一個陌生的莎莎舞俱樂部我卻毫不擔心，因為那不是人家心目中男女邂逅挑對象的場所，而是純粹來尋開心、享受莎莎舞樂趣的地方。

四、喝酒

我並不是酒量很大的人，不過偶爾能和同事去酒吧或是餐廳放鬆一下，並且忘掉當天或是當週難題，這是很棒的事。一杯佳釀、一杯濃醇的瑪格

麗塔雞尾酒或是莫吉托雞尾酒就能產生奇妙效果。

五、跳舞（莎莎舞以外的舞）

扛了一個禮拜的沉重壓力後，跳舞（莎莎舞以外的舞）也是能讓人調劑和放鬆的絕佳方法。在你最意想不到的國家裡，有時反而能碰上歡樂滿溢的夜間舞會。

六、音樂

聽聽音樂，或甚至跑一趟附設卡拉 OK 的酒吧，這樣可能會有意想不到的神奇效果。只要幾分鐘的工夫，你的心情整個就翻轉過來了。我很喜歡收集和聆賞我工作地那些國家的音樂，我先前不曾接觸過的音樂。我的 iPod 不拘一格地錄滿了世界各地的音樂。

七、游泳

說到鍛鍊以及放鬆，我認為游泳的功效僅次於莎莎舞。起初，我通常滿討厭下水，只管數著到底已經游完幾個來回，納悶為何游那麼久，巴不得能快停下來。不過，後來我不再計算了，並且開始享受有節奏的泳動。那變成一種沉思冥想的形式。我的憂慮以及雜念因之流瀉出來，然後隨著我在泳道上下起伏之際，不知如何竟自行化解了。游完泳後，我經常不但補足了活力，而且如何處理工作、如何解決問題的方案也胸有成竹了。

游泳可以消除緊張以及壓力，是重新調整身體與心靈的好方法。

別人顯然和我想的一樣。肯亞的奈洛比是樂施會東非區域中心總部的所

在地，該會為來往奈洛比的工作人員租了一棟民宿。這棟民宿的後院有一座私人游泳池，這在奈洛比許多高級住宅區裡並不罕見。然而，救援組織使用游泳池的事卻演變成政策上的一個燙手山芋。

問題的導因是樂施會的網站登出徵求救生員的廣告。一些經理都嚇壞了，他們認為這在英國很有可能被聳動的八卦刊物抹成天大的醜聞，而且加註的標題可能是：「為什麼救援工作者能享受游泳池這種奢侈的福利呢？」

我以前的同事鄧肯·格林（Duncan Green）便針對這件事情在自己的部落格發表名為「從貧窮到權力」（*From Poverty to Power*）的文章。這篇文章引起了熱烈的討論。鄧肯請網友投票決定他們認為最理想的解決之道是什麼。選項以及投票結果如下：

立刻開放—百分之五十九贊成

開放，但樂施會不可支付任何費用—百分之二十六贊成

繼續關閉—百分之七贊成

你為什麼要浪費部落格的篇幅來爭論這種無聊的問題呢？百分之八贊成論點可以歸納如下：

甲、游泳池毫無疑問是奢侈設備，所以這件事會引起樂施會捐款人的負面觀感。

乙、游泳池是房子原本就有的附屬設施。援救工作者偶爾也需要運動和放鬆。我們只是休閒娛樂一下，以免生病或是體力透支，有必要因此自責到這種地步嗎？

有些網友對鄧肯的文章提出如何利用游泳池的獨創性建議，例如對公眾開放，讓奈洛比窮困地區的兒童免費使用，或讓其他非政府組織的人員付

費使用。

論點百花齊放。游泳池依舊維持關閉的狀態。好個教人內疚的享受啊。

八、按摩

效果如同游泳。不過，我想，如果按摩技術不到位，寧願不要按摩算了。找對人按摩是何等福氣的事（有時筋肉緊繃之處按到放鬆就會有些疼痛），而且通常保證一夜好眠。

九、感情生活

我的工作像消防隊員打火那樣，到許多國家停留短暫的時間，這是不利培養長久而穩定的關係。可是我們終究是人，需要那種和別人心連心的感覺，甚至只要擁抱一下都好。

十、旅行

我是旅行成癮的人。一想到可以前往新國度、新城市、新省份進行探索並接觸新人群，我就興奮不已。將來會不會走膩了呢？我看不可能。

第十一章

飢餓、死亡與疾病威脅世界數一數二快速成長的經濟體

印度，二零一一年二月

印度營養不良的現象很普遍而且不曾減緩（情況比世界其他任何地區都嚴重），這點教人相當驚訝；非但如此，群眾以緘默的態度加以容忍，又以無所謂的心情一笑置之，這點同樣令人匪夷所思。

我覺得自己是不速之客，所以感覺困窘，又有點不情願進去，可是人群已經將我推到一間土屋外的空地。這裡是印度比哈爾（Bihar）邦（該國最窮邦中的一個）加雅（Gaya）地區的班卡特（Bankat）村，也是我去過數一數二最窮的村落。村裡的土房子逐漸崩毀，我遇到的村民個個形容邋遢。

有人抬出一張傳統木床以及幾張椅子。瑪諾・戴維（Mano Devi）以及她的兩個小孩坐在我的對面以便大家可以交談。她最小的孩子，她那七歲大的兒子，已經根據傳統儀式的慣例把頭剃光了。他緊緊守在母親的身邊。

他的父親昌杜・布伊揚（Chandu Bhuiyan）兩個星期前死於結核病，家人依循傳統仍在服喪期間。

昌杜的死因正式的說法是結核病，然而營養不良和饑餓才是背後的主因。營養不良和饑餓影響他的健康，減弱他身體的免疫系統，令他更容易受例如結核病等致命疾病的殘害。

昌杜生前是沒有一技之長的農工，屬於布伊揚（Bhuiyan）階級。比哈爾邦政府的一個委員會將此一階級歸為賤民（Dalit）中最窮的人，意即所謂的「瑪哈達利特」（Maha Dalit）。在印度的印度教種姓制度中，賤民根本沒有資格列入。他們位在印度社會裡的最低層，因此幾乎在每一個領域都遭歧視，包括教育、醫療以及就業等等。

雖然昌杜幾年前就被診斷出罹患了結核病，他還是設法拖著孱弱的病軀繼續工作，一直到死前的一個星期才停下來。

可是他的村子以及附近的區域是乾旱的重災區，不管找什麼工作都很困難。他那十三歲的女兒索妮（Soni）不得不輟學去找工作，賺一點錢來供

家庭餬口。他的兒子多虧學校執行一個由政府出錢贊助的兒童供餐計畫，所以每天才有一頓熱食可吃。

為了幫助國內最窮困的家戶，印度政府推出一個國家級的食物安全系統。這個家庭本來可以從政府補貼的穀類主食中獲益。瑪諾解釋，儘管企劃書沒出錯，整個系統卻沒辦法恰當執行，以致於她的家庭一連好幾個月拿不到配給。

她告訴我：「最後一次領到配給已經是兩三個月前的事。那次撥給我們二十公斤的米、十四公斤的小麥以及三公升的煤油。我們每天煮一頓米食，有時有馬鈴薯也吃馬鈴薯。但是三個月以來完全沒有食物配給。有些天家裡一點穀物也沒有，所以連一餐都沒得煮。」

瑪諾在建築工地做臨時工，她的女兒也開始在碎石場工作賺錢。即使薪資已經低得可憐（每天只有幾塊美金），她們竟然還經常拿不到全額，而是分期領一點，那是不夠買食物的。

瑪諾說道：「我丈夫的病情惡化，十到十五天之後就死了。當時為了照顧他只能帶他到醫院。我們放下各自的工作整天陪著他，一停下來影響是很大的。我們沒有得吃。」她說得直截了當。

瑪諾非常擔憂未來，擔憂她的家庭不知應該如何應付。那間泥土小屋裡面住了三個家戶，不但失修破損而且沒有屋頂。她和兩個小孩十分倦怠虛弱，顯然被最近的變故折磨得很厲害。家長因為營養不良，身體無法戰勝病魔而過世了。

這個國家怎麼回事？種的糧食明明足以餵飽人民，每天卻還有十億人口餓著肚子？為什麼有那麼多人死於飢餓引發的疾病呢？

所以我來印度調查。

印度生產的糧食足以自給，事實上它還是全球第二大的米麥生產國，但顯然無法餵飽全體國民。必然哪裡出了差錯。印度的問題不在缺糧而在人

民無力負擔糧價。

印度經濟的快速成長在全球是名列前茅的，一九九〇年至二〇〇五年間規模翻了一倍，可是人民依舊捱餓，同一段時間裡飢餓[12]人口甚至增加了六千五百萬人。印度體重過輕兒童的比例很高，在世界上也是數一數二。五歲以下的兒童有五千萬人被歸類為營養不良。根據二〇一〇年全球飢餓指數呈現的結果，印度在八十四個國家中排名第六十七，情況比起許多撒哈拉沙漠以南的非洲國家還差。

樂施會正準備推行一項旨在根除飢餓、命名為「成長」（GROW）的全球性計畫，這是該會有史以來數一數二的大計畫，而我正是為這個任務被派到印度去的。我預計在當地蒐集影片、相片、權威報導以及案例研究等等資料，準備用於我們的媒體工作項目上，以便突顯我們所傳遞的關鍵訊息。

我們透過這項活動提出警告：因為肥沃土地以及水等自然資源逐漸減少，而且氣候變化又令情況雪上加霜，接下來的二十年內，如果不採取緊急措施改革全球食物供需體系的話，那麼基本食糧的平均價格將翻漲一倍以上。一如往常，最窮的人還是受害最深的人。

為了採取因應行動，我們發佈了一篇新聞稿提醒大家：由於食物生產供不應求，幾十年來在打擊飢餓方面所取得的穩定進步可能徹底改變。

我們好像夢遊一樣，走向本來可避免的危機。地球本來可以餵飽每一個人，可是如今世界上每天平均七個人就有一個人吃不飽。氣候變遷的挑戰越來越嚴峻，食物價格節節攀高，耕地、能源與水日漸不足，如果我們想要克服這些問題，那麼食物供需制度必須加以全面檢視。

---

12 根據聯合國糧農組織的定義，一個人每天攝取的熱量若低於一千八百卡路里（維持健康生活的最底限）即算處於飢餓狀態。

我們必須讓飢餓的現象永遠走入歷史。[13]

* * *

我喜歡到印度旅行，因為每次到訪，它那奇妙的多樣性特質始終教我驚豔。那一句貼切的觀光廣告口號：「印度不可思議」真是精準無誤。印度始終刺激你的感官，那是強烈色彩、氣味、味道、聲音、景象萬花筒般的綜合體。不過，此行安排的行程並非拉賈斯坦（Rajasthan）的觀光名勝，也不是去北邊喜瑪拉雅地區健行或是探索該國的各古老廟宇、海灘、森林。我去的是印度最窮困的幾個地區，該國許多鄉村以及都市裡的窮人都在那裡掙扎度日。在印度挾著驚人的經濟成長數字向前邁進時，這些人都被遺忘在一旁。不知道為什麼，印度的窮人總是從該國社會福利計畫的縫隙中漏失出去。

在那趟旅行中，我馬不停蹄地趕了三個星期，雖然眼界大開，但也教人精疲力盡。印度呈現在訪客眼前的意象彼此之間極其不同甚至相互矛盾。它是世界上人口最多的民主國家，但它的社會也是世界上階級最森嚴的。現代印度造就出來的社會菁英有些擁有巨額的財富，然而也產生社會及文化方面被忽略的赤貧階級，那是底層中的底層，處於種姓制度裡的下緣。

那是個極端講究階級的社會。即使政府在工作和就業方面都提供保障名額給一些社會最邊緣化的人，然而這些處於社會階級底部的人依然很難向上爬升。

接下來的那個星期，我認識了幾個用來指稱印度社會各底層的名詞。先

13 二〇一一年六月一日：樂施會的最高行政長官（Chief Executive）芭芭拉·史托金（Barbara Stocking）所言，引述於標題如下的新聞稿中：「糧價開始飆漲，全球性的食物危機隱然成形。樂施會正發起全球性的『成長』（GROW）運動，要讓人人都有得吃。」

前我就已經知道「賤民」（Dalits）這個指稱某個特定人群的字，本意即是「碰觸不得的人」。一般而言，他們必須從事一些最不好、最骯髒的工作，其他任何人都不願意從事的工作。他們由幾個不同的階級組成，被印度的官方歸類為所謂的「表列種姓」（Scheduled Caste）。

此外，在我這西方人的耳裡聽起來，還有許多其他以貶義色彩字眼命名的階級，例如地位比「賤民」更不如的「瑪哈達利特」（Mahadalit）、比方拜加（Baiga）、貢德（Gond）等的「原始」（primitive）部落以及「其他落後種姓」（Other Backward Castes）。

正當印度歡欣陶醉之際，正當印度享受世界數一數二最快速發展經濟體盛名之際，和世界另一個經濟發動機的中國處於競賽態勢之際，正當印度舉辦用來向全世界昭告其新地位的各類樣板活動（比方大英國協運動會）之際，它的社會卻有很大比例的人口依然被遺忘、漠視。

似乎印度並非「一個印度」，而是一分為二，各自涵蓋不同社會階層，而且各有各的規則。其中一個印度如日中天，它的中產階級以及上流階級住在自己那門禁森嚴的「國中之國」或是高級特區，一派欣欣向榮景象。這一個印度的成長指數健全到令人艷羨。然而另外一個印度卻在夾縫中求生存。幾億人口營養不良，沒辦法吃到足夠的食物。這種情況令人憤慨，然而印度的當權者或是那些佔有社會較優勢地位的人看起來很少加以關注。我覺得天下的最大醜聞非此莫屬。

印度現在其實有一套以津貼價提供赤貧民眾食用油以及米和小麥等基本食糧的制度。這套制度稱為「公眾配給制度」（Public Distribution System，簡稱 PDS），然而，連政府官員自己也都承認：它很容易造成貪污、浪費，而且成效不彰。

受益人先被分類，然後當局根據他們的身分授予顏色不同的卡：被歸類為「貧窮線以下的」（below the poverty line, BPL）收到黃色的配給卡；「貧

窮線以上的」（above the poverty line, APL）則收到綠色的配給卡。所謂的「廉宜商店」（fair price shops）以津貼的價格出售穀物，同時也保留一小部分穀物免費提供給持有紅卡的、處境極其艱困的家戶。

然而，這種把家戶加以分類的方法經常是任意而主觀的。許多真正有資格的家戶反而拿不到配給卡。根據報導，有些較富裕的家戶使用偽卡，或是家戶拿配給卡做抵押品去向錢莊借錢。

二〇一一年印度財政部遞交給印度國會的二〇一〇／一一年度的《經濟觀察》（Economic Survey）報告指出：政府專款補貼給窮人的穀物有高達百分之五十五的量從「公眾配給制度」中流失出去，並被轉售到公開市場。原先按照計畫應該獲益的家戶反而一無所有。

盜取公物是個問題，另外一個問題則是儲藏。儘管印度有好幾億人口捱餓，政府經營的穀倉卻堆滿了穀物。在該國的許多地區，由於缺乏倉儲空間以及分配成效不彰，毫無掩蔽的米和麥子成堆地露天置放。我自己親自到訪查迪斯加（Chhattisgarh）邦，並在該地錄了一段影片：裝在塑膠袋裡的穀物露天堆疊起來，沒有牆壁以及屋頂保護，任由動物以及昆蟲就食，僅有的一點措施只是鐵絲網和嚇阻小偷的保全人員。

二〇一〇年八月，印度最高法院關心起這議題，並且裁決：有一千七百萬噸的穀物放在政府的穀倉裡快要爛掉，必須盡快發放給貧窮的家戶。頒布這道命令全是因為先前已有新聞報導揭露：當局在雨季時沒有拿出恰當對策，竟然任由六萬七千噸的小麥變質腐敗。

該國的各穀倉明明穀滿為患，一袋袋的米和小麥堆在那裡任其腐壞，然而卻有幾百萬人捱餓度日。儘管最高法院下了命令，要求政府發放夠讓十九萬人吃飽一個月的穀物，這道命令卻引發強烈的反彈聲浪。

當時印度的首相曼莫罕·辛格（Manmohan Singh）宣稱，最高法院已經逾越分際，干涉到政府的施政決策。他警告道，免費發放食物會扼殺農夫

生產的動機，可是最高法院立場十分堅定。法官強調，這是一項命令，不是建議。

食物價格高漲亦在印度的中產階級間造成不安。前一年食物價格上漲的百分比達兩位數字，因而引發街頭抗議。

儘管食物價格節節上升，農業方面的投資以及對小農的幫助卻少得可憐。

社運人士倡議一套新的、普遍性的食物制度，以便取代目前這個漏洞百出、目標達成率極低的做法，以確保最窮困的國民吃得到食物。

二○一一年二月，印度政府宣佈研議啟動新的食物安全法案，目標在幫助印度超過四億的窮人，保障他們有食物可吃的權利。不過，距離此一目標仍有長遠的路要走，尤其政治角力更橫阻在這計畫面前，特別是有關補貼的規模和冗長的辯論，辯論此一計畫對於該國削減財政赤字的努力將會造成何種衝擊。

就在政治人物進行角力之際，印度最窮困的國民依舊掙扎著想在餐盤裡放進一點吃的，而且在我實地的田野經驗中，還經常發現那會威脅國民生命的安全。

比哈爾邦可以排入印度最窮、發展最遲緩地方的名單中。只需讀一下書面的統計資料便足以教你我背脊發涼。根據估計，比哈爾邦百分之七十的居民生活在貧窮線之下。這裡大部分人務農為生，可是高達三分之二比例的農夫沒有自己的土地，而其他人雖然擁有土地，其面積卻很小，平均每人只有○‧六公頃而已，遠遠低於全國的平均值。一般而言，這意味人民也必須另找臨時工作或到別人的土地上幫工以便分得一點糧食，但是說到相對應享的權益就少得可憐。

比哈爾邦南部也經常受到旱災影響，至於北部卻又洪災頻傳。許多居民都會季節性地移徙到城裡找工作，相當大的比例前往拉賈斯坦（Rajasthan）

邦,在那裡幹些令人精疲力盡的危險活兒,例如到採石場擔任碎石工人或到磚窯賣命。

比哈爾邦窘狀的現實層面竟和書面數據一樣教人怵目驚心。我遇過很多像瑪諾‧戴維那一類的家戶。由於飢餓以及因飢餓而起的相關疾病,他們喪失最摯愛的親人,然而那些原因本來可以避免得掉。這些人一連好幾天吃不到正常的餐食,只能煮些樹葉野果充飢。我覺得自己彷彿闖入了搬到南亞來的狄更斯的小說世界。幾百年前,英國歷經工業革命的進程時,各種不公不義的事也是屢見不鮮,而現代印度的症候和昔日的英國同樣顯著。

＊＊＊

卡莉‧戴維是四個孩子的媽媽,她和家人住在加耶(Gaya)區的瑪南比加(Mananbigha)村裡。他們住在只有一個房間的泥房裡,並和其他三個家戶共用一個庭院。

當卡莉向我講述自己丈夫孔格雷斯‧馬尼希(Congress Manihi)的遭遇時,她的眉頭緊緊深鎖起來。孔格雷斯不到一年之前死於飢餓以及疾病。

她丈夫生前主要在建築工地幹活,是掙日薪過活的人,後來因結核病臥床了好幾年,卡莉因此被迫挑起一家子的經濟重擔。她拿出一張已稍微摺角的相片給我看,裡面是她丈夫,旁邊圍著他們三個小孩,那是日子相對較好過的年代。那些人面對鏡頭顯得侷促不自然,不過幾個最年幼的小孩笑得十分淘氣可愛。

丈夫臥病期間,卡莉必須賺錢餵飽一家子人。她到住家附近的建築工地應徵體力活的工作。儘管她的運氣不錯覓得工作,日薪卻只有區區的美金二元(約合七十盧比)。有天卡莉被狗咬了,因擔心感染狂犬病,只好被迫請假去看醫生。然而注射針劑很貴,這個家庭存款不夠,只得向人借錢。

有些時日，他們會向鄰人借點食物，可是也有時候無法借到，如此一來，她丈夫那已經極孱弱的病軀更加不堪一擊。

她熱淚盈眶回憶道：「我在家裡一待就半個月。沒錢怎麼買吃的呢？手邊所有的錢都拿來治我的病了，有四天的時間完全沒有東西可吃。」

卡莉接著滿腹辛酸補充說道：「現在，我買得起食物，大家有得吃了。他（我的丈夫）那時沒得吃，後來死了。偏偏在他死後我們才有食物。我們最需要幫助的時候沒有幫助。」

卡莉的家庭屬於瑪哈·達利特[14]階級，自己沒有土地，本來應該可以受益於印度的「公眾配給制度」。這套制度操作起來本應是一面安全網，目標在於提供基本食物給予印度最窮困的家戶。可是，當卡莉的丈夫仍在世時，即使已經病到無法工作，她的家庭仍拿不到受益戶的資格。卡莉告訴我，一直到現在，他們才適用那套供應最窮國民免費食物的制度，每個月開始領取二十五公斤的米或是小麥。對卡莉的丈夫而言，這項幫助是遠水救不了近火。

卡莉不確定是否應付得過來。她告訴我，自己甚至沒有領到寡婦的補助金。她說：「一想到將來該如何照顧家人，我就擔心得不得了。我現在這份工作賺的錢只夠買吃的，實在不知道怎樣才能讓孩子接受更高的教育，將來又如何幫他們辦婚事，反正生活中你看不到任何希望。」

卡莉並不是村裡唯一不好過日子的人。過去兩年那一帶發生嚴重的乾旱。因為缺少雨水，農民種不出糧食，大家生活十分拮据，就連餵飽自己都成問題。

不過，有一件事稍微能讓卡莉覺得欣慰：在村子裡，她的孩子每天去政府扶持的社區學校讀書都有一頓熱食可吃。後來我實地走訪那個學校，拍攝學童享用熱騰騰「奇吉里」（*khichri*）的畫面。那是一道將米、扁豆加

---

14 賤民階級（dalits）中的一類，係印度社會中數一數二最邊緣化的成員。

上香料混煮而成的菜餚。這很可能是許多孩童一整天裡唯一一頓像樣的餐食。一群媽媽站在學校外面等著接小孩回家，卡莉也在其中。這是我首度看見她有笑容。

印度找得出一大堆可以幫得上卡莉這類家庭的方案。白紙黑字看起來都很了不起，但在實際操作面上，就像「公眾配給制度」那樣，非但有人貪污舞弊，而且缺少透明度和適當管控。本應可以受益的人通常無法受益，實際受益的人反而不具受益資格。許多管理那些計畫的人倒變成中間人，非法揩油盜取穀物或是故意不將配給發給該發的人。

社區學校外面張貼好幾張醒目的海報，宣傳的都是政府幫助窮人的慈善計畫。在這個村落裡，一如在該地區其他好幾座村落裡，當地的社運人士在樂施會的協助之下起而行動，促使大家進一步認識食物補貼的政策，以便群眾能夠更加了解自己權益何在。

他們也設置意見箱，以便村民投訴有門。此外也成立了一個名為「尼埃達勒」（*Nyay Dal*）的新機構，負責和當地的官員一起挑出最嚴重的案例，然後將其送進法院審理。

村裡成立了一個監督委員會，專門協助人民舉報政府食物安全方案如何遭到濫用或是其他違法情事，總之就是讓村民有個發聲申訴的管道。後來我得知卡莉也被選入這個五人委員會裡當委員。

這些改變來得太晚，沒能幫上她的丈夫，不過現在應該至少幫得了她，幫得了她那幾個年幼的孩子，未來亦能為他人提供一條救生索。

蘇拉吉‧沙（Suraj Shah）是當地的「撒爾潘契」（*Sarpanch*）。在印度的地方政府組織中，這就是經由選舉被推出來的村長。他領導瑪南比加村以及其他十七個村。他告訴我，這個由村子自主選出的委員會是當地居民的重要喉舌，因為他們的申訴有人聽，也有後續的調查和偵辦。這是解決問題既快速又簡便的機制。他解釋道，很多人早已不再透過正式的政府機

關來進行申訴，因為結果幾乎都是不了了之。

他告訴我：「政府系統運作得並不很順當。人民到政府裡提出申訴，可是如果第一次去講出來的沒有人聽，那麼以後他們就不會再去第二次，因為你的系統不管用嘛！高階官員對他們的怨言置若罔聞。」

在這次參訪中本人似乎覺得，政府對於飢餓議題缺乏決斷的爆發力，上述情況應是主要原因。也許官員因為民眾大吐苦水變得煩膩透頂或是輕蔑以待，畢竟發聲者大多只是政治上最弱勢的一群，或者他們單純變得鴕鳥心態，所以選擇故意漠視那些問題，彷彿那些問題根本並不存在。

不過，儘管如此，若是發生一件特別教人訝異的事，而且又被媒體披露出來，那麼官員就會驚坐起來正視那一件事，並且採取因應措施。我也深入到卡勞納（Kharauna）這個小村。據說兩年前有一位名叫姆爾蒂‧戴維（Murti Devi）的婦女死於飢餓引發的疾病，但因此事廣獲媒體報導，村裡的情況才大幅度改善了。

姆爾蒂的丈夫死於二〇〇四年，在那之後，她就和自己的兒子、兒子的妻小以及以前她丈夫的第二個妻子芭琪亞（Pachiya）生活在一起。

大部分村民都努力想做到收支相抵的地步，然而缺乏雨水又無灌溉系統，這樣實在很難種出什麼糧食。許多村民於是移徙到外地的磚窯場工作，盡可能把賺到的錢寄回家裡。

村子裡的情況糟糕到有五十個村民簽署了請願書，並呈送給某位資深的政府官員。請願書陳情道：雖然他們夠資格接受幫助，但是四個月以來卻遲遲沒有收到食物配給。他們提出警告，除非獲得幫助，否則他們擔心有人餓死。

姆爾蒂留在村裡的家，持配給卡等著穀物配發下來。她的兒子和她先夫的第二個妻子則前往磚窯場找工作，答應賺了錢就寄回家。然而家裡的米很快就吃完了，在外地的家人不久之後便接到姆爾蒂的死訊。

芭琪亞回憶道:「村裡大約有百分之七十五的人受到食物危機影響,沒有得吃。根本找不到食物,情況嚴重得不得了。人民都活在恐慌裡。」

她告訴我,自從社運人士介入之後,自從他們的困境被媒體披露後,情況已經有所改善。家戶開始收到他們有資格領取的食物配給以及政府津貼。其他有些人則受益於政府的就業方案,這個方案每年保障了農村家庭最起碼的有薪工作。

即便如此,情況倒也不能教人從此高枕無憂。村裡的學校本應固定提供兒童一頓午餐,但是有一家中學的烹飪器具被偷走了,以致過去的一個星期無法供應學生餐食。在附近的一所小學裡,「午間供餐方案」過去三個月來始終停擺,原因並非缺少食物(穀物都已發放下來),而是當地政府未將預訂支付廚師的薪水撥給校方。沒有廚師,別談午餐。

* * *

我在比哈爾邦參訪的時候,作陪的一直是魯佩須(Rupesh)這位精力充沛又熱情洋溢的社運人士。他領導當地一個名為「寇許須基金會」(Koshish Trust)的慈善組織,同時也被任命為最高法院行政長官的國家級顧問,而最高法院正是監管食物相關安全方案的機構。

樂施會在比哈爾邦的十八個村子裡和他合作,以便設法促進改變,並提高幾個國家計畫的執行成效。與此同時,國會正針對結束舊食物安全法案並推出新法案的優點展開辯論。

魯佩須抱怨道:「政府並未全力投入,又不把它視為第一要務。該方案也不採問責制,所以才是個大問題。如果政府把問責制當成首要前提,並對灌溉、食物供應以及分配等等議題進行真正積極的作為,那麼局面將會改觀。」

根據魯佩須的說法,他和其他人對比哈爾邦五個地區進行為期五年的觀

察，發現與飢餓有關的死亡案例高達一百五十個。

政府現行的食物安全網絡「公眾配給制度」因為官僚的缺乏效率和貪汙腐敗早已千瘡百孔，這幾乎是各方公認的事實。唯一真正從制度受益的人似乎經常就是執行制度的人，也就是中間人。

事實上，瀆職的現象如此根深蒂固，以至於管理不當和貪贓枉法的人幾乎懶得遮掩一下自己的行為。我在拍攝影片的過程中就親眼目睹這種事情。

我們前往比哈爾邦位於阿特里（Atri）區的一間政府穀倉。這裡的穀物預計分配給經營公眾配給制度「廉宜價格」商店的經銷商。

工作人員在陰森黑暗的倉庫裡將穀物過磅後，倒入袋子、送上卡車。在我拍攝的過程中，聽到不少經銷商開始抱怨過去兩個月內沒有拿到配給貨品，而即使是現在，他們拿到的配額量也比自己有資格拿到的少。他們先前預付的錢換不到足量的穀物，於是紛紛抗議起來。

魯佩須提議，經銷商可以寫信申訴。他們當場立刻照做，魯佩須允諾將那封信交給國家級的專責官員。

我們的四周聚過來一大群人，而魯佩須則開始問更多的問題、寫更多的筆記。

經理被叫過來了。雖然我不懂當地的語言，但我聽得出來群眾的情緒越漲越高，場面越來越熱。魯佩須想弄清楚的是：為何一定比率的穀物，免費保留給最窮困民眾的穀物，竟然沒有紀錄可供檢視？為何在前一年的大部分時間裡，上述的穀物沒有發給負責配給的商店。魯佩須說，甚至在我拍攝的過程中，工作人員從我們眼前把穀物倒進袋子裡的時候也不登載相關的數據資料。現場根本拿不出任何的登記簿以供查驗。

魯佩須責備了那位穀倉經理，並在我們動身準備離開的時候表示，他將會以自己的名義遞交一份申訴報告。

．我很驚訝竟然可以親眼目睹這種場面，就在第一線真正見識瀆職的情形。不過，對於做壞事卻幾乎不加遮掩的現象，我也覺得沮喪無奈。發生在這穀倉的事極有可能不是個案，而是以各種不同的伎倆流行在全國其他地方的通病。

我這一路走下來聽到一些最教人悲傷又最教人灰心的事，其中有一個案例發生在加耶（Gaya）縣莫罕普（Mohanpur）區賈勒（Jalhe）村，總共奪走十四條人命。那是一個瑪哈・達利特社區。那裡大多數居民住在泥屋而且沒有自己的土地。直到六個月前，賈勒村才連接上輸電系統。

回顧幾年以前，賈勒村還是嚴重乾旱肆虐的地方，就算年份好的時候，乾旱也導致村子裡的抽水幫浦無水可抽，當然種出來的糧食也就極少。在這一年，情況尤其嚴重。完全找不到有農事方面的工作。一頭灰髮的和藹村民南庫・布伊揚（Nanku Bhuiyan）告訴我，群眾變得灰心喪志。罹難的人包括他的獨子西拉拉勒（Hiralal）。

某天，有些村民按捺不住飢餓，決定從土裡挖出一頭死了幾天的羊來吃。但結果是吃死羊造成中毒，十四個人因此喪命。

南庫說道：「情況非常不好。沒有工作可做，誰也沒有農活可幹，完全不知道去哪裡掙錢。他們都餓慌了，於是有人挖出那隻死羊，然後大家分著吃。要是當時大家肚子裡還有東西，誰會去吃死羊呢？」

他告訴我：「他餓急了才會那樣不顧一切。」

南庫慢慢地搖著頭。他說做夢都沒想過會替自己的兒子辦後事。

他說：「兒子死的時候我們實在傷心。以前我們認為，根據印度教的傳統規矩，兒子將來有一天要為我們做父母的送終。現在沒指望了。日後誰來料理我們的後事呢？」

慘劇發生之後，這個家庭才取得「低於貧窮線」（BPL）卡，也才有資格享有食物配給。然而，這項幫助來的太晚，又是遠水沒能救到近火。

南庫是個領日薪的農田勞工。他的妻子比克妮‧戴維（Bhikni Devi）和兒媳婦梅娜‧戴維（Meena Devi）為了另外設法賺一點錢，經常步行到二十多公里遠的森林地區找些材薪來賣。即便如此，有時湊出的錢還是買不起全家所需的食物，因此只好煮些樹葉野果充飢。

南庫告訴我，那一點錢不夠支撐他們。他回憶道：「那時我動不動就頭暈，甚至開始看不清楚東西。」

這個家庭雖然目前已經登錄為接收食物補貼的受益戶，但是生活依然捉襟見肘。他們告訴我，拿到「低於貧窮線」的資格卡後只領過一次穀物配給，然後一連兩年再也沒有領過穀物補助。他們說，一直等到最近的六個月，自從當地包括魯佩須在內的社運人士大聲疾呼、指出該地區現行食物安全制度的弊病後，他們才又再度領到應得的配給。

西拉勒在世的時候總會幫著賺錢養家。現在他的父母年紀越來越大，而他那年紀仍輕的妻子梅娜則必須獨力養活三個小孩。她說，過去那幾個月，當地學校開始供應午餐給學童吃，這點讓她減輕不少壓力。

不過，他們的日常生活依然處於掙扎求活的狀態。西拉勒的母親比克妮對於未來抱持悲觀的態度，因為她說：「我們老了，卻還要照顧小孩子。我們運氣不好，拿不到足夠的食物餵飽家裡的人。這是我們的命，老天偏要我們吃這些苦！」她站起身去找一張兒子的照片，說是要讓我看。她去了好一會兒。

在這時候，南庫告訴我，他現在領有一張「國家鄉村地區就業保證法案」（NREGA）[15] 卡。該法案是政府另一項計畫的部分內容，重點在於保障鄉村地區的勞工每年一百天的有薪工作。然而，領卡後的頭兩年，他並

---

15 The National Rural Employment Guarantee Act 的縮寫。該法案旨對鄉村地區勞工提供更多扶助，保障每一個農村家戶每年能有一百天的有薪工作可做，而其家戶成員則以志工身分參與一些非技術性的勞力工作。

沒有獲得任何有薪工作。即使到了現在，他在此一法案的架構下也只分配到二十五天的工作，也就是他有資格做滿的一百天有薪工作的四分之一而已。如同政府所推出的其他濟貧政策一樣，此一法案執行起來也和其背後的理想初衷落差頗大。

比克妮拿著一張相片回來了。她把相片遞給我看，可是我很快就察覺，向女主人討相片看其實是失算的。她和家人一直設法要從愛子邊逝的悲痛中走出來，但是那張相片又勾起他們如此多的回憶。不過才幾分鐘，比克妮和梅娜已經淚流滿面，只能拉起紗麗服的一角擦拭眼睛。比克妮接著開始嚎啕大哭，神情變得十分激動。她那自然流露哀傷的樣子教人看了跟著難過，過了好一會兒她才平復下來。

看著這種場面，傾聽別人敘述如何設法餵飽自己，傾聽他們如何在原本用來幫助自己的制度（不幸卻也是搖搖欲墜的制度）中辛苦抗爭以便取得最起碼的受益資格，如此令你沮喪的經驗是別人無法想像的。我終究離開那一家人，心中只是覺得渾噩無力。我僅能夠希望透過影像紀錄，並且將他們的遭遇形諸文字，以便讓全球更多的觀眾讀者聽見他們，讓他們的聲音受人重視，不平之鳴可被導引出來，以便政府官員羞赧之餘能夠採取救濟行動。

* * *

那是我參訪行程的另外一天。醫生和護士安詳進行每天的巡房工作。這間四十床的社區醫院營運效率十分出色，地址位於查迪斯邦的加比拉斯普爾（Bilaspur）區嘉尼亞黎（Ganiyari）村。這間設有門診部的醫院由一個名為 JSS（Jan Swasthya Sahyog 的縮寫，亦即「人民健康守護團」）的非營利組織營運。這間醫院成為該團體在加比拉斯普爾區一個計畫的核心項目，而該計畫強調社區健康以及宣導，也是由樂施會出資扶助。

學校午餐。

「人民健康守護團」的創辦人都是受過高等教育的醫生，畢業的學校全是印度最知名的醫學院。他們十年之前無視於都市的優渥職位或是開業前景，反而著手創立了這個組織，為的是要設法匡正印度某一些醫療資源失衡的現象。他們是懷抱高度熱忱且具衝勁的理想主義者，希望能做出不一樣的事，將基本的醫療服務提供給部落與鄉村社區，因為當地民眾無法享受像樣且廉宜的公共衛生照護。

他們共同的行醫經驗令他們深信：飢餓是印度所面對最重大的公眾健康問題。這些醫生認為，貧窮以及飢餓是削弱人民免疫系統的元兇，導致人民更容易受到感染、更容易生致命的疾病，損耗他們耕作與謀生的能力。

醫生必須治療的大部分嚴重疾病都由經常性的飢餓與極度貧窮所導致。醫院病床有很大的比例提供給結核病患者，他們的身軀瘦弱得教人痛心。

我在一間病房裡看到一位來自拜加（Baiga）部落的二十幾歲少婦普妮雅・巴伊（Puniya Bai）。那時她在醫院裡已經住了一個月，可是診斷結果並不理想。結核病菌不但攻佔她的軀體，而且不幸蔓延到了腦部。普妮雅開了刀，不過我到的那時候，她的意識仍未恢復。她的母親蘇克瑪蒂（Sukhmati）在旁看著女兒為存活而奮鬥。

我在另外一間病房拍攝「人民健康守護團」創辦人之一的約格緒・賈因（Yogesh Jain）醫師進行晨間巡房的情況。他在一位名叫阿地提亞（Aditya）結核病病人的床前停下腳步。這位二十八歲的病人大概四個月前染上了結核病，不過直到前兩天才住進醫院。先前他在當地一家區域醫院接受治療，但是病情不見好轉，於是便和幾個親戚花了八天時間來到比拉斯普爾。人家溫柔地扶著他坐起來。約格緒醫師一手支撐著病患瘦弱的背部，一手拿出聽診器並要求對方試咳幾聲。阿地提亞照做之後接著喘氣起來。醫師的手仍舊撐著病患，同時輕聲細語問他幾組問題。最後護士為他端來藥片和水。

此次陪我參訪的是一位已在印度住了好幾年的攝影專業同事。根據他的觀察，像約格緒醫師那種平靜專注的神情是很罕見的。醫師在印度和在世界其他許多國家一樣，一般擁有相當高的社會地位，而且尋求他們專業協助的人經常絡繹不絕。如果他們服務的院所又是經費挹注時常不足的公共衛生部門，那麼工作負擔尤其明顯。許多醫生習慣只將病人視為一個個的「病例」，而不是有血有肉的個體。對於這些個體而言，你碰碰他的手、拍拍他的肩膀或是胳臂，意義其實不容小覷。我觀察約格緒醫師的診療過程時，便很清楚看出，在他專業技能的背後還有憐憫心和同理心兩種強力後盾。

他在比拉斯普爾雖已工作了幾年，自己的滿腔理想卻不曾消沉下去。他和同事渴望看到改變發生，對於幾乎每天都在他眼前上演的一幕幕不公不義的社會現象顯然義憤填膺。

醫院裡大約一半病患的體重比起印度平均建議的正常、健康標準值低七到十公斤。此外，出身部落或是較低層種姓的病患，其營養不良的情況更加嚴重，因為體重比農村一般標準還低六至七公斤。後來，我們到約格緒醫師的辦公室裡坐下進行訪談。他告訴我：「這裡的人體重比標準值至少輕十公斤。這樣的話，人體當然百病叢生。食物是健康的主要決定因素。食物有項功用，那便是幫助肌肉生成，這是勞動力的關鍵所在。依靠土地謀生的人必須勞動，要是無法勞動，他們就賺不到錢了。食物另一項功用便是幫助建構抵禦疾病的機制。我們在這裡看到的是貧窮病，是缺乏食物所導致的病。」

他說：「這真是我們這個時代的醜聞。每天晚上餓著肚子的人並非少數，而是大有人在。印度經濟如此欣欣向榮，以致有人賺的錢多到用不完，連帶引發肥胖的後遺症。我的一個好朋友管這種現象叫『飢餓的集體大屠殺』……飢餓以疾病的方式呈現，同時毀滅你的勞動能力，而這能力是窮

人擁有的唯一資產啊。」

約格緒醫師繼續說道：「貧窮和剝奪不一樣。『剝奪』是讓人民無法取得食物的一個蓄意的過程。」他又斷言：「印度有關當局處心積慮，偏偏要讓人民吃不到食物。」

這項指控確實好重。我禁不住同意：就我親眼所見，他的評論多麼深得我心。飢餓在印度已成為政治議題，而且，如果還能補充什麼，只能說局面不僅沒改善，反而越變越糟。

過去兩年食物價格變貴，這對人民健康的影響是很巨大的。在比拉斯普爾「人民健康守護團」所經營的醫院裡，醫師異口同聲表示，當前人民的健康情況乃是他們最近幾年來看過最惡劣的。排隊等待看診的病人增加了，像結核病和肺炎等重症的病例數更加兇猛地竄升。

他們除了呼籲「公眾配給制度」必須落實成為窮人一概都可以受益的普遍制度，同時強調配給的食物必須包含像豆類、小米和花生等營養價值較高的品項。

約格緒醫師說：「食物可以說是最好的預防針，比方這裡有許多人是結核病的帶菌者，比例大約百分之六十，可是發病的人總數只佔整個社區的百分之二。是你的免疫系統阻止感染階段繼續演變為發病的階段。可是人一旦捱餓了，免疫系統就會崩壞。食物不足，直接衝擊的便是身體的防禦機制。」

成人缺乏食物相當危險，因為身體太過虛弱就沒力氣工作，且又容易罹患疾病，至於未來的年輕世代如果缺乏食物要如何發育，同樣值得大大憂慮。營養不良的孩童會發育遲緩，智力亦遭損害，影響他們在學校的學習能力。他們的前途可說是黯淡無光，但他們的前途的確也意味著國家整體未來將會如何成長發展。根據「國際食物政策研究所」（IFPRI）公布的二〇一〇年飢餓指數，印度五歲以下兒童營養不良的比例超過百分之四十，

這讓印度在排名上落後許多非洲撒哈拉沙漠以南的國家。

「人民健康守護團」在比拉斯普爾一些食物供應最不穩定的地區經營免費的幼兒園，開放對象為三歲以下的幼童，這是他們「供食與營養計畫」裡的一個項目。我就近參訪了克里加查（Kari Gachar）村的那間幼兒園。

就在我們拍攝與錄影的過程中，由「人民健康守護團」一手訓練出來的社區衛生保健人員正忙著為孩童量體重。這是每個月例行的健康檢查。

事實上，印度政府在幼兒園裡推動名為「安岡瓦底」（Anganwadi）的供食計畫。這個計畫如果執行得當，孩童主要便應該有熱騰騰的「奇吉里」餐可以享用。可是，根據本人在比哈爾邦實地觀察到的，計畫不能保證全印度各邦都能獲得常態性的供餐。

在「人民健康守護團」經營的幼兒園裡，小孩吃的餐食營養更加均衡，比方菜單時常包括蛋白質很豐富的蛋類，還有例如像「沙杜」（sattu，磨成粉的乾綠豆或是乾莢果）和全麥麵粉等的品項。如果孩童出生後的頭幾年能夠維持正常的體重，那麼將來就比較有機會正常發育，也比較有能力抵抗疾病。未來他們在生活中如能努力奮鬥，相對比較能獲得成功的機會。

查迪斯加邦素有「印度飯碗」的美譽。人家告訴我，該邦的公眾食物安全網計畫執行得比比哈爾邦完善許多。查迪斯加邦有關當局用電腦來處理整套系統，目的在給予人民更透明的資訊，比方某批物資究竟用於何處，並且又在運輸配送穀物的卡車上安裝衛星定位系統，以便確保卡車會駛往預定的目的地。另外，當局也設立了免付費的申訴熱線，民眾可以打電話來陳述具體的案情。

目前另一個問題是：「公眾配給制度」尚未全面在該邦所有的地區施行，尤其是許多部落人民居住的遙遠森林地區。此外，依賴補貼穀物度日的人也抱怨每個月的配給額度並不足以讓他們撐上一整個月。

我們在查迪斯加邦洛爾米（Lormi）區果爾卡米希（Gor Khamhi）看到

一家開著的「公眾配給制度」商店，於是停下來拍上一段影片。

比爾佳・巴伊（Birjha Bai）每個月都來這裡領取她的配給。這位瘦到教人看了心痛的四十八歲婦女告訴我，她的家庭沒有土地，所以她只能依賴「公眾配給制度」來養家。

她告訴我：「這是我們主要的食物來源……很難達成收支平衡的地步。我的丈夫是幹體力活的，我也一樣，可是只有零活可做，做完今天的還不知道明天的在哪裡。」

她說家裡領到的穀物只夠他們維持十至十二天。如果找得到臨時的有薪工作，他們就可以買更多的米。萬一沒有工作只能捱餓。

不過，有的時候，「公眾配給制度」也發揮了作用，符合當年設計時的初衷：扮演安全網的角色，保護人民免於貧窮最嚴重的衝擊。

印度農民相對易於從自給自足的狀況突然一下子掉入債務和貧窮的深淵裡。因為生產成本節節升高，加上天氣型態反常，又須償還貸款，任何一點點的打擊都可使一個家庭陷入困境。

＊＊＊

我第一次遇見瑞卡・撒胡（Rekha Sahu）這位四個孩子的母親時，並沒有因為是農村地區的窮戶而讓我印象特別深刻。她和家人看起來營養相當充足，然而他們告訴我，他們的食物只夠撐完那一年。他們擁有八畝土地，不過其中三畝耕種它也不會有像樣的生產。他們那棟混凝土的住家十分寬敞，甚至還有自己的廁所，這在印度的農村地區相當罕見。

二〇〇七年，瑞卡的農民丈夫賈內緒（Ganesh）一方面因為健康情況不佳，一方面因為罹患憂鬱症（無法償還金額越來越高的債務），最後走上輕生的路。從此之後，這個家庭背的債務更加沉重，生活水準也掉在貧窮線下面了。

過去短短幾年，印度有好幾萬個農民因為無法應付金額持續攀升的債務而自殺。他的下場如此悲涼，不但令他的家人承受椎心之痛，又令他們必須為償還貸款的事傷腦筋，並在沒有人掙錢養家的情況之下設法餵飽自己。

在他自殺之後，當地政府對這家庭進行重新評估，將其歸入貧窮線以下的一類，讓他們得以受益於「公眾配給制度」並以補貼價格購買基本食品。

瑞卡在她家裡對我說道：「家裡沒有錢買任何東西，沒有錢買蔬菜，沒有錢交小孩子的學費，沒有錢支付我公公的醫藥費或是開始籌辦我女兒的婚事。」她家位於距查迪斯加邦邦府萊浦爾（Raipur）車程約一個半小時馬哈薩蒙（Mahasamund）區庫魯巴塔（Kurru Bhatha）這個風景秀麗的農村。

瑞卡已經賣掉一些自己的土地，其餘的就租出去，以便家裡可以分得一部分的穀物收益。即便如此，這也只夠他家每年撐過八個月而已。因此，從國家「公眾配給制度」領取到的補貼穀物便顯得彌足珍貴。瑞卡告訴我，他們每個月都能領取補貼的米、小麥、煤油和鹽，總計三十五公斤。

她說：「要是沒有那些穀物，我們就會面臨嚴重的問題。」

瑞卡的丈夫從銀行和錢莊借出三筆貸款，金額總計約十五萬印度盧比[16]。貸款中的兩筆用來支付鑿深管井的花費，這是為了灌溉他的旱田以便增加糧作產量。可是，令人惋惜的是，鑿了兩次都沒有水。

瑞卡一面和自己最小的女兒在房子的庭院玩，一面追憶道：「我的丈夫壓力變得很大，生病以後就沒辦法工作了。大部分的時間他都在動腦筋，要上哪裡去替農田找種子。他自殺的那一天先去餵牛，然後就在牛棚裡上吊死了。就因為這幾筆貸款，他的精神緊張得不得了，後來病倒了，又得了憂鬱症。收成季眼看就來臨了，他沒辦法工作，而且手頭沒錢也沒辦法雇人幫忙，他急壞了。我覺得他是這樣被逼上絕路的。」

---

16 約合三千美元。

瑞卡告訴我，村子裡許多小農都遇到和她家庭一樣的遭遇。她說大部分的小地主都面臨債務的問題。比較幸運的人鑿深管井找到水了，這樣一年糧作就能收獲兩次。

瑞卡表示，她期盼政府能夠提供更多扶助給孤軍奮鬥的農民，尤其是幫他們灌溉旱田。她又補充道，農民若能更方便取得用水、食物、種子和肥料，那麼助益也將不小。

她要養育四個女兒，此外龐大債務、學費和醫藥費的帳單都壓得他們喘不過氣。她對未來感到憂心忡忡，對未來可能發生的事煩惱不已。

由於種糧過於辛苦，此外，為了餵飽家人以及償清債務，越來越多農村家庭的成員被迫移徙到都會地區尋找工作。雖說都市裡的工作機會也許較多，但是農村地區許多施予窮人的扶助資源都市裡卻沒有（或是說在他們被迫居住的那人滿為患的貧民窟裡卻沒有）。

時間是大清早，地點是烏塔普拉戴什（Uttar Pradesh）邦邦會盧克瑙（Lucknow）市印地拉納加爾（Indra Nagar）區一處繁忙的十字路口。白晝的炎熱尚未來襲。

這個地點便是所謂的招工站：可以在這裡雇到按日支薪的臨時工。這裡大概有五百個人，大部分是男性，也有一小部分女性以及兒童。他們懷著希望聚集在繁忙的道路旁，等待工作機會出現。很多人擠縮成一小群一小群，並把目光投向路上的交通，其他的人則充滿期待圍在一個當天需要雇工的人身邊。

不過，當天有可能找到工作的人大概只有百分之三十至四十。他們都是印度鄉下來的臨時工，你只需憑直覺瞄上一眼便可以從他們那身趕不上都市標準的破爛衣物或是層層裹緊的針織套衫和披巾判斷出來。這也表示他們已經在那裡站了幾個小時，在日出前冷冽的晨風中枯等許久。有些人隨

身帶著裝了輕食的餐盒[17]，因為如果運氣好當天獲得雇用，那麼日間可以拿出來果腹。

在一群等待工作機會的男性當中，我看到席瓦蒂·撒達蘭姆（Sewati Sadaram）這位女性。她來自查迪斯加邦的一個小村子，希望能在這裡的建築工地找到工作。她說她的丈夫病了，幾年來都躺在床上。

她的家庭有一小塊土地，可是沒有灌溉，而且降雨反常導致缺水，所以很難種出什麼東西。

席瓦蒂先讓十四歲的兒子奧姆卡（Omkar）中斷學業，然後帶他上路到盧克瑙，希望他也幫著賺一點錢。她說，實際上她兒子已經在建築工地找到一份半正式的工作，日薪是一百八十盧比。席瓦蒂自己則每天來招工站，期待找到一份日薪一百七十盧比的工作。她想辦法存下來的每一分錢都寄回家去支付她丈夫的醫藥費。

她告訴我：「在我們村裡根本找不到工作，而且那裡又缺食物。我們沒有別的選擇，只好到外地找工作。那裡誰也幫不上我們。我們需要工作，不然要拿什麼填飽肚子呢？」在村子裡，她丈夫有一張配給卡，讓他得以在「公眾配給制度」的照顧下領取補貼穀物。可是席瓦蒂和他兒子必須自行購買每天吃的東西。食物價格不斷上漲，這對他們造成很大的衝擊，因為他們想多存一點錢的心願可能無法達成。

她說：「食物的價格不斷上漲確實造成很大的衝擊。以前，一公斤米只賣十到十二盧比，現在卻漲到二十五盧比。番茄以前五盧比一公斤，現在二十盧比才買得到。所以我才說價格高漲造成如此的差異。豆莢以前賣三十盧比一公斤，現在一口氣飆到八十到九十盧比。日子很難過啊。」

席瓦蒂告訴我，她在經過深思熟慮之後才決定帶著兒子上路。她搖著頭說道：「讓他中斷學業其實我很難過。要是他能繼續念書，以後的就業機

---

17 通常由可疊加式的金屬小盒組成。

會和工作都比較好。如果他能接受教育，當然最理想了，可是目前我們也沒有別的選擇，只能要他幹這種勞力活。」

其他等著被雇用的人也都告訴我類似的悲哀遭遇。就算他們有些人擁有自己的土地，生產的糧食也不夠一家子吃上一整年。村子裡的就業機會十分有限，很多家庭必須償還自己所欠下的債務，還要支付醫療或是嫁娶費用。

大多數人都告訴我：如果有其他較好的方案供其選擇，他們還寧可留在村子裡和家人、鄰居待在一起。

我大約在上午十點多離開招工站。那時人群已經逐漸散去。許多人都找到雇主，但也不是每個人都那麼幸運。我注意到，身穿搶眼的鮮豔粉紅和藍色紗麗服的席瓦蒂仍然站在路邊。再過一會兒，她就會離開，然後回去她住的那處貧民窟，同時只能期待隔天能找到工作。

如果窮人在農村不好過日子，那麼都市裡的生活（尤其是違建貧民窟裡的生活）可能更加艱辛。在鄉下地方，有些家庭至少擁有一小塊土地，而這塊土地就算再小，種些蔬菜也不成問題的。此外，在最迫不得已的匱乏期，村裡的朋友和大家族的成員和也都可以伸出援手。

在都市裡，違建的貧民窟和其中的居民不受官方理睬，因此家戶很難享有政府各方案的照顧。他們沒有食物配給卡，也沒有投票權，一切幾乎只能自求多福。

＊＊＊

樂施會的一位計畫經理法魯克‧拉曼‧可汗（Farrukh Rahman Khan）解釋道，我們在盧克瑙的工作有一大部分便是和當地的合作夥伴協力，一起設法幫助人民爭取其固有的權益，使其享有基本的設施與服務。我們也很支持社區導向的積極行動，比方將貧民窟的居民組織起來，抗拒強迫搬遷

的政策。

他說我們曾在二○○五到二○○六年委託外界做過一份調查，結果顯示：盧克瑙市有一百一十萬人分佈居住在七百八十七個貧民窟和城市小區。為了突顯上述的人口數，我們附帶說明：根據二○○一年政府的人口普查數據，盧克瑙的總人口數為二百二十萬人。

他告訴我：「政府沒有擔當，漠視人民。行政體系甚至不肯承認都市裡確實有貧民窟存在的事實。」

我參訪了一處名為達柏普里雅（Double Pulia）的違建貧民窟，那大約是三十年前沿著該市的海德爾（Haider）運河冒出來的。那裡的土地隸屬於該市的灌溉局，如今卻有大約五百個家庭主張自己在那裡的居住權。他們當中有許多人靠幫傭為生，專門為較富裕的家庭清潔、洗衣、打掃。

這類居民已經習慣每隔一段時間就接到強迫搬遷的威脅。經常有推土機開過來，然後建築物就被夷為平地。不過，行動也就到此為止。不必再隔多久，家戶又會紛紛遷回，重新搭起不甚牢固的棲身居所。

我對這種聚落的第一印象是：活像霍亂和其他疾病的培養皿。未經處理的汙水直接流過房屋間的泥溝，並且散發出令人反胃的味道。孩童不假思索，歡天喜地一躍跳過那積滿髒水的窪池。在某個地段中，大約四百個家庭共用一支唧水幫浦。

我上面的比喻其實也八九不離十了。我訪談了一些家戶，他們就告訴我，霍亂每年都會流行，又說蚊子肆虐，生病是家常便飯的事。最嚴重的月份便是夏天雨季來臨的時候，因為不管什麼東西都被水打濕，都覆上一層泥。

儘管如此，還是有人像塔努佳・達努克（Tanuja Dhanuk）這位四個孩子的母親一樣，認為住在這裡勝過回到村裡。現在她已經四十幾歲，在貧民窟裡一住大概就是十五年了。她說，他們在村子裡沒又土地，日子很難熬下去。

如今，她的家庭從「公眾配給制度」領取食物，但總量還不夠他們吃一個月，而且就算再加上塔努佳和她孩子們的工作收入，家用仍然捉襟見肘。塔努佳替別人家做清潔，一個月只賺六百盧比[18]。

她說：「村裡的生活更不好過。我在都市這裡住好多年了。我想小孩如果回到村裡也賺不到一個錢。有土地的人住村裡日子好過，要是沒有土地，住都市還是比較好的選擇。」

她告訴我，過去兩年食物價格高漲，導致生活特別艱困。食物價格節節攀升，可是人民的薪資並無調整。這裡的人已經習慣該吃飯的時候故意不吃。

她坦承道：「食物不夠的時候，我就問雇主家裡是不是有剩菜。不過，我把剩菜帶回這裡的時候，一定想辦法藏好，也不會告訴這裡的人，那是雇主給的食物。實在太丟臉了！」

另外一位名叫碧丹‧戴維‧達努克（Bitaan Devi Dhanuk）的母親正用火為她女兒和生病的丈夫納福米‧拉勒‧達努克（Navmi Lal Dhanuk）做烤餅。納福米三年以來都沒辦法工作。他的腎臟受到感染，因此必須開刀，但是醫療費用高達十五萬盧比。碧丹的月薪只有一千盧比左右，所以根本付不起這樣龐大的數目。她賺來的錢大部分直接用來購買食物。

碧丹告訴我，貧民窟每年都會爆發霍亂，她的健康因此受到嚴重的損害。

她說：「我是負責賺錢養家的人。今天早上我只喝了一杯茶，沒有早餐。我好幾次每天只吃一餐，身體實在虛弱。以前我到七個家庭裡去幫傭，可是因為一直很累，現在只做四個家庭。有時家裡沒有任何吃的東西。每個月大概兩三次吧。我告訴女兒喝點水就去睡。夜裡她肚子餓，可是我們沒有辦法。」

空著肚子上床、用少量的米或蔬菜做湯、向雇主討一些殘餚剩菜或向鄰

---

18 約合十三美元。

居借錢，將自己更往債坑裡推：凡此種種都是印度窮人（同時也是政治上的弱勢）慣常用的應付方法。

這些都是願意勤奮工作的人。可是就算運氣夠好找到工作，一般而言，辛勞付出也只能夠賺到微薄薪資。國家明明到處可見剩餘財富，他們為了討口吃的竟然需要如此掙扎。這是印度經濟奇蹟的陰暗面，卻也是大多數人寧可視而不見或是妄稱不存在的陰暗面。

＊＊＊

後記

二〇一二年一月十日，《飢餓與營養不良調查報告》（HUNGaMA）指出：世界上每三個營養不良的兒童就有一個是印度籍；印度五歲以下兒童百分之四十二患有營養不良，而且百分之五十九發育遲緩。印度首相曾批評該國營養不良的比例「高得讓人無法接受」，並稱此現象為「國恥」。

二〇一三年九月十二日，又名《食物權法案》（the Right to Food Act）的《國家食物安全法案》（the National Food Security Act）正式通過成為法律，將對全印度十二億人口中的大約三分之二提供補貼的穀類食物。

第十二章

西非洲的殺戮戰場

賴比瑞亞與象牙海岸，二〇一一年三月／四月

西非洲的國家象牙海岸（法文：*Côte d'Ivoire*）曾經象徵繁榮以及安定，就西非洲整個地區而言，這是極其難能可貴的事。然而自從二〇一〇年該國總統大選發生爭議之後，局面便迅速改觀了，因為兩位候選人都宣稱自己才是勝利的一方。在中央選舉委員會宣佈當時在任總統洛杭·葛巴葛博（*Laurent Gbagbo*）的對手阿拉桑·烏塔拉（*Alassane Outtara*）決選獲勝之後，前者始終拒絕交出政權。烏塔拉先生的勝選已是包括聯合國以及非洲國家組織在內的國際社會所認定的事實。尋求以政治手段解決此一紛爭的嘗試失敗之後，兩方支持者的武裝衝突便在該國的中部、西部以及金融首都阿必尚（*Abidjan*）爆發開來並且愈演愈烈。該國已有十萬平民擔心該場衝突可能淪為內戰，因此逃到鄰國賴比瑞亞。

庫伊戴（Kouidé）這一家人靜靜坐在大吉地（Grand Gedeh）縣巴外迪（Bawaydee）村一棵大樹的樹蔭裡。這裡距離象牙海岸和賴比瑞亞的邊界才六公里。他們徒步穿越灌木林地，兩天前才抵達這裡。這趟艱苦旅程前後耗掉他們四天時間。

由於武裝人員來襲，這一家人不得不逃離他們那位於象牙海岸西部布羅雷甘（Bloléquin）地區烏來伊塔伊布里村（Oulaï Taïibli）的老家，而且也來不及將個人的財物帶著上路。六個孩子的媽媽艾美·蓋耶（Aimée Gayé）說道：「當時我們真的嚇壞了，不顧一切帶著孩子就逃出來了。我們在森林裡只有生食、野果可吃，渴了只有溪水可喝。」

到第四天，正當他們涉水橫渡賴比瑞亞邊境附近的卡瓦里（Cavally）河[19]時，不幸的事卻發生了。有一對侄兒和姪女，分別是五歲大的安端（Antoine）和六歲大的瑪黎娜（Marina），因為失足被湍急的河水捲走了。

---

19 又名卡瓦拉（Cavalla）河。

艾美‧蓋耶說道：「我能體會做媽媽的那種椎心痛苦。我妹妹的孩子死了，這錯應該算我頭上。我日以繼夜地哭個不停。本來我是出於好心所以負責照顧那些孩子，誰料想到竟會悲劇收場。」

她的丈夫古拉‧歐利維耶‧庫伊戴（Koulah Olivier Kouidé）同樣灰心喪志，他說：「我們千辛萬苦好不容易到達賴比瑞亞，可是一直協助我們的那些家人卻負擔不起我們食物方面的開銷。」

「那裡沒有棲身之處，沒有衣服也沒有水可喝，而且大家仍因死了兩個小孩傷痛不已。現在我不知道該怎麼辦。我們請求國際社會以任何可行的方式協助我們。」

自去年十一月總統大選的結果爆發爭議以來，從象牙海岸逃到賴比瑞亞的難民已經多達十萬人。最近的一次軍事衝突，導致最大一波逃入賴比瑞亞大吉地縣的難民潮。短短的兩星期內，抵達該地的人數便高達二萬三千。

我到那裡蒐集有關樂施會應變處理的資料，並和一些難民晤面。樂施會已經在鄰近大吉地縣縣治所在地茲維德魯（Zwedru）的幾個中繼站設置供水以及衛生設施，以便民眾可以取得乾淨用水。我們計畫發放非食品的物資，同時幫助接待難民的家戶補充逐漸減少的食品貯量。

許多初來乍到的人，當時是在倉皇逃離的恐懼和騷亂之中和家人失散的，所以仍然設法想要找回他們。

當我遇見三十一歲的波琳娜‧巴（Pauline Bah）時，她正在餵自己那一對四個月大的雙胞胎兒子以撒克（Issac）和伊凡（Ivan）吃奶，同時注視著三歲女兒伊黎耶 - 盧‧克拉拉（Irié–lou Clara）的一舉一動。回想當時，半夜三點她那位於布羅雷甘區的村子爆發激烈戰事，她便和丈夫失散了。

她有黑眼圈，明顯心力交瘁的樣子。她告訴我：「我現在也不知道他到底是不是還活著。每天夜裡我只是哭，丈夫不在身邊，剩我孤零零一個人。

帶著孩子獨自在陌生的外國生活，這可不是輕鬆的事。我只能向上帝禱告，希望戰爭趕快結束，這樣我就可以回去看我丈夫到底發生了甚麼事。」

波琳娜和其他三十四個同樣逃離戰爭亂局的人擠在一個房間裡，那房子是一戶賴比瑞亞人的。

像波琳娜這種新來的難民，許多都暫時在邊境的村子裡和賴比瑞亞人的家庭住在一起。可是，這對賴比瑞亞的村子造成很大的壓力，因為那些主要靠耕作自給自足的村民還要很辛苦地提供難民食宿。食物和水都快用完了，供他們生活和睡覺的空間又十分擁擠，醫療資源付之闕如。

二十五歲的賴比瑞亞人比爾‧葛包沃（Bill Gbowoh）是三個孩子的爸爸，他的家庭收容波琳娜和其他幾十位難民。他說：「以前賴比瑞亞發生內戰，我們曾經逃到象牙海岸尋求協助。我們一整個家庭都去了。現在輪到我們報答這份好客情誼。我和家人都曾飽受戰亂之苦。所以，只要看見別人處於相同困境，我們就會伸出援手，照顧他們，安慰他們，希望他們可以忘掉一些煩憂。」

然而，這份慷慨如今造成壓力。他告訴我，他家的食物幾乎吃光了，現在不得不到森林裡撿拾蝸牛，拿到市場賣了錢才能買些吃的。

對於救援組織而言，在未來的幾個星期裡，為新來的難民找來食物、藥品以及棲身處所的工作將變得更難。他們大多數仍避居在遙遠的邊境村落中。雨季剛剛開始，再過幾個星期，許多地區的道路便阻絕了。

時間異常急迫。民眾需要更往內陸移動，才能到達安全以及便於出入的地區，而且那裡也能更容易、更有效率地提供幫助。否則，一旦下起了豪大雨，救濟資源可能再也無法送到他們手中。然而，許多象牙海岸人根本不願意動身，因為他們現在棲身的邊境村落比較接近他們的家鄉。他們認為，留在原地或許比較容易找到食物，要比搬進大型的難民營裡更能過上正常的生活。

難民們內心的傷痛仍未平復。他們擔憂的是，他們那個曾經是動盪地區中安定模範的祖國，正一步步走向內戰的混亂。主張自己才是總統當選人的兩造已然陷入政治僵局，導致國家癱瘓。忠於各自主人的兩方敵對軍隊都被指控攻擊了平民。三月初，暴力衝突從金融首都蔓延到鄉下地方，據說已有四百個平民因此喪命。

＊＊＊

我曾經兩度造訪距離首都一天車程的大吉地縣，而難民所敘述的經歷聽起來如此熟悉，真是教人感到沮喪。最近一次我去訪視，同行的還有《星期日泰晤士報》的記者丹．麥克杜加勒（Dan McDougall）。我們設法以破紀錄的短時間為他取得賴比瑞亞的入境簽證，他的行程排得十分緊湊。

從賴比瑞亞首都蒙羅維亞通往外地的道路路況十分糟糕。車子越往前開，路況就越嚇人，路面佈滿車轍而且坑坑洞洞，震得渾身骨頭幾乎散架。我們前往目的地的旅程十分緩慢，時間不斷流逝，我感受到他的失望。再過幾個星期，等到雨季真正發威，許多道路將會變成黏土漿似的沼澤地，差不多是寸步難行，根本別想經由陸路從蒙羅維亞把資源送進裡面。

我很慶幸自己以前曾經走過這條路線，慶幸自己找到一位英語流利、法語說得還算不錯而且還會講當地蓋赫（Guere）方言的口譯。因為以前走過這條路線，所以我對幾個地點都熟，可以和剛逃出來的難民談話，從他們口中獲知象牙海岸西部幾個區的最新情況。

丹在車裡不斷提醒那位我們在途中雇用的口譯，強調我們不能浪費時間，而且必須飛快完成任務。我們只能在採訪的現場待上幾個小時，然後必須寫好報導稿子並且發送出去。如果接受我們採訪的人不能提供強有力的見證，我們必須立刻換個能夠合乎我們需求的人。他強調自己無法虛擲寶貴的時間。

不過，能夠敘述恐怖經歷的目擊者倒還不少。根據我聽到的消息，象牙海岸似乎已經陷入毀滅性的狂亂之中。民兵組織縱火毀村，攻擊非洲籍的移民勞工並且性侵婦女。人口失蹤以及酷刑折磨已是司空見慣的事。暴力似乎變成有計畫且有步驟的行為，目的在於盡量造成恐慌，在於蠻橫宣洩。

我們所聽到的敘述實在令人髮指，那些痛苦的人不但已經飽嚐折磨，而且依然繼續受難。和我們談話的象牙海岸民眾提到，民兵把人排成隊伍，然後每隔幾分鐘就用槍射殺幾群。屍體橫陳道路兩側，而且經常已被開膛破肚挖出內臟，是殺雞儆猴的意思。小孩親眼目睹這種恐怖殺戮之後，啼啼哭哭被人扔進井裡。隔天，《星期日泰晤士報》[20]出現如下的新聞標題：「婦女慘遭割喉－秘密大屠殺的內幕」。這篇文章也被重刊在澳大利亞的報紙，所下的新聞標題是：「象牙海岸之殺戮場－盧安達的慘事再現」。

該文摘錄如下：

「上個周末，象牙海岸西部這一偏遠地區淪為阿拉桑·烏塔拉所支持的重武裝雇傭兵和民兵的殺戮場地。受聯合國全力支持的烏塔拉主張自己在五個月前的總統大選之中獲勝，應該取代現任總統洛杭·葛巴葛博。一百萬絕望的人民不得不逃往國內其他的地方，另外至少有十萬的難民穿越象牙海岸的西部森林進入賴比瑞亞境內避禍，但是有場災難可能會讓僥倖生還的人最終還是難逃一劫。

最近幾天灌木林裡傳出一些消息，有些首度只在本報披露，而其內情讓人不寒而慄，讓人想起盧安達和達富爾（Darfur）的種族屠滅罪行。我們沿著西部邊界（有時越過這段邊界）進行訪查，並且從可靠的目擊者處探得消息：象牙海岸總統當選人所資助的賴比瑞亞僱傭兵有計畫有步驟地屠殺當地人民，罹難者大部分是住在布羅雷甘以及杜勒普

---

20 http：//www.thesundaytimes.co.uk/sto/news/world_news/Africa/article599706.ece

勒（Toulepleu）二地區的的蓋赫族人。

支持烏塔拉的軍隊不但處決孕婦，還讓數以百計罹難者的屍體暴露在大馬路兩旁。生還者的描述教人震驚：單在邊境城鎮度埃庫耶（Duékoué）一地，被屠殺的無辜男女據信即達千人之多。」

·

丹幾乎前一整晚熬夜在寫他的報導，所以現在我只能用力猛敲他的房門，確定他能坐上一大早的便車回去蒙羅維亞。當晚他又得搭飛機離開，我才不要為他搭不上飛機的事情扛責任呢。先前我曾設法想說服他，請他陪我到更南方的哈柏（Harper）市採訪更大規模的難民潮，但是他必須離開賴比瑞亞，因為在另一個國家還有另一件截止日期更緊迫的報導等他完成。

揮手道別送丹開車上路之後，我自己也開始計畫離開的事，但我走的則是另外一個方向。我決定向南方的哈柏繼續走我的行程，朝賴比瑞亞的海岸地區而去。到達目的地前，那可又是一整天快讓骨架散掉的車程。象牙海岸塔普（Tabou）鎮附近最近爆發血腥暴力，短短幾天之內即引發另一波難民潮，人數已超過九千人。他們越過邊境，朝賴比瑞亞東南部馬里蘭（Maryland）縣的哈柏市湧去。

我們追蹤紀錄象牙海岸戰鬥所發生的地點和民眾移徙的模式，以便能夠預先對各種可能發生的情況做好規劃。幸運的是，樂施會的同事，擔任公共衛生工程師的須米雷‧梅寇南（Shemeles Mekonnen）已在難民潮湧進哈柏前的一兩天搶先抵達，以便執行一項評估任務。他發現自己幾乎是單槍匹馬在應付那種緊急情況。不過，須米雷是樂施會裡經驗老到的前輩，絕對是技術精湛的專家。

我在幾天以後才到，但是在此之前，他已安排停當，設置好一個容量一萬公升的水囊，基本上就是一個裡面可以注入大量清水的巨大厚皮塑膠袋

子。此外，他也為暫時棲身在哈柏郊外一間廢棄學校的難民架了一個自來水站，以便他們有乾淨的水可以用，而且公共廁所以及淋浴設備也都設置就緒。如今，他正研究考慮另一個我們可以鑿井取水的合適地點，位置就在縣內一處較固定的難民營，那裡收容的人數可以多達一萬五千人。

大家擔心的是，像下痢以及霍亂等的傳染病會在如此擁擠的營區裡迅速傳播開來。提供清水以及發放像儲水桶、蚊帳、肥皂等等用品亦可幫助群眾更有效地保護自己免受疾病侵害。

＊＊＊

迄今在賴比瑞亞我所訪視過的地區裡，象牙海岸的難民通常不住在營區或是類似場所，而是直接住進賴比瑞亞的社區內，而這些社區則分散在靠近邊境的廣大區域中。這是我生平第一次看到那麼多人擠在一起。他們暫時在佛格森主教（Bishop Ferguson）學校克難地住下來。那是一棟於賴比瑞亞內戰時期遭毀棄而如今僅剩下空殼子的殘破建築，後來計畫充做可以容納一千五百人的臨時中繼站，可是實際上卻擠進了四千六百人。他們反正能找到什麼空間就地安頓便是了。根據估計，另外還有四千個人仍然住在邊界附近的賴比瑞亞村落裡，並接受當地社區所提供的一些食物和棲身處。

和須米雷會面之後，並且也為我們安裝供水和衛生設備的過程錄影之後，我在這處中繼站的附近繞了一圈。許多家庭都在這個荒廢的、毫無秩序蔓延擴展的學校裡找到一方地面，然後鋪上草墊，放上他們逃離家園時還來得及隨手抓起帶著走的一點個人財物，算是標誌出自己家戶的地盤了。其他的人只能夠住在外面由聯合國援助難民的組織所提供的帳篷裡。最後才到的人運氣最不好了。他們只能設法找到一點遮蔽之處，以便躲避驕陽烤炙或是偶爾下起的雨。他們用竹子搭建臨時的克難住所，並以樹葉

覆頂，希望屋裡保持涼爽乾燥。

似乎時時都有難民來到。耳邊響起救護車的尖嘯，轉眼車子已經駛抵我駐足的地方。一大堆人被抬進車子裡，其中一位是二十五歲的托比‧賽巴斯提安（Toby Sebastian）。他說自己那位於塔布地區的村落克斯雷克雷克（Ksrekreke）遭到攻擊，他在設法逃離時被射中腹股溝。

他說：「完全看不懂這些政治上的你爭我奪。我們聽說叛軍還在海港城鎮聖佩德洛（San Pedro），誰料到轉眼就闖來我們那地方，並且開始動手殺人。大家設法逃命，可是我被射中腹股溝。」

許多難民都是步行了好幾天才抵達賴比瑞亞的。他們個個精疲力盡，而且因為急於逃命，根本就來不及帶出任何財物。他們講述了別人如何殘暴攻擊他們村落的慘事，內容不外燒殺劫掠。

路易絲‧布拉尼雍（Louise Blagnon）是三個孩子的母親。她和自己的大家族露天坐在學校校園裡面。我們說話的時候，陽光就從頭上猛射下來。那間倉促用竹子搭起來的結構可讓一家子人在裡面或坐或臥，樹葉蓋在上面，提供僅有的一點兒陰涼。

路易絲的臉上印著焦慮，眉頭由於煩憂而深鎖著，彷彿隨時都有可能放聲大哭似的。顯然，上星期發生的事在她心裡造成了創傷。她的丈夫讓‧托托‧布拉尼雍（Jean Toto Blagnon）是位農業專家，卻在事件中被人用棍棒活活打死。後來，一家子人逃離了塔布市的老家。

她告訴我：「戰爭迫使我們逃難。我和丈夫以及小孩一路奔跑，但他們抓住我丈夫並且將他殺害。我們從這村莊逃到那村莊，渡河以後就被人家送來這裡。他們殺了我的丈夫，我和所有家人來到這裡。如今我們一無所有，一切都沒有了。我們沒有食物，什麼也沒得吃。我們沒有床墊，只能睡在外面這裡。如果下起雨來，雨水就會直接淋在我們身上。」

路易絲對未來十分甚為憂慮，尤其擔心他的幾個孩子，擔心接下來幾個

月可能降臨他們身上的事。

　　大部分的難民都曾親身經歷並且親眼目睹暴力行為，有些行為至為殘酷。他們說的都是村莊被焚以及劫掠戰鬥等事。他們說很害怕回去，因為他們擔心別人為了尋仇報復還會回來攻擊他們。

　　卡基・雷米・穆雷西（Katchi Remi Moulehi）是四個孩子的父親，他說給我聽的事是很生動寫實的。他說的英語帶美國腔，是營區裡少數會說英語的人。他的房子被燒光了，他和自己的兄弟們一起逃往森林，但是他說，年紀最輕的兩個弟弟在途中被抓住了。

　　「我的兩個弟弟被人抓住，而我走開了、跑掉了、躲起來了。來兩個人抓住他們。其中一個弟弟這裡被人割了一刀。」說到這裡，他用手指在自己的脖子橫向劃過一條直線，接著說道：「他們把另外那個弟弟的這裡剖開。」這次他用手指在自己的胸膛劃了一條垂直的線，然後又補充道：「他們挖出我弟弟的心臟，把它扔在路旁。我嚇壞了，說什麼也不要露臉，只是帶著妻子小孩往灌木叢裡跑，最後來了這裡。可是我在這裡沒有房子，沒有吃的。這裡拿不到藥，沒有水喝，身上找不到半毛錢，我好難過。」

　　他說：「老家那裡很不安全，貿然回去安全沒有保障。發生那種事情，我想我不會回去象牙海岸了。」

　　他的陳述令我內心深受騷動。或許因為這件慘事沒有透過翻譯就直接說給我聽的緣故。起先我們都用法語交談，後來卡基才情緒激動地改說英語，因為他想確定我能完全理解他的意思。我聽人家說過，賴比瑞亞雇傭兵的典型手段便是挖出敵人心臟，也許那和賴比瑞亞部落族群以及祕密會社間的關聯由來已久。此外，有種所謂的「取心人」（heartmen）會摘取人的心臟作為祭儀用途，或許與此亦有牽涉，反正如今已難理解真正原因。不過，就算明白為何許多像卡基這樣的人寧可留在相對較安全的難民營裡，我們仍是覺得震驚。

中繼站裡許多難民如此失魂落魄,以致都像患夢遊症似的,茫茫然地到處走來走去。根據他們描述,自己不過只是普通的老百姓、農夫,從未參與政治活動,因此無法理解為何必須面對如此這般的動盪以及慘禍。

五個孩子的母親葛內帕德‧塞(Gnepadé Se)說,自己的村落遭受攻擊時,她那供職於橡膠園的丈夫和七歲大的女兒希‧葛那貝(Hie Gnabe)都不幸罹難。

她告訴我:「叛軍進來村裡。我丈夫和政治從來沒有牽扯,我們都是從來不問政治的人。我不明白我丈夫為什麼會死。」

葛內帕德以及她的家人就和其他幾百個人睡在學校那棟廢棄建築物裡的地上。她看上去已經精疲力盡。

「我的心思亂成一團,情緒受到干擾。我不明白為什麼我丈夫會死,女兒會死。現在我來到了賴比瑞亞,性命交在可以幫助我的人的手裡。我什麼東西也沒有,只是個窮女人。我什麼東西也沒有。」

* * *

援助組織全都竭盡所能要把事情做好,提供難民最基本的生活所需。不過我們不斷發出呼籲,各界對緊急危難的資助依然少得教人遺憾。象牙海岸發生的事被世界各地其他被披露出來的新聞奪去版面,例如利比亞和中東其他各地的政治動盪以及日本海嘯,那場同時引發核能電廠反應爐核心熔毀威脅的海嘯。

這種局面導致如下結果:聯合國的賴比瑞亞緊急勸募行動所募得的款項只比預計目標的四分之一多一點,至於象牙海岸緊急勸募行動也只達到預計目標的三分之一而已。

樂施會稍早幾天前便決定發起自己的緊急勸募行動[21]。看起來我們也有

---

21 二〇一一年四月五日:「樂施會為象牙海岸危機發起一千萬英鎊的勸募行動」該國已有數千居民逃往鄰國,組織警告將會發生地區性的危機。

可能很快會到象牙海岸展開救援工作。我們在該國已經好多年沒有執行任何計畫了。

　　將有團隊先出差到象牙海岸以便就地評估情勢，同時衡量我們是否適合在那地方發動什麼緊急救援行動。

　　新聞稿裡引用樂施會賴比瑞亞人道計畫經理塔立賀‧黎博樂（Tariq Riebl）的話：「這個危機已被忽視太久。直到最近，國際社會才體認到該國人民受的苦難有多沉重，被迫逃離家園的人超過了一百萬。有些步上艱辛旅程，設法穿越森林，跨過賴比瑞亞邊界，進入那個有如庇護所的地方。我們設法為難民們找來救濟資源，可是難民們的生活條件十分困苦，我們需要很大一筆救援經費挹注才能避免一場公共衛生上的災難。」

　　黎博樂說：「就算戰鬥結束，大家知道，我們面前仍然還有幾個月的工作要忙，因為得要幫助民眾重新拼湊起往昔的生活。」

　　我們擔心這場人道危機並未就此結束，而且情況還有可能變得更壞。我們同時明白，要讓那些因象牙海岸境內暴力衝突而顛沛流離的人重新步上常軌，要讓那些收容上述難民的賴比瑞亞人恢復以前生活步調，就算不需等上幾年，花掉幾個月的時間是絕對免不了的。

　　不難想像，賴比瑞亞尚未爆發內戰以前，哈柏應該是一座住起來很愜意的濱海城市。那是賴比瑞亞在位最久的總統威廉‧土伯曼（William Tubman）的出生地，而且內戰發生以前，一直都是很重要的行政中心。時至今日，儘管哈柏市許多古典樣式的豪華宅邸已在內戰時被燒成空殼，但仍保有一些迷人韻味。

　　感覺上那是一個適合度假的濱海城鎮，道路很寬，車輛卻很稀少。由於位在大西洋岸，天氣熱的時候，這裡不像賴比瑞亞其他地區那樣窒悶。我發現除非能在有風扇或冷氣的辦公室裡工作，否則那種月份到賴比瑞亞去做採訪挑戰還真不小。空氣中的濕度高得出奇，只要一離開車子的冷氣，

我就立刻汗如雨下，接著我得揹上沉重的三腳架和攝影機跑來跑去錄影。等到最後爬上車子準備駛回基地的那時候，我已因汗水而全身濕透。才在大吉地縣待上個一兩天，我已熱出滿身痱子。我的身體努力想要適應，可是好像成效不彰。

人家告訴我，可以從哈柏直接開車到賴比瑞亞和象牙海岸的國界，這引起我前去一探究竟的欲望。如果開車走公路去，這也許這是我能夠如此接近邊境的唯一機會。大部分其他邊界上的關卡都得穿越灌木林才到得了。

我們的車開上一條泥濘土路，路樹的枝葉在我們頭上交錯，形成綠色隧道，而樹幹上面則覆蓋藤蔓植物以及花朵，那是多麼賞心悅目的旅程。事實上，我在賴比瑞亞看到的灌木林都很壯觀。你很少看到哪一棵樹是形單影隻獨自生長的，總有其他植物毫不吝惜用藤蔓和花朵裝飾它。植物相互交纏，彼此依靠。

過了半個小時，我們終於抵達邊境村落培代波（Pedebo）。不少從象牙海岸來的家戶就住在村子裡，不過也有其他家戶計畫再向前行，雇用備有獨輪車的搬運工協助運走他們設法隨身帶上路的家用物品。

一群巴基斯坦維和部隊的士兵正在該處巡邏，他們都是「聯合國駐賴比瑞亞代表團」（UNMIL）的成員。該團總計約有八千名維和人力。一九九〇年代大部分時間中，賴比瑞亞都因為內戰而國力耗弱，聯合國便派遣這些士兵前來確保和平得以維持。有人認為象牙海岸的危機和敵對衝突也許會令賴比瑞亞陷入動盪。

當然，這是賴比瑞亞女總統愛倫・強生・席爾立夫（Ellen Johnson Sirleaf）在接受《紐約時報》專訪時所表達的關切[22]。

該報引述總統的話：「這對賴比瑞亞的安定造成嚴重的威脅，甚至我還可以進一步說，這會影響每一個鄰國的安定。」

---

22 《紐約時報》，二〇一一年三月三十一日。

她警告道：「為了維持和平，各方已在我們這個地區投入許多資源。現在，我們開始看到這些投入有了成績。如果不找方法解決目前這個危機，那麼先前那些努力都白費了。」

不過，培代波村看起來相當平靜。我向聯合國的維和人員自我介紹，並且詢問他們是否可以讓我走到渡船碼頭那邊張望一下卡瓦利河對岸情況，讓我首度得以看看象牙海岸並且拍上一段影片。我解釋說自己正在製作一段影音新聞，如果可以拍到一些畫面必定很棒。

他們先將我的請求用無線電傳回總部，經過短暫討論，當局同意由幾名維和人員陪我走到碼頭邊。那位駐點官員友善且愛閒聊，我說自己以前曾在巴基斯坦工作過幾個月，他聽說後又更親切更健談了。

我們走到碼頭邊上，看見婦女正在洗衣，賴比瑞亞兒童則在河岸玩耍。他們快活跳進水裡，濺起許多水花，看起來無憂無慮的樣子。然而，這裡發生的事絕對無法教人輕鬆看待。

幾百公尺遠的對岸便是象牙海岸的村落普羅洛（Prollo），以前居民人數多達一千，如今已經徹底荒廢。我們只看到有個人將旗升起，此舉說明他是阿拉桑·烏塔拉的支持者。烏塔拉便是總統大選後被宣佈為勝選一方的人。

那位巴基斯坦維和部隊的官員告訴我，昨天對岸村子闖進一群配備AK47步槍和兩門火箭發射器的武裝分子，然後開始挨家挨戶進行搜索。他說共有兩個年輕男孩為了保命跳進河裡，游到賴比瑞亞這邊。

危機顯然沒有繼續惡化下去。過了幾天，當局便發佈現任總統洛杭·葛巴葛博被逮捕的消息。商業首都阿必尚的生活將會慢慢恢復正常。根據聯合國的估計，暴力橫行期間，逃離該市的人數高達一百萬。可是，儘管當局呼籲和解以及療傷止痛，該國西部地區傳出來的暴力以及報復性的攻擊可能還會持續好幾個月。就算政治上的危機已經結束，人道方面的緊急狀

態並沒有隨之告終。在未來的幾個月裡，人民依舊需要幫助。

＊＊＊

向維和部隊的人員道謝之後，我便直接回去哈柏。接下去的兩天，我被卡在返回首都蒙羅維亞的車程上，心裡禁不住咒罵起那千瘡百孔的路面。行程之中，我已著手編輯自己拍攝到的影片同時撰寫腳本。我打算盡快將畫面利用傳統郵遞送給外界。對我而言，那是唯一將那些畫面送回到我們樂施會總部的可靠方式。先前我已嘗試透過賴比瑞亞那緩慢不可信賴的網路系統上傳那些資料，然而教人難過的是，東西根本送不出去。

還好，我的努力終有回報。幾天之後，那些鏡頭終於出現在《天空新聞台》（Sky News）上（我在象牙海岸的同事甚至設法從旅館裡的電視捕捉到了畫面），而且我們的新聞稿也獲幾家國際報刊採用。其他幾家報刊以及廣播電台則對我們進行專訪。

樂施會過去幾天在象牙海岸進行評估的團隊如今做出結論：我們將在該國擴大緊急援助計畫。這樣也能支援我們在賴比瑞亞進行的工作，也讓我們兩邊兼顧得到，因為難民主要來自象牙海岸西部地區，也是我們打算開始工作的地點。

先遣團隊已準備從蒙羅維亞啟程，我將加入此一陣容。

我們計畫坐飛機飛到象牙海岸西部群山（Montagnes）省的曼（Man）鎮。我們和其他一些救援組織一樣，會將新的總部設在那個地方。可是，由於阿必尚機場仍然不准商務航班起降，而且一般認為陸路仍不安全，所以我們必須先飛迦納，然後改搭聯合國的專機前往。

在象牙海岸政治動盪的那段時間，包括銀行在內的大部分商業活動都停止了。如此一來，我們必須攜帶大量現金前往才夠我們撐上幾個星期。在賴比瑞亞流通的美金現鈔是我見過最骯髒、最難聞的鈔票，有些如此老舊、

象牙海岸，杜埃庫埃（Duékoué）。
尋獲的白骨。

磨損如此厲害，以致票面印刷的圖案幾乎已經模糊到無法辨識，而且紙質摸起來又薄又潮濕。但是話說回來，這些鈔票依然合法，況且我們別無選擇。至少這些鈔票沒被撕裂，也沒有什麼明顯的破損。

我們抵達迦納首都阿克拉機場的海關時卻碰上麻煩。機場官員嫌我們的美鈔太舊不肯接受。我們提出抗議，但是心裡有些慌亂。我們沒有其他錢，那麼該怎麼辦？

我們懇求半天並且說盡好話，人家才帶我們去見一位較資深的機場官員，但是對方似乎津津有味享受我們的窘困狀，並且不忘提醒我們，跑道上總找得到飛機可以遣返我們。

我想，這就是人人稱道的迦納待客之道是嗎？這個國家過去對自己的民主成就以及政府的治理有方感到自豪，而且由於這種輝煌表現，美國總統歐巴馬在就職後首度出訪撒哈拉以南的地區時，迦納才能雀屏中選成為他的目的地。

有位朋友事後開玩笑說，我們真正需要的是雇一個洗鈔工來清潔那些骯髒的美金。那件事情最後的結果是：我們又走回到入境大廳，然後從一疊疊骯髒的紙鈔中抽出人家也許會認為比較乾淨的、汙垢沒有那麼多的、稍微比較沒有那麼臭的幾張。他們勉強同意我們用那些紙鈔來支付簽證費用。

我們在阿克拉等了幾天，聯合國的專機總算有位置了。我們終於可以飛往曼鎮。我們下飛機時，現場已有一群救援工作者等著要搭機離開曼鎮。其中有一張以前曾在南非一起共事過的熟面孔，如今這位同事已經轉到「拯救兒童」（Save The Children）組織工作。在這飛機跑道上面，我又再度體驗到「世界好小」的說法。急難救助工作者和新聞記者跑的圈子經常重疊，你最後總會在世界某個角落再度碰上熟人。

多年以前，曼鎮因為四周都有景色壯麗的山圍繞，曾是受歡迎的觀光勝

地。該鎮至今美景依舊，然而觀光業的全盛時期顯然一去不復返了。我在網路上看到，自己下榻過的那家旅館「提供衛星電視、游泳池、電話以及一流服務」，實在讓我不覺失笑。這則廣告會引發人家過度的期待。

我們住的那家旅館儼然成為許多救援工作者的聚集處。該鎮可以提供住房的地方實在不多，不過這裡倒有一些，只是游泳池的池水髒得好像暗色毒液，看上去幾十年都不曾清潔過。這個池子似乎是蚊蟲孳生的理想溫床，更何況我們為了能夠飽覽四周絕美的山景，一般都到戶外的池子邊用餐，而非坐在悶熱的餐廳裡。一想到自己可能因此感染瘧疾，我就不禁苦惱起來。

團隊一開始工作時就加入他們，這確實是件令人興奮的事。我們西非洲人道事務的協調人菲利普・康羅德（Philippe Conraud）負責領導這個評估團隊，他坐下來為我們做簡報。

曼鎮位在衝突危害最烈而且近來對平民施暴最嚴重的地區，不僅迫使數以萬計的人民逃往鄰國賴比瑞亞避難，而且也造成所謂的「國內流離失所者」（internally displaced person，簡稱 IDP）離開自己的村落躲進灌木林裡。此外，逃出阿必尚以避戰禍的人也有很多。

戰鬥爆發的地點大致沿著地理與種族的分界線分佈。自我認同為南方人或北方人的民眾，其政治的效忠對象、其種族的構成以及宗教背景都不一樣。從布吉納法索、馬利、幾內亞和尼日遷來的族群，那些最早在一個世紀以前便移民到象牙海岸定居的人主要在咖啡園和可可園工作。他們特別容易淪為民兵攻擊的目標。儘管這些家戶大部分已在那裡生活了好幾個世代，人家還是拿他們當「外地人」或外國人看待。

我們這個計畫預定幫助七萬五千名回國難民以及「國內流離失所者」。我們會設法恢復幾處街坊和住宅區的供水，並提供其他援助給難民營裡無家可歸的家戶。這些家戶需要供水和衛生設備等方面的救濟。農民則是在

下次耕作和收成季來臨前需要扶助。

在達內內（Danene）、杜埃庫埃（Duékoué）和基格羅（Guiglo）等地都設有專門收容「國內流離失所者」的大型難民營。許多人認為天主教堂應能提供最好的保護，因此出於安全上的考量便聚集在那附近。當務之急便是設法幫助那些住在難民營的「國內流離失所者」以及那些準備返鄉的人，幫助他們恢復健康然後踏上歸途。

菲利普說：「最基本的需求總和供水、保健、以及衛生有關。這些確實是最關鍵的課題，特別在民眾過度擠住在太小的空間時尤其如此。另外還要保證食物供應不虞匱乏，同時扶持人家創業作小買賣，拿出現金支援他們，總之，就是確定他們可以應付那種處境。至於那些準備返家的人，希望他們可以再站起來，重新過起和往日一樣正常的生活。」

他說：「若從人道觀點來看，問題根本還沒解決。民眾想要從危機中完全復原過來應該還要等上好幾個月。人民需要一些扶助才有辦法恢復過來，才有辦法重新開始日常活動，並且找回更多尊嚴以及多少算得上正常的生活。」

獲得媒體最多關注的首推位於杜埃庫埃的天主教教堂。該鎮經歷了幾場最嚴重的戰鬥，因為此一門戶控制好幾條重要的道路，大家認為它的戰略地位十分重要。

衝突在杜埃庫埃爆發的時候，房舍遭到洗劫並被縱火，數以千計的人逃往該鎮的天主教教堂避難，有許多人前去治療槍傷。最近逃過來的多是可可園的工人以及家人，他們除了身上穿的衣服以外，其他一無所有，有些人則設法把匆促離開時順手抓起來的財物隨身帶著。

我到訪的那時候，至少已有二萬七千人將那座教堂的空地上擠得水洩不通，而聯合國維和部隊的士兵就在外面巡邏戒備。

在營區裡，民眾搭起臨時克難的棲身處，少數幾件個人的寶貴財物便擱

在他們身旁。衣服洗乾淨就掛在帳篷的繩索上或是木樁上晾乾。整座營區只有八十間廁所[23]以及數量有限的洗滌設備可用。我們擔心流行病會爆發並且迅速蔓延開來。已經有好幾個人死於腹瀉相關的疾病。

這個營地若要住得舒服一些，容量的上限只有八百人。如今由於空間不足，擠住的人數已遠遠超過這個上限，換句話說，不可能找到空地再蓋新的公廁。我們設法為工作計畫籌措現金，付錢請民眾做清掃並且運走垃圾。另一方面，我們也考慮在附近另覓其他新的營地，可以安全收容流離失所之家戶的營地。我們的公共衛生團隊已經開始了基本的衛生宣導訓練。

天主教鮑思高慈幼會（Salesian）的席普里安・雅烏樂（Cyprien Ahoure）神父在那座教堂已經工作了七個月。他說難民不斷湧入，他們完全不知所措，能獲得任何的幫助他們都很歡迎，只是這些幫助必須盡快以有效的方式提供到位。他告訴我們：「我們這裡忙得不得了。這三天內就死了十五個人，大部分的死因是腹瀉。這裡的生活條件很差，擠了太多人了。」

他也同意，營區裡的人口必須減少才不至於過度擁擠，必須鼓勵家戶遷出營區。不過，他也認為，民眾如果不願主動離開，他們也沒辦法強迫。民眾受的心理創傷依然很深，由於治安持續敗壞，他們全都害怕回家。

我在營區轉了一圈。民眾在吃東西、睡覺，或是找個角落洗澡，幾乎沒有隱私可言。少數家庭享有聯合國難民署（UNHCR）提供的帳篷，其他人只能用塑膠布和木頭搭起克難的棲身處。

在那一片鬧哄哄裡突然響起一聲按捺不住的哭喊。我循著聲音傳來的方向走過去，看到一個沒有牆的圓形小屋，似乎是教堂附屬區域上的一個會議場所，裡面有個家庭正在哭喪。

---

23 人道救援行動一般有其操作標準，最受公認的一套最低標準（亦即所謂的 Sphere 標準）建議：收容流離失所人口的地方每五十個人必須分配一間廁所，而且必須盡快達到每二十個人分配一間的理想標準。

十四歲的跛女克麗絲戴勒‧賽麻歐（Cristelle Semao）坐在地上痛哭，她的軀幹幾乎彎成兩截。陪在她身旁的是二十歲的哥哥席瑞樂（Cyril）和媽媽馬汀娜‧布萊（Martine Blé），他們和克麗絲戴勒一樣哀痛不已。旁邊的人告訴我，他們剛剛聽到消息，自己的家長，五十八歲的可可農歐諾雷（Honoré）已在戰鬥中身亡。

這個家庭來自大約五公里外的尼阿姆柏黎（Niambly）村。那時武裝份子闖進村裡又是燒又是搶，他們便逃出來。經過那場攻擊，村裡已無仍完好的建築。

馬汀娜說：「房子都被燒掉，我們什麼也沒有了。以前有東西吃，可是現在不一樣了。戰爭打起來，但總有一天會結束。我是基督教徒，我祈禱國家的一切能改善。上帝會幫助我們。」

她告訴我：「我想讓孩子上學，想讓小孩能有更好的前途，可是現在他們沒了爸爸。我們的房子毀了，家是回不去了。」

難民營裡的生活條件很差，可是我遇到的大多數人都說，目前談回家的事還言之過早。大家害怕的是，族群間的報復行動依舊持續不斷，對於是否已有相當保障能夠安全回到村裡並且恢復正常生活、重建被破壞的房舍等等事情，很少有人會有信心。那些家鄉距離主要城鎮很遠的人尤其心懷戒懼。

加爾伏（Carrefour）是一座距離天主教教堂才兩公里的村落。我們計畫到那裡工作，以便修復供水設施並且協助那些回到村裡的人清潔環境。

開車過去那裡一下子就到了，然而卻是我參訪過最陰森恐怖的一個地方。村子入口和出口的道路上都有摩洛哥籍的維和人員坐在車裡負責戍衛工作。有時，他們也會徒步執行巡邏任務，目的是要安撫民心，證明回到村裡並無安全上的顧慮。

可是民眾沒那麼容易被說動。人家估計，村裡百分之九十五的建築不是

受損就是被毀。我自己在村裡觀察一下，上述的估算很明顯是精準的。房子橫遭洗劫然後焚毀，電線從斷牆殘壁中裸露出來，屋頂的鐵製波浪板陷落地面。

每家每戶都有私人物品散落一地，手提箱被匆忙打開並且翻找，找不到有用的東西便遭棄置，還有女用的手提包，各式各樣的鞋，鍋子罐子全都扔在瓦礫堆裡。青草地上有零落的珍貴家庭相片，其間夾雜玻璃碎片和破瓶子。

不過，我發現到最駭人的東西還是屍體。這裡有幾百個人被殺，有些是活活被燒死的。很多人被埋進大墳塚裡，但也有曝屍在外面的。一些已被焚毀成為空殼子的建築物裡可以看到燒得只剩下骨架的殘骸，有時可以發現全屍。

另外一則我在賴比瑞亞大吉地縣聽到的消息，一則縈繞在我心頭、教我揮之不去的消息便是：死屍被扔進了井裡。有好幾具屍體都是這樣被發現的。人家曾指著一口深井給我看，井底就有一具死屍。只要死屍可被確定身分並且埋葬，我們就協助社區將死屍取出然後將井封閉。我們不難理解，從心理的層面來看，民眾將來不會考慮再從裡面汲水。

這個村子以前住了八千個人，如今只有一小部分回家。在我到訪的前一晚，在村裡過夜的只有一百三十二人。大部分人都因過度驚嚇不敢返鄉，或者即便打算返鄉也無家可回了。

我遇到一位返鄉的婦女。瑪德蓮・德納西迪・波戴（Madeleine Denahidi Podé）是八個孩子的母親，同時也是一個婦女協會的領導人。出於安全上的考量，她把孩子留在城鎮，然後再和丈夫獨自返鄉。瑪德蓮以前在市場賣水果，但是後來市場被摧毀了。她的住家遭到破壞並被洗劫，雞棚也被焚毀，燒死了四十隻雞。

她告訴我：「這裡最大的問題是安全沒有保障，而且缺水、缺食物也缺

棲身處所。此外，電力供應也中斷了，所以夜裡沒有燈光。我們都很害怕，整整兩天沒有食物。因為沒有得吃，我連升火都不必了。一旦這裡有東西吃，孩子才來這裡和我團聚。」

我在腳程不遠之處遇見木匠約瑟夫・摩內・蓋西（Joseph Monnet Guehi）。他正在查看一間已被燒成空殼子的建築，以前他的店就開在那裡。他設法用木料固定一堵牆壁。

他是修繕能手。他告訴我：「我想重新開業，可是需要資金還有木料才能把店再蓋起來。要是手頭有錢，我想一個月內就能營業就能開始工作。」

在我拍攝影片、執行訪談之際，我的同事也忙著和其他聚攏過來的村民進行深談，其中也包括了社區的領導人。我的同事想要確定哪類工作需要完成、村民需要什麼協助，還有樂施會該如何支援他們。

* * *

我們計畫的重點，首推提供基礎裝備，給那些返鄉開始清理住家環境、清運瓦礫垃圾的人，同時收埋依然暴露在外面的死屍，並讓水源恢復潔淨狀態。我們也計畫發放小額的現金，以便幫助市場做買賣的再站起來並且恢復營業。

隔天我還會回去現場拍攝活動的一些片段。回到投宿的賓館後，我湊巧碰到半島電視台（Al Jazeera）來的拍攝小組。我把自己所看到的以及樂施會的工作內容告訴他們。他們都很想要和我一起到現場去拍攝，於是我們就一起擬定隔天的計畫。

當天傍晚，我坐下來採訪我們的人道事務協調人菲利普。他才剛剛沿著所謂的「死亡之路」（La Route de la Mort）開車探查回來，那裡是衝突爆發最嚴重的一個地方。我想發掘更多真相。

這條從基格羅開始、越過布羅雷甘以及杜勒普勒等城鎮的死亡之路見

證了幾場最慘重的戰鬥以及大規模的平民移徙。大多數人逃到鄰國賴比瑞亞，但有些人寧可躲在灌木林裡，或是留在沿途臨時的收容所。

菲利普是和另一位同事一起上路的，後者是我們在曼鎮那個新計畫的領導人，名叫基爾貝‧馬斯姆布柯（Gilbert Masumbuko）（不過大家都慣稱他為馬斯，他也比較喜歡別人這樣叫他）。他們沒有武裝衛隊護送便動身了，目的在評估沿路的安全情況，並在途中幾個村莊停下來和民眾交談。

菲利普告訴我：「我們經過了十二個檢查哨。主要道路控制在『象牙海岸共和軍』（FRCI）的手裡，一有動靜他們便向首都通報。不過到了布羅雷甘那種城鎮，你就好像到了西部電影裡的世界。我們四處見識到了不同的軍事團體以及不同的武器裝備。很多年輕人背上背著 AK-47 步槍。也有不少武裝的『自衛隊』以及賴比瑞亞的雇傭兵。在戰爭中替兩邊陣營效勞的雇傭兵都有。」

他承認道：「我們確實很不舒服。雖說大家都是救援工作領域的人，已在不同國家經歷過不同的戰亂，但是面對眼前那番景象，還是被嚇呆了。我們經過幾座徹底被破壞的村落。這些村落荒無人煙，整個被人遺棄，整個燒光，隨處可以看見屍體。誰也不會回去那裡。村子都是空的。」

他繼續說：「不過我們也看到了一些意料之外的事，例如在路旁某些村落裡，我們看到的平民比預期能看到的更多。發現民眾竟然返回完全被燒成平地的村子，街上仍躺著死屍的村子，那番景象多麼叫人吃驚。」

他說：「想不通那些人為什麼要回來。有些人說，他們覺得很安全了，所以就回來了，但我覺得這個回答沒有完全說出實情。」

他同時注意到，回到鬼村裡的全是男人，沒有婦女或是孩童。這就清楚說明，他們認為時局尚未平靜，返鄉依然不是時候。

菲利普說，那裡便是樂施會計畫要執行工作的地方，迫切需要幫助社區重建居民的家屋以及他們主要的供水設備。

水井已經幾個星期沒有使用，因此必須適當加以清潔。另一個亟待解決的問題是：取出被扔進井裡的死屍。

然而，菲利普認為，現在就開始工作時間未免太早。他強調說：「我們目前還不能去那裡工作……太不安全了。不是明天、下星期甚至下個月就能開始。但是，幾個月之內，我們必須回到那裡，這是我們受委任的人道救援工作。」

他說，民眾那邊同樣需要時間，還要等一陣子他們方有信心返鄉，才會覺得夠安全了，可以回到家園，重新過起日常的生活。

菲利普說：「政治危機或許已經結束，但是對於那裡的居民而言，危機還沒有過去。從人道的觀點來看，民眾的困境完全沒有解決。不管他們是在象牙海岸境內流離失所，或是逃到國界另一邊的賴比瑞亞，目前那些無家可歸的人還要等上好幾個月才有機會從危機中恢復過來。他們需要扶助才能再站起來，才能重拾往日的活力並且找到更多的尊嚴，過起比較正常的生活。」

他說：「不管怎樣，我的態度都很樂觀。我相信生命，相信希望，相信未來，但是面臨的任務絕對不會輕鬆。目前到處仍然充斥武器，靠武器求生存的人還有很多。只要你不解除那些人的武裝，民眾仍然提心吊膽，仍然會被侵擾，根本無法過正常的生活。」

＊＊＊

隔天，我又回到加爾伏那一帶去拍更多的影片，執行更多的訪談，並且等半島電視台的小組過來。但是一開始就沒好兆頭。我一直希望他們能在社區一開始進行清潔工作的時候便進行拍攝。我們的後勤補給小組已先訂購了幾十把的耙具以及鐵鍬，外加塑膠手套、膠鞋還有衛生面具。然而我到現場一看，那批耙具以及鐵鍬竟然都沒有柄！民眾都已聚在現場，等著

開始幹活。他們看著那堆工具零件，神情似乎都很驚愕。我無法相信會發生那樣的事，好像那是蒙提・派森（Monty Python）式的超現實幽默。有誰可以這樣就幹起活呢[24]？

打了幾通電話之後，我和我們的司機便上車開往下一個城鎮裡最近的五金行，買光那家店裡所有的工具柄，並且又為其他我們已經購入的零件訂購更多的工具柄。看樣子我似乎換新工作了，那便是補給採購。看到自己臨時插上一腳竟能發揮立竿見影的功效，那份成就感是很明顯的（與此相較，媒體工作的成績通常要等一段時間才看得到）。社區的清潔工作總算可以開始了。

不過我還是很高興，當天稍後就能恢復我媒體專業的正常角色，負責帶領半島電視台的拍攝小組到村裡各角落去，並且向他們解釋樂施會的工作內容。這次，我們採訪了另外一位返回村裡的婦女瑪莉・烏胡亞斯・格儂西（Marie Ourouasse Gnonsie）。她將自己那間慘遭焚毀的房子指給我們看。

她的一位親戚指向一間臥房並且說道：「什麼東西都沒有了！不是被破壞掉就是被搶光了。連我的床都不放過。」

另一個房間的地板上散落著子彈殼。

瑪莉告訴我們這裡發生的事。村子一大清早便遭受攻擊，槍砲聲一響起，村民便逃進灌木林裡。可是她的丈夫和四十歲的兒子卻雙雙罹難。

她心中的陰影很明顯還揮之不去。她透露道：「現在我夜裡根本睡不著覺，而且完全失去胃口，整個人很不舒服。」

她說：「以前我們住的房子很好，可是一切都被破壞掉了。我的丈夫死了，我的兒子和幾個哥哥也都死了。誰能幫我們把房子再蓋起來呢？我們

---

24 我們負責後勤補給的主管已在包括象牙海岸在內的西非地區待了好幾年。後來他告訴我，一般來講，當地人買工具都不帶柄，因為他們寧可自己動手來做。可是當時情況不比平時：民眾幾乎已經喪失所有財物，大部分人甚至沒能返回村裡。

必須恢復一切，並且找到吃的東西。我不知道現在該去哪裡，也不知道誰能幫助我們。」說完這話，她彎下腰用裙子抹去淚水。

橫在我們面前的任務很是艱鉅。我們不是談談硬體方面的重建計畫就好。社區活生生被扯裂開來，人際間的信任也崩解了。人民經歷極重大的創傷，也就是說，要從這次暴力事件恢復過來仍需很漫長的一段時間。

幾天之前，我在度埃庫耶天主教教堂外面遇見一位男性。紀堯姆·塞馬杜穆·迪耶（Guillaume Sématoumou Dié）是一位可可咖啡農。他告訴我，以前賣可可一年可以賺進五萬非洲法朗，賣咖啡一年又可以賺進二十萬非洲法朗。

自從暴力衝突發生之後，如今他已完全沒有收入。他一家人原先和其他的三家人一起住在灌木林裡的空地，鄰近他們那片距離尼阿姆柏黎村約五公里的農場。然後，三月二十三日民兵部隊來了，放火燒掉他們的房子。小營地陷入了火海，眾人紛紛逃離。

他說：「真是一場災難。我的腳踏車，我們的家……一切都毀了。養的雞也都被搶走。人家告訴我們，如果膽敢回去就是死路一條。」

紀堯姆說他自己曾經回去看看村裡究竟發生了什麼事，可是只敢躲在灌木叢裡張望。他打算把家再建起來，此外，因為餵飽一家人實在不容易，他希望能夠盡快回去工作。不過，他補充道，必須讓他覺得真正安全無虞，他才能夠重返工作崗位。

我問紀堯姆，他的村落是不是很容易就到得了，還有，如果我陪他去，是不是會比較安全。他說：「如果你跟我去，那我就沒危險。一群人上路的話我不必害怕了。」

我向我們負責安全事務的主管談起想去紀堯姆的村子參訪。起初，人家態度堅決駁回我的提議。不過到了隔天，由於他已經收到有關那個地區比較完整的訊息，所以改變決定說同意了，但前提是：必須定時保持聯繫。

所以，隔天我就帶著翻譯員出發去和紀堯姆會合。我們開車向尼阿姆柏黎村而去，到樹林地帶才減慢速度。車行大約十分鐘後，很快便開到小徑的盡頭了。這時，我們必須下車步行。紀堯姆安慰我：「請別擔心，只要再走十分鐘就到了。」

　　我請司機留下來看車。我告訴他，如果一個半小時內我沒有回來，他就應該通報人家知道。

　　我們出發了。我的攝影設備相當沉重，於是我不禁反省起來，跑這一趟旅程究竟是不是明智之舉。十分鐘變成二十分鐘，然後拖延到了三十分鐘。這時，我開始焦慮起來了。我身處於陌生而且危險一觸即發的地方，何況幾乎不認識眼前這個帶領我往灌木林深處一直前進的人。我的手機在那裡收不到任何訊號。樹枝斷裂的劈啪聲或是林子裡傳來的任何動靜都教我緊張得不得了。

　　可是紀堯姆卻開心地繼續向前走去，還把沿途所見指給我看：鄰人的農場啦，咖啡樹叢啦，然後則是紫褐色的可可豆莢。

　　正當我打算要放棄這趟行程的時候，我們來到了位於林間空地的小營區。房子大部分是磚造的，但是茅草屋頂已經付之一炬。小小的簡陋棚屋也被燒得坍塌下來。地上散落幾個壺罐、幾只鍋子。紀堯姆神色落寞地撿起一條破裂的輪胎，原先裝在他那輛寶貴腳踏車上的輪胎。

　　我問他氣不氣所發生的事，恨不恨做出那些事的人。他回答我：「窮人就是弱者。我們需要和平。為什麼要生別人的氣呢？我不能發怒。我需要和平，我希望能夠回到這裡。」

　　但這可能嗎？他回答我：「和平還有和解都是可能的。以前我們國家是很平靜的，大家相處得也十分和諧。只是現在到處一片動亂。」

　　紀堯姆想要重新投身工作，賺錢養活他的家庭。但是他仍然不確定，治安狀況如果沒有改善，和平是否真能很快恢復。他說：「如果我身邊的人

告訴我安全了，可以回來了，那麼我就回來。」

　　過了不久，等我拍好紀錄、做好訪談，我們就朝車子那邊走回去了。我走得非常快，因為我們花掉的時間已經遠遠超過一個半小時了，遠遠超過我和司機約定的回程時間。我有一點擔心，司機會不會認為我已遭遇不測，所以先離開去通報了呢？謝天謝地，他還留在原地，靜靜等我回來。向紀堯姆道謝過後，我們就開車回去度埃庫耶了。

＊＊＊

　　一旦你見識過那種暴力和破壞所造成的後遺症，一旦你聽聞過生還者所敘述的悲慘故事，你實在很難為這裡的人民感到樂觀。援救組織僅能提供最基本的資源，而重建安全的環境，讓這個分裂的國家趨於和解，才是既艱辛又漫長的歷程。

　　不過，即使在暴力和苦難的事件中，人民仍未放棄期待或是放棄他們為子女更美好的未來而工作的渴望。

　　基格羅鎮神召會（Assembly of God church）收容了將近一千名難民。我去該處參訪時遇到了瑪爾蓮‧東特（Marlene Tonte）。

　　我們的公共衛生團隊計畫要在該地開始工作。我到那裡以後便希望和他們碰面。可是，由於心願一時之間未能立即實現，我便先逛進了眼前的第一棟建築物。建築物裡十分幽暗，我花了幾分鐘的時間眼睛才能調適過來，接著才能分辨眼前的景象。

　　地上坐著或躺著好幾名帶著嬰兒的婦女。

　　二十六歲的瑪爾蓮（Marlene）就躺在我面前的墊子上，身軀像胎兒似的捲縮著。在我進來這裡之前不到半個小時，她剛產下一個男嬰。這是她生的第三個小孩，也是她的長子。她的幾位同事指著被羊水濡濕的地板。

　　瑪爾蓮對於她丈夫的行蹤一無所知，甚至不知道他是否依然活著。他幾

個星期前動身到阿必尚找工作。

　　暴力衝突發生之際，她住在杜勒普勒。她挺著即將臨盆的大肚子連續走了兩個星期，直到覺得安全無虞她才停歇下來。

　　她說現在又累又餓。她告訴我，根本分泌不出奶水來餵兒子。不過她說，就算這樣，她對未來仍然懷抱希望。她告訴我：「他帶給我希望，有了兒子，我認為情況會變好。」

　　我蹲下來看她那個一丁點大的蒼白嬰孩。他被放在墊子上面，身軀仍用棉布裹著。在場的人討論了一會兒，我的口譯員告訴我，瑪爾蓮要我為他兒子起名字。我想了一下子。

　　我選了「快樂」這個名字，翻譯成當地的語言便是 Mlan。瑪爾蓮展露笑容，並將兒子更挪近了身旁。眼前生活的確艱苦，而且充滿變數。但是至少這個剛出生的兒子令她樂觀，給她希望，讓她想像未來將會更好。

chapter 13

第十三章

危險與
煩憂

索馬利亞，二〇一一年九月

氣溫至多攝氏二十三度，可是濕度卻飆升到百分之八十。我身上披著一件又稱「鎧裝防彈馬夾」（flak jacket）的防彈背心，重量少說十二公斤，大概就是我體重的四分之一，所以汗水不停流淌出來。

上一回我穿上這種裝備是第一次被英國國家廣播公司派往柬埔寨出任務的時候。那一件防彈背心甚至更重，而且幾乎用掉我所有的行李重量限額。拖著這樣一件東西繞過半個地球，其實我並不開心。

事實上，我在心裡想：除非柬埔寨全面爆發戰爭，否則要我穿上它是很不可能的。我幾乎拿不動那件背心和那頂頭盔，更別說穿著它四處走動或甚至跑步尋求掩蔽。

一九九〇年代我在柬埔寨停留的那三年裡，我從來沒穿過那玩意兒。防彈背心和頭盔就靜靜躺在我衣櫥的最裡面，徒然招惹塵埃罷了。說實在話，我在金邊只見過某位新聞記者穿過那種東西。那一次政府和反政府的示威者因對選舉的結果有爭議而爆發衝突。她的身高將近比我高上一呎，穿上那件新配備後顯得侷促笨拙，惹得柬埔寨當地以及外國的新聞團隊紛紛拿她開起玩笑。她告訴朋友說，她穿上防彈背心的理由是因為她別無選擇。當時她在曼谷的幾個上司都堅持她那麼做。

可是，這一回決定到底要不要穿上防彈背心可不是在討論時尚。如今，我也是別無選擇。我所身處的城市摩加迪休是大家公認全世界最危險的地方，那是幾十年來國內衝突不斷、飽經戰火蹂躪之索馬利亞的首都。

如果你在抵達當地之前沒有預做功課，事先了解一下當地歷史，那麼你幾乎會以為飛機將要降落在一個充滿異國情調、而且大受歡迎的海濱度假勝地。

聽起來真有點不可思議。索馬利亞曾經擁有「印度洋明珠」的美譽。如今，只要一提起它，大家就認為那是一個失敗的國家，是戰亂以及衝突的同義詞，而且截至二〇一一年年底，還是一個飢荒肆虐的國家。

有一位在肯亞奈洛比的同事告訴我，飛機快要降落摩加迪休的時候，要從右邊的窗戶看出去才能看到最漂亮的景色。不過，這一次他的建議倒是可有可無，因為飛機在降落前來了個大迴轉，以至於所有乘客都能飽覽大海的壯麗。我們低空掠過印度洋那片閃閃發亮的土耳其藍。

亞登‧亞德（Aden Adde）國際機場是義大利人在一九四○年代興建的。這座機場在一九九○年代幾乎無法運作，因為內戰的關係，正常航班的起降受到極大的干擾。如今，機場又重新開放。

我期待會在機場看到繁忙的一幕，士兵啦，安檢啦。可是，我們抵達的那時候，除了從我們這一架飛機下來的旅客外（大部分看起來是當天來回的短途旅客，主要是來摩加迪休開會的聯合國人員），整個機場幾乎空蕩蕩的看不到其他人。跑道上停著一架廢棄的俄製伊留申 II-76 型飛機，靠著那毀損的右翼傾斜撐在地面，教人看了膽戰心驚。這架飛機就被棄置在停機坪的旁邊。後來我才聽人說起，它是二○○七年的時候被火箭推進的榴彈擊中的。當時飛機上的旅客全數安全著陸，不過飛機卻損壞了。後來也不知道什麼原因，損壞的飛機一直沒清理掉。

入境大廳可以看見累累彈痕。一位海關人員現身為我們的簽證蓋章，然後我們就直接走出去了。那個地方到處都是水泥掩體以及路障。

我們的車和負責安全的小組已在等候。我們快速駛過幾條安靜偏僻的路，朝著那間起名起得很樂觀的「和平飯店」而去。這間擁有一定知名度的飯店曾被《時代雜誌》封為「地獄裡最好的飯店」，是到訪摩加迪休的外國新聞記者和救援工作人員最理想的住宿選擇。

飯店有庭院圍繞，裡面種的樹木枝葉茂密，濃蔭教人心曠神怡，是這個失序城市中的一片綠洲。不過，庭院裡面也有沙包、附有尖銳金屬刺條的鐵絲網以及水泥路障，都是防範汽車自殺式攻擊的措施。飯店提供我們安全防護，包括兩輛卡車，載了配有 AK-47 步槍的保安衛隊，都是飯店老闆

精挑細選出來、確定沒和任何叛亂組織掛鉤的人員。此外還包括我們外出進行短暫訪問時需要穿戴的防彈背心以及頭盔。最後，飯店裡竟有自來水、電、網路和西式食物這些奢侈的東西，這些絕不是城裡一般索馬利亞人能輕易享受到的。

從第一次我到海外工作之後我就經常在想：你一旦開始旅行了，世界就變得如此小。感覺上似乎地球縮水了，寧可把它看成一座村子，因為我經常會在世界最奇怪的角落撞見我認識的人。別再相信人和人之間最多只隔六層關係這種理論了，因為我似乎覺得世人彼此之間只需兩層關係便可以連結起來。每當到訪一個新的國家，我就很驚訝地發現，總能在飛機場、車站、街上或是餐廳遇見自己認識的人。但是有誰相信，這一次我竟然在這裡碰到一位睽隔已久的老朋友？他就坐在摩加迪休飯店裡的桌子旁檢視電腦中的電子郵件。

我興奮地叫嚷道：「我認得你！」傑生（Jason）是我在柬埔寨初任記者時便結識的老同事，最後一次看見他已經是十年前的事了。我們相互擁抱致意並且大略說明別離後的生活概況。他目前住在索馬利蘭（Somaliland），擔任訓練新聞記者的工作，而我來到這裡是為了蒐集樂施會在摩加迪休緊急應變措施的相關資料。由於時間緊迫，我們無法繼續暢談：他就要動身去趕搭飛機，而我也要和當地的一位合作夥伴見面，約好一起參觀我們的幾項計畫。

嚴重的饑荒與旱災肆虐包括肯亞北部、伊索匹亞以及吉布地在內的「非洲之角」（Horn of Africa），而索馬利亞正是受創最深的地區。根據救援組織估計，整個「非洲之角」受災的人數高達一千二百萬。樂施會在七月四日發起自己有史以來規模最大的募款活動，預定為我們緊急救援行動籌措五千萬英鎊的經費，希望能夠讓三百萬人享有淨水、食物以及基礎的衛生設施。

肯亞北部的部分地區、伊索匹亞、索馬利亞以及吉布地都面臨六十年來最嚴重的乾旱。牲口和作物都奄奄一息，而食物的價格則持續衝高，以至於人民連最基本的口糧都買不起。

　　數星期後，聯合國將索馬利亞的兩個地區宣佈為饑荒[25]災區。又過了幾個月，情況不斷惡化，索馬利亞境內被宣佈為災區的地方增加到六個。聯合國在二〇一二年初推估，「非洲之角」的饑荒也許要等到二〇一二年七月或是八月才會結束，而且預計將會餓死好幾萬人。

　　由於治安狀況持續敗壞，索馬利亞的工作環境是最危險的。光是前往索馬利亞的那過程即是挑戰。樂施會過去四十年來在索馬利亞一直都在執行計畫。我們設法透過當地合作夥伴的網絡將援救物資送進去。其他的援救組織也和各自的合作夥伴一起默默耕耘，尋找新的、有創意的方法，以便將救濟的資源送進索馬利亞。大家無不希望避開外界的好奇目光，免得遭到各支武裝勢力鎖定，同時降低工作人員被槍殺或綁架的風險。

　　我們一直設法提高援助規模，以便為那些處境艱困的人取得更多的協助。在我抵達索馬利亞的時候，我們各項計畫預計援助的對象已經多達幾十萬人。我們正擴大供水、衛生以及保健的工作，鑽鑿新的井洞，並且復用舊的井洞，此外，也對下朱巴（Lower Juba）和中朱巴（Middle Juba）地區無家可歸的家戶提供食物抵用券或是直接發放現金。至於其他地區，我們則提供農人作物種子以及農耕設備，希望雨水終於落下之時，他們即刻可以栽種新的作物。

---

25 「飢荒」（famine）是個爭議性很強的字眼。死亡率、營養不良與飢餓的相關數據達到如下的標準時，聯合國才會採用「飢荒」一詞來描述缺糧危機：
　　・百分之二十以上的人口每日攝取的熱量不足二千一百卡路里。
　　・至少百分之三十的兒童嚴重營養不良。
　　・每日每萬成年人口死亡人數超過二人，或是每日每萬兒童人口死亡人數超過四人。

在下沙貝勒（Lower Shabelle）地區，我們的公共衛生計畫幫助至少二十五萬無家可歸的人，他們都住在廣大亞夫古耶（Afgooye）走廊地區的難民營裡。

即便在首都裡也出現好幾百處的克難營地，專門收容整個外徙社區的人口。我們在那裡提供幾個淨水以及衛生設備的計畫，後者包括介入爆發急性下痢疫情的地方，工作內容包括成立口服水分補充劑的施藥站以及分送保健箱等。

我們也和另一個索馬利亞的夥伴 SAACID（索馬利亞語「幫助」之意）合作，共同支持該國最大營養計畫的執行。該計畫每個月在摩加迪休治療超過一萬二千名營養嚴重不良的兒童、孕婦以及授乳的媽媽。截至目前，接受治療的兒童已達五萬六千名。

救濟資源雖能克服障礙送至旱災地區，但是速度仍不夠快，而且並非每個需要那些資源的人都拿得到。由於安全上的顧慮，索馬利亞仍有許多幅員廣大的地區根本沒人敢去。

人家常說：旱災雖是自然災害沒錯，但是飢荒卻該算成人禍。我在索馬利亞採訪的危機正同時因自然以及人為因素而起：雨量經常不足，作物歉收，而肆虐多年的乾旱又因國內衝突頻仍加重了破壞力，此外數十年來開發落後，人民被邊緣化，情況形同雪上加霜。國內那殘酷的鬥爭經年不輟，武裝宗族及其敵對團體相互攻伐，導致許多的索馬利亞人只能任憑各股勢力擺佈，食物以及健康照護都因政治因素而被剝奪了。早在雨量以及收成尚未演變為嚴重問題之前，人道指數以及基本健康情況就已低得可憐，如今再增添上列的因素，這場災難就更進一步惡化了。

救援組織將物資送進索馬利亞並不是解決該國所有問題的萬靈藥，然而卻可以減輕數百萬人的困難和痛苦。

有些媒體指稱：送進災區裡的物資不是沒有就是少得可憐，援救組織於

是成為各方嚴厲控訴的對象。為了求證上述的控訴是否屬實，我曾到摩加迪休出過一次短暫的差，以便蒐集當地媒體的報導，證明在饑荒惡化的過程中，救命的援助資源確確實實交到難民的手中。

＊＊＊

我們是樂施會好幾年來第一批出差到索馬利亞的非非洲籍工作人員。我們覺得摩加迪休有一扇機會之窗被打開了。過去幾個星期以來，由於過渡聯邦政府加強控制首都，暴力偃旗息鼓已是有目共睹的事。也許現在進行差旅正是時候，可以趁機報導我們如何應付緊急情況，如何分送救濟資源，還有如何幫助身陷艱困環境的人。

即便如此，這次出差的期間仍然十分短暫，預計只在摩加迪休住上兩晚，而且採取最嚴格的安全措施。首都比起最近的任何時候都要平靜許多，不過也還達不到徹底安全的地步。

因此，我在摩加迪休的期間，整個人顯得緊張焦慮，腎上腺素想必分泌得很旺盛。事前我已做好決定，每天都要請一位我們的合作夥伴同行，希望能看到最多的東西，並且盡可能蒐集到最多的情報。人家告訴我們，必須嚴格控制參訪的時間。由於安全上的考量，在每一個地點逗留的時間不能超過三十分鐘。因有這項限制，我們決定在短暫的參訪結束後，設法邀請那些和當地我們的合作夥伴一起工作的人員回到旅館，以便能向他們請益更久，並且進行訪談。

我們和 SAACID 的人員一起度過了第一天，並且參訪了他們的幾個工作點。一聽到人家要求我穿上防彈背心，我就決定收起那一條我隨身帶過來的黑色頭巾 [26]。先前，我考量到頭巾有利我和當地社區融為一體，且就文化層面而言亦較妥當。一旦穿上防彈背心，我那外國人的身分也就明顯暴

---

26 *hijab*：穆斯林婦女頭上戴的傳統頭巾。

露出來，而且我已汗流浹背，因此也就不願多塞進幾層徒然令我更覺燠熱難耐的衣物。

我們扛著一襲防彈背心擠進車裡。這輛車子另有其他兩輛車子護送，一輛在前，一輛在後，都載著我們的安全護衛。最後，車隊出發了。車窗玻璃是暗色的，而且車子又盡可能開快，以免淪為別人輕易攻擊的對象。因此，我對摩加迪休的幾眼印象都短暫得教人覺得心癢癢的。

戰爭的貽害清楚可見，到處是橫遭破壞或是彈痕累累的建築物，而且耳畔不時響起槍聲。然而，有時只是政府軍隊或是維和人員對空鳴槍而已，目的在於疏導交通壅塞（因為市區沒有堪用的交通號誌）。

不過，摩加迪休市區日常生活那幅熱鬧景象也很教人驚訝。為了推銷商品，店鋪掛出五彩繽紛的手繪招牌。有些做小生意的坐在塵土紛揚的馬路邊叫賣自己的貨品，一般是少量的蔬菜和水果。另外一些人則坐在沙包後面，萬一突然爆發戰事，沙包或多或少可以保護他們。商業活動持續進行，食物顯然也買得到，可是對於因旱災與飢荒而流離失所的人而言，那種價格豈是他們負擔得起的？

因此，與我們合作的夥伴組織所經營的中心經常人滿為患。我們第一站停在位於達肯萊（Dharkenley）區的巴德巴多（Badbaado）難民營，那裡收容了大約三萬五千名流離失所的人，算是摩加迪休數一數二大規模的難民營。看得出來，同行的幾位合作夥伴有些緊張不安。

我大略觀察了一下這座難民營：營地到處是沙，而且塵土飛揚，遮蔭之處甚少。難民彼此擠在一起生活，擠在傳統的圓頂小屋之中。這種小屋由樹枝搭建而成，上面覆蓋塑膠布或是棉質衣物，不然就是他們可以找得到的任何材料。

人家簡要將我們介紹給負責管理難民營的官員，然後我們便匆匆趕去參觀一間專為營養不良的兒童和媽媽所設立的健康中心。醫師測量並且檢查

嬰孩是否患了營養不良，而在另一診療空間，工作人員把一包包稱為「胖胖果」（Plumpy Nut）的高營養食品交給每一位母親，由她們親手餵食自己那體重過輕的嬰孩。

哈爾比亞·吉拉歐（Harbiya Jilaow）是三個小孩的母親。她帶著自己那個十八個月大的兒子答希爾·努爾·阿里（Dahir Noor Ali）來看醫生。她說：「我兒子病得不輕，希望醫生能治好他。」答希爾的體重只有八公斤多一點，比同年齡正常的孩童大約輕了三公斤。

來到這裡的女人和小孩一律無精打采。他們體力耗盡，這是缺乏食物的明顯跡象。哈爾比亞說自己已在難民營裡住了四個月，又說因為她家的二十隻山羊都死了，她不得已才和家人離開自家的農地，更何況雨水也不夠，他們反正無法種植、收成作物。難民營的生活十分艱困，主因是找不到工作可做，但是儘管如此，還是比家鄉的日子好過一些。

她說：「我們期待獲得幫助，因為我們的處境真的很困難。我不斷開口向別人求助，請求幫助我還有我的小孩。我們沒得吃沒得住。」

我打算要發掘更多真相並和其他婦女交談，可惜時間根本不夠。透過翻譯進行訪談，速度可以慢得教人苦惱，不過，至少這一次的過程要比平常稍快一些，這點使我頗感慶幸。索馬利亞人是我所見過最富機智而且反應最迅敏的民族，他們說話如此快速，如此熱烈興奮，彷彿在吐子彈似的，直叫聽者喘不過氣。

隨行的安全人員以及我們的合作夥伴越來越顯得焦慮，同時要求我立刻離開。我幾乎不曾像這樣在執行工作的。一般來講，每當我到訪一個樂施會的計畫案，我會向民眾說明自己到訪的目的，以及打算拍攝甚麼東西，還有如何應用蒐集到的材料。我會告訴民眾，他們的影像和他們說過的話不僅能在國內被人看到聽到，而且還會傳到國外。我會徵詢他們，先問他們是否願意接受訪談、是否願意入鏡，或是他們有何問題、有何疑慮。他

們都是在知情的前提下同意受訪的，而我們也確信那些民眾都樂意讓自己的意見和影像被發表出去、被傳播出去。民眾一般很少拒絕，不過，在文化上比較敏感的地區裡，這種情況有時也會發生。但這一次，純粹只因時間不夠才無法完成整套的流程。咻，咻，來也匆匆，去也匆匆。我不喜歡這種工作節奏，可是別無選擇。如果我想要在這裡獲得可以用的媒體資料，那麼就得快手快腳沒命地趕。

我到後來才聽人說，巴德巴多相當接近衝突火線地區，而且有人擔心，武裝的好戰團體及其支持者或許已經滲進難民營裡。正因如此，那些索馬利亞籍的同事才會那麼坐立難安。

$$* * *$$

到了行程的第二站，氣氛便明顯和緩許多了。我們參訪了一間位於瓦貝里（Waberi）住宅區的治療中心。這處主要以社區居民為服務對象的治療中心裡面滿滿是人，我們幾乎找不到能夠擠進去的空隙。

數百名母親和孩童已經來到那裡，院方則以工廠流水線般有效率的方式幫助他們。新的病患不停湧入，醫護人員無不全力以赴。

醫護人員在旁邊一手拿著圖表，一面拿著擴音器向民眾解釋以母乳哺育嬰兒的重要性。在另外一個角落裡，醫師正在為嚴重營養不良的瘦弱孩童測量體重並且進行評估。新來病患先要為他拍照，然後詳細記錄他的情況。來到另外一個診區，有人在為小孩施打麻疹疫苗，因為人口過度擁擠的難民營裡已經爆發致命的流行。中心亦設門診服務，此外也有一個提供營養補給的地方。

幾乎每一個我所看到的兒童都有營養不良的問題。有些命在旦夕，身軀已消瘦到四肢就像細枝似的。軀幹萎縮，襯托出的頭顱大得很不自然。

三十五歲的哈葳・莫罕梅德（Hawee Mohammed）帶著她七個月大的兒

子伊伯拉因（Ibrahim）來看病。他的體重僅有四・七公斤，幾乎是同月數健康嬰兒體重的一半。

她的家庭十二天前才從海灣（Bay）地區搬到摩加迪休，因為那個地區已被聯合國宣告為飢荒災區。他們由於飢餓和乾旱的影響而離開了家鄉。這個家庭的牲口全死光了，而且孩子也都生病。哈葳告訴我們，在這十二天裡，伊伯拉因的雙胞胎兄弟因為染患下痢而夭亡了，如今，她心急如焚地想要設法保住另外這個兒子的命，但是這兒子卻發著高燒。

她指著伊伯拉因說：「現在連這一個也生病了。他們一生下來就病，這一個又是高燒又拉肚子。有人給我一些治療糖漿。現在，他不拉肚子了，我希望能替他拿到一些營養補給品。」

哈葳嘗試要以母乳哺育她的兒子，然而她本身也嚴重營養不良。她說自己幾乎無法分泌乳汁。

她告訴我：「許多人和我的處境類似，甚至還要更糟。情況實在太可怕了。我看到不少人和我兒子一樣，都是活活餓死的。」

另外一位名叫拉摩・卡席姆（Rahmo Qasim）的媽媽也帶著自己七個月大的兒子莫哈瑪德・阿布都拉西・阿布都勒・拉曼（Mohammad Abdullahi Abdul Rahman）前來看病。他被診斷出患有嚴重的營養不良。人家發給他藥品、肥皂以及一些具有療效的食品。他們住進難民營不過才四天而已。

拉摩說道：「難民營裡的日子要比以前家鄉的日子好過一些。以前我們苦於乾旱而且沒有得吃。」她步行了四天才從下沙貝勒地區的亞爾伏伊（Alfooy）走到難民營。

「我們會一直住到情況好轉才離開，直到我兒子病況好轉，直到雨下起來。到那時候，我們也許就可以動身回去耕作了。可是，雨還沒有降下之前，我們不會回去，我們會留下來。沒有雨水我們就不回去。不會。」

在一場食物危機裡，最先倒下來的通常是體質最脆弱的幼童。就算在比

哈葳（Hawee）帶七個月大的
孩子伊伯拉因（Ibrahim）來看
醫生。

較正常的年份裡，索馬利亞五歲以下幼童的死亡率也是全世界最高的，這是徹底教人不敢恭維的世界紀錄。

我不太有時間思考人家說給我聽的事，因為我在離開現場之前必須快馬加鞭工作，提出更多問題，並且趕緊以影片紀錄自己所目睹的。

我們在動身返回旅館前就已經先要求 SAACID 機構的幾位工作人員隨行，以便能夠暢談更久一點。他們告訴我的事情令我獲益良多，同時教我肅然起敬。

哈莉瑪‧胡賽因（Halima Hussein）育有五名子女，不但個性穩重而且美艷動人，一條鮮紅的頭巾襯托著高高的顴骨。她說每天前來中心尋求協助的媽媽至少兩百位。出現併發症的最嚴重病患會被通報到醫院。

她告訴我，幾乎所有的孩童都營養不良：「巴德巴多每個星期死掉三、四個小孩，都是我親眼目睹或是確實知道的，不過我想實際的死亡人數應該遠遠高於這個數目。因為最近爆發麻疹流行，我看到好多人在為幼兒挖墳坑。我自己也是媽媽。我會從自己醫護工作的立場來思考我的家庭。我經常會想，要是受苦的是我自己的小孩，要是他們變成那樣，我能幫上什麼忙呢？我看到像我這樣身為人母的人受那麼多苦，看到其他不及我幸運的人，有時我就會哭。我看到她們的處境就會哭。」

哈莉瑪透露，在她面臨的許多問題中，最困難的就是如何勸動媽媽把小孩送進醫院。她說那些婦女通常家裡還有其他很多小孩需要照顧，所以並不願意為了帶一個小孩上醫院而扔下其他小孩不管。

她搖搖頭說道：「只有百分之十的媽媽會拒絕我們的建議。那些拒絕我們建議的媽媽事後都說小孩的命沒能保住。」

「當初剛開始工作的時候，我真被情況嚇壞了。後來因為小孩持續獲得了補給品，事情才漸有轉機。兩個月前我開始工作的時候，我看到的小孩營養不良的病情都很嚴重。可是現在他們個個體重都增加了，都變漂亮了，

情況整個改觀。因為有我們的幫助，他們恢復健康，變漂亮了。」

「我很高興，那些媽媽也是。她們會到處去向那些和她們以前處境相似的媽媽宣導：『不要灰心。我小孩以前的狀況比你小孩現在的狀況更糟，可是妳看看他們現在的樣子。』我們的工作得以推展開來，靠的都是媽媽彼此間的口耳相傳。她們真的看到了不同，看到我們的努力如何改變了她們的小孩。」

她那位現年三十五歲的同事亞米娜・阿布都勒（Amina Abdule）點頭表示贊同。亞米娜的工作是社區訪視員。七年前她的丈夫在敵對部落所發動的一場報復性攻擊中喪命，留下她一個人獨力養育七個小孩。她說這份工作讓她得以支撐起自己的家計並且幫助社區其他的人。

亞米娜和其他社區計畫訪視員都在難民營裡工作。他們會把表現嚴重營養不良症狀的個案通報到治療中心，也會執行後續的追蹤訪視以及保健教育訓練。

她說：「今年是這幾年來最不好的一年。我所見過最不好的事就是：有個媽媽不肯讓人家將她的小孩子通報給醫院。那個小孩的情況十分危急，看到他就要在你眼前死去，那是多麼難受的事啊。那個媽媽因為家裡還有其他的小孩需要照料就不肯帶小孩上醫院。有些媽媽還真固執。因此我就告訴這位女士：『這樣吧，讓我陪你的小孩到醫院去，我會陪他在那裡住幾天並照顧他。求你讓我接手吧』但是那個媽媽硬是不肯。」

後來她告訴我，小孩死了。

亞米娜和哈莉瑪一樣，她說支持自己努力下去的力量源自於那些曾接受她幫助的人有了改變，尤其是看到小孩子的體重開始增加了，看到他們的臉龐豐潤起來，氣色變好。

進展不是沒有，只是速度很慢。

* * *

難民營人滿為患，收容了數以萬計因旱災和內戰而流離失所的人。眼看十月份的雨季將要來臨，我們擔心疫病很容易就傳染開來。已經有人通報霍亂和急性水瀉的病例，而麻疹則已爆發嚴重的流行。

「人道緊急援助行動」（Humanitarian Initiative Just Relief Aid，簡稱 Hijra）[27] 是和樂施會合作的另一個夥伴組織，工作重點在於提供淨水以及衛生設備，受惠的人口數高達十四萬七千。他們安置了大型水槽以及自來水站，同時將水加氯消毒，並且興建公共廁所，並且訓練公共衛生的宣導員。他們分送肥皂和四方型的大桶子給各家戶，以便家戶可以運水儲水，然後又將志工組織起來，幫忙維持難民營的環境整潔，確保水源地區附近乾淨無虞不受汙染。這個團體還會利用電台廣播衛生保健方面的知識。

我們抵達斯里加（Sliga）IDP 難民營（所在地的位置是美國駐索馬利亞大使館的舊址）準備參觀民眾取水的過程時，看到一群人正活力十足地在清掃垃圾。

我遇見哈比芭·歐斯曼（Habiba Osman），她是七個小孩的媽媽，已在難民營裡住了九個月。她告訴我：「現在供水的問題解決了，我們整天都有很多水可以用。」

據她解釋，迄今唯一需要擔憂的是麻疹會爆發流行，至於其他的疾病則多已控制下來。她說：「人家已經在水裡加氯，而且發給我們大水桶和肥皂，又讓我們接受衛生保健方面的訓練。謝天謝地，我們這裡沒有太多這方面的問題。不過，還有很多人挨餓就是了。水倒足夠，只是食物的配給並不充分。」

在索馬利亞工作的挑戰極大。莫罕梅德·哈珊·艾爾米（Mohammed

---

27 「Hijra」在阿拉伯文中也是「移民」的意思。這個非政府組織表示，此一縮寫起先意味他們支持索馬利亞南部的人遠離衝突與紛擾，不過後來也用來強調更寬廣的含意：脫離貧窮，迎向富足。

Hassan Elmi）是一位負責和「人道緊急援助行動」組織協調的公共衛生人員。根據他的說法，有些地區根本無法前去照顧，只因那裡太不安全。不過他也提到，過去那兩個月情況的確有所改善，長久以來不安定的局面如今已有轉變。

我問對方，他們所面對的最大問題為何，他卻嘆了口氣。他怪罪政府的施政效率不彰，又說索馬利亞眼前的問題上存在太多的衝突。

他告訴我：「索馬利亞之所以陷入緊急狀況並非旱災所導致的，而是因為缺乏治理。人民面臨居高不下的失業率，政府很難提供工作機會。我們沒有工廠，沒有警察，更別提醫療制度了。所有的建設都被摧毀了，因為這樣，過去二十年來，情況一直惡化下去。飢荒以及戰亂使得人民更形脆弱無助。」

根據莫罕梅德‧哈珊‧艾爾米的說法，公共衛生系統的現狀只有怵目驚心可以形容。他也估計，由於飲水遭受汙染，由於保健知識普遍不足，大多數的索馬利亞人都染患了腸胃方面的疾病。

他說：「而且人民又大部分是文盲。我們需要接受教育。難處將是如何改變人民的行為，因為我們已經變成好勇鬥狠的民族。我們需要和平，然而改變人民的行為是需要時間的。」

「人道緊急援助行動」組織從一九九二年便開始在摩加迪休工作。它的計畫人員達烏德‧阿里‧拉霍伊（Daud Ali Rahoy）告訴我們，他們不但樂意付出而且態度開放，所以贏得人民的尊敬與支持。說到態度開放，為了處理人民個別關心的問題，他們甚至成立申訴管道。

他說：「我們的計畫是透明的，可以向任何人清楚交代。我們打電話給社區，並且告訴對方，那就是我們所做的事。我們並不需要遮掩甚麼。」

他說，他們以社區為基礎的工作模式，和索馬利亞其他許多救援組織的工作模式相當不同。他們贏得了和他們一起工作的那些人的信賴，這便是

他們成功的一部分，這讓他們在艱困的時機中依然可以繼續工作。

他說：「一旦信賴培養出來，一旦你和社區建立好了關係，那麼他們就信任你，願意和你一起工作。萬一我們這裡發生甚麼事情，社區的人就會來和我們站在一起，就來保護我們。我們善用社區這項資源，那是我們的武器，我們的雙手，我們的身軀……這也是我們成功的原因。」

不過，儘管他們成效卓著，當地以及國際的救援組織對於索馬利亞人所提供的協助，仍然無法滿足每一個需要幫助的人。聯合國曾經警告，索馬利亞瀕臨餓死邊緣的人口高達七十五萬。救濟資源確實送進索馬利亞，並且送到許多無助家戶的手裡。但並非所有的家戶都受惠了。問題的癥結是：各方所提供的人道救援若從整體需求的規模來看，其實是微不足道的。有些受災最嚴重的地區依舊處於和外界隔絕的狀態。

許多家戶絕望之餘只好徒步到鄰國去尋求援助，有時甚至一走便是幾個星期。幾個禮拜以前，我曾到訪衣索匹亞的一處難民營。那裡距離索馬利亞的邊境才幾公里，收容了數以千計的難民。位於朵羅・亞多（Dollo Ado）的希羅維恩（Hiloweyn camp）可以說是世界上最不適合設立難民營的地方，荒涼、風大、塵土蔽天而且岩石嶙峋。在我眼裡，那裡似乎是世界上無論是誰都最不想待下來的地方。

可是，初抵希羅維恩難民營的人卻告訴你，營區的生活和家鄉的生活相比已有改善，那麼索馬利亞的狀況有多悲慘就不言而喻了。

每隔幾分鐘便有強風刮起來，討厭的沙塵吹進居民的眼睛、嘴巴、耳朵以及鼻孔，他們痛得整張臉都縮皺起來。只有婦女出於莊重考量而披戴的傳統頭巾可以稍加抵擋。強風吹來，只消幾秒鐘的時間，不管什麼東西便覆蓋上一層厚厚的黃褐色沙塵。

＊＊＊

在我到訪之時，樂施會就已在那裡工作了幾個星期，為難民營裡的一萬居民提供淨水、建造公共廁所並且安排衛生教育課程。裝置大型水槽或是自來水站都是和時間賽跑的行動，必須夠快，才能夠讓規模快速擴展的難民營人人有水可用。這裡是朵羅亞四座難民營其中的一座，這四個地方收容的索馬利亞難民人數總計超過十萬。

每天抵達希羅維恩的索馬利亞難民人數約有一千。他們是從一個小時車程外的中繼站被送過來的，每一個人都極度虛弱，而且大多數都營養不良。不過，對於自己能在難民營裡獲得協助一事都很感激。

五十歲的寡婦哈比芭‧阿布杜拉希（Habiba Abdullahi）離開白朵阿（Baidoa）地區丁索爾（Dinsor）的家鄉，和務農的兒子以及其他家人整整走了八天才抵達衣索匹亞。她說以前她家差不多擁有二十頭牛，但是因為旱災全都死了。過去三年缺乏雨水，他們根本無法種植作物。由於擔心性命不保，一家人便離開索馬利亞。

她說：「雖然我們面臨很多問題，而且營區裡的生活條件又很惡劣，但總是比待在家鄉要好。」

「以前我們住的地方沒有學校，而且乾旱持續不斷，根本沒有得吃。作物全枯死了，牲口紛紛死去。我們不得不搬來這裡，一切重新開始。我想日後我的孫子們會過上比較好的日子。」

三十歲的尼施‧胡賽因（Nishe Hussein）是四個孩子的媽媽，她離開魯格（Lug）的家鄉後也已下定決心不要回去。她以前在一家旅館裡賣茶為生，但是後來夜裡發生空襲，炸死了兩個人。那時她就看清楚了，留在索馬利亞不會有前途的。

她告訴我：「我們來這裡找吃的。如果現在分配給我們的食物質與量都改善了，那麼說什麼我都不回去索馬利亞。那裡沒有法律保護你，一整個是無政府的狀態。現在來到這裡，我希望孩子能夠到學校裡接受教育。」

二十四歲的莎魯拉・莫哈瑪德・伊伯拉因（Sarura Mohammad Ibrahim）是另一位逃到衣索匹亞的婦女。那時候她是坐著驢子拉的車，撐著即將臨盆的身軀上路的。後來她賣掉驢子和車，開了一間小舖子，販售一些日常的生活用品。她說她和她的家人能在衣索匹亞看到更好的前景，因此下定決心要定居下來。

她告訴我：「這裡比較安全，人道救援組織又提供我們食物以及棲身處所。回到索馬利亞，這些全沒有了。」

「這裡有些組織機構可以幫助我們，而且還有醫療設施可以利用。我肚子裡的孩子最好能在這裡出生。」

自從年初以來，直到我到訪的時候，逃離他們那飽受戰火蹂躪的國家，前往衣索匹亞或肯亞的索馬利亞人，已經超過十八萬三千人。氣象預報已經宣佈下一季的雨量也很稀少，由於安全堪慮、食物價格高漲外加作物歉收，已有幾個救援組織預期，將有更多索馬利亞人加入這波移民潮，將有更多家戶為了尋求協助離開家鄉。

已經有數萬名索馬利亞人死於飢荒，其中大部分是兒童。當地如果沒有大的改變，如果安全情況無法改善，救援組織無法造福更多人民，那麼未來幾個月裡不知又要犧牲掉多少條無辜的性命。

第十四章

不管我把帽子擱在哪裡（那裡便是我家）

我習慣告訴別人自己的工作為何。別人的反應經常是羨慕（「真了不起，但願我也能像你一樣到處旅行……」）或是恐懼（「聽起來真可怕。我不明白你怎麼應付這種到處奔波的生活……」）

怎麼能夠忍受？我猜，最核心的原因就是我熱愛旅行：初抵一個你所知甚少的國家或是地區，讓你自己漸漸熟悉那地方的時事、地理、文化、食物以及氣候，在在都會讓我感到興奮激動。如果不是這樣，我想我的生活將會像是酷刑折磨。其實，旅程本身很少是愉快的經驗，尤其是搭長途飛機，或是一路顛簸，耗費更多時間才能抵達工作現場。

有位攝影師朋友出於工作需要經常到世界各地出差，於是我就和他來上一場君子之爭。我們相互比較自己曾經到訪過的國家，並且一個一個記下來。我發現這方面也有專門網站，例如 mosttravelledpeople.com 就是，而且有些人還很認真看待這件事，只是我沒加入罷了。然而，抱著和我那位朋友一較高下的競爭心，我也坐下來把自己曾造訪過的國家列出來。我最近統計出來的數目是八十四國，但這只是世界總國數的大概三分之一，也許並不像別人想的那麼多。不過，我因為工作需要或是旅遊目地倒是曾經一再造訪某些國家。

旅行變成一種癮頭。每當我在某個地方停留的時間超過幾個月，而且又有兩三周不曾出差到現場看看的話，那麼就會出現焦慮的跡象。也許那是因為我害怕自己開始習於辦公室的一板一眼，害怕被剝奪掉外出工作時所享受的感官歡愉以及人際互動。

這本書大部分是在柬埔寨完成的，將近六年以來，那裡就像我家，也就是我「放東西」的地方。我出差工作時就把書籍、圖畫、相片等等放在那裡。十年以前我是新聞記者，那時就曾在柬埔寨住過三年，至今那裡還有許多朋友。

我和一些從事緊急救難工作的同事不同，我確實擁有自己的住處。許多

其他從事緊急救難工作的同事不出任務的時候，或是使用他們父母家裡的閒置房間，或是和各種各類的朋友湊合著住。我在海外生活工作多年之後，我再也不習慣回英國和父母一起住上太長的時間。在他們心目中，我依然只是十三歲的少女，而不是已經自力更生獨立生活了幾十年的成人。我們掉入了複雜的親子關係中，那是父母期待和女兒行為之間大有落差的典型情況。

和朋友住在一起怎麼說都是最棒的事，可是在行為上你卻也必須擺出最好的那一面，要和藹可親、要討人喜歡。一早醒來，臉不能臭臭的，而且你的房間必須保持乾淨整齊。你沒辦法隨心所欲使用浴室或是廚房，此外你還必須參與友人家庭的活動，和小孩以及寵物打成一片。

如果你沒有自己的窩，那麼最急迫的一個問題便是如何處理你的「東西」：書籍、衣服還有救難工作結束之後從世界各地順便收集回來的物品。收集品中最重要的首推一整批的工作服，每次出任務到救難現場時必定裝箱隨行的工作服。可是一連幾周甚至幾個月都穿這些自己帶去的衣服後，我經常開始感覺煩膩了。這時，我就喜歡回到柬埔寨，然後改穿不一樣的衣服，換上出任務的時候絕對不穿或很少穿的衣服。

我喜歡回到家裡，而且需要的時候就把音樂聲響開到最大，不像你和別人共處一屋或是住在廉價旅館那樣，擔心吵醒同事，同時也不必為你住處的乾淨與否負責。你也不必像在臨時住處那樣，為讓自己的窩看起來較有家的味道時，顧忌可不可以把圖畫和相片掛出來、擺出來。

話說回來，不管被派到哪裡出任務，我都設法適應新的環境並且盡可能營造出來家的感覺。小東西可以產生大不同。音樂真的可以是最重要的環節，此外，電腦裡面可以存放家人和朋友的相片，也可以欣賞很棒的光碟，甚至有時你也可以在當地的商店買到家鄉來的食物慰勞自己一下，不然在狹小有霉味的房裡點燃一支好聞的香也是不錯。許多英國同事會隨身帶上

一罐橘子醬。以前我擔任駐國外的通訊記者時也那麼做，不過也許因為出國時日一久，思念故鄉事物的感覺也就鈍掉了。當初在英國時認為理所當然不可少的東西後來也都可以割捨掉了。

不過，思鄉病最好的特效藥還是找你身旁的人，找到你可以和他們說話、向他們傾吐心事的人。每當事情出現重大轉折，你的壓力也會隨之增加，這時你就找人將感受說出來，和人分享一則笑話，然後出去喝一杯或是吃一頓。

馬文・蓋伊（Marvin Gaye）的一首經典名曲經常會在我的腦海響起：「不管我把帽子擱在哪裡（那裡便是我家）」。這是我目前生活很好的寫照。

人家經常問我，那麼愛情的事怎麼辦呢？唉，問得好。如果你想維持穩定的情感關係、健全的關係，那我就不建議你從事必須能迅速上路、趕往緊急救難現場的工作。

臉書和 Skype 都是讓你能和世界各處心愛的人保持聯繫的絕佳方法。不過，前提是要有網路可用才行，而在我身處的工作環境中，並不能保證隨時都有網路可用。

有些從事現場緊急救援工作的同事不但結婚而且還有小孩。我很好奇，他們出任務長時間不在家的時候，到底是如何熬過來的。

其他有交往對象的人或許覺得經營情感關係絕非輕而易舉的事。我們這些孤家寡人當中有的自有應對之道，只是，如果你因為某次任務只在一個地方待上幾個星期或是幾個月，那麼你要充分了解誰也不容易。始終幾乎都是打游擊式的交往。

事情總有正反兩面。有時難得回去英國一趟，我總有一種強烈感受：自己雖然身在母國，卻已經變得像觀光客一樣，不太能融入當地似的。

和常住英國的朋友晤面感覺上竟像一場反方向的文化衝擊。我從經驗中學到，除非談話對象是和我跑過相同路線的新聞記者或是攝影師，否則

我在巴基斯坦，2011 年。

不要談論太多有關自己的工作或是自己曾經去過哪裡的事。不然的話，就會出現千篇一律的反應：才過兩三分鐘，對方眼神開始變得呆滯，注意力也不能集中。要他們聯想或是了解我所經歷過的某些處境其實可能相當困難。

同樣，當我出席晚餐派對或和朋友出去喝一杯時，總覺得自己是活在另外一個星球的人。我不再跟得上所有的文化話題，特別是最近膾炙人口的電視秀以及流行文化界的當紅人物。

這是一種文化衝突。我會設法彌補缺憾，搭飛機的時候補強最新影片或是去找光碟來看，並且透過網路收聽音樂。在某一些方面，世界越來越朝全球化的方向前進，因此情況也許不像你想像的那樣難懂。

然而，過去幾年當中我也逐漸覺得不太需要那麼辛苦。每到一個地方，我應該只需要享受事物它的原本樣態，敞開心胸享受生活為我們提供的樂趣以及歡愉，並且品賞各種差異以及每件事物獨一無二的特質。無論我到世界哪個角落。

chapter 15

第十五章

重返
海地

二〇一一年十二月

我並沒有期待重返海地。兩年以前，我是第一批抵達島上樂施會救援隊的成員，那是大地震發生後才幾天的事。那場毀滅性的地震導致二十二萬人罹難，無家可歸的人超過百萬。

在我採訪過最棘手的緊急事件當中，那一次可說是名列前茅。等到大約三個星期之後我離開海地了，我才發現那趟任務如何強烈影響我的情緒。時至今日，雖然時間以及空間都拉出距離了，每次只要談起我在海地那一段經歷，朋友都說我的聲音就會變得沙啞。

因此，等我再度坐上飛往傷痛之都太子港的班機時，我的心裡不免浮現些許憂懼。讓我擔心的事最主要是：從我離開以後，情況沒有太大轉變。我先前曾讀到那裡爆發霍亂疫情，而且重建速度十分緩慢，此外，棲身於難民營的人仍然超過五十萬，很多人依舊住在帳篷裡、防水布下。一想到我現在將看到的場面可能不比兩年以前我離開時好到哪裡，我就覺得害怕。

上一次我來海地的時候，該國機場由於受到地震破壞，國際航班無法起降，我只好走陸路從多明尼加共和國那邊過來。而這一次，我們這一架坐得滿滿的班機則直接從紐約飛到太子港的杜桑·路維莒賀（Toussaint Louverture）國際機場。兩年以前，我曾在飛機跑道上耗掉不少時間。因為那裡站滿了外國電視新聞的採訪人員，大家都急切想獲得新聞以及資訊，所以應是最理想的會面地點，也是安排和媒體進行廣播採訪最好的場所。不過，那是美國空軍接管機場之前的事。美軍接管之後，機場重新開放，但僅供運送人道救援補給的飛機起降。

我們走出這座已經耗費數百萬美元進行整修翻新的機場，只見現場已有海地的樂團演奏歡快的音樂歡迎我們。場面相當怪異，彷彿我們是前來海地度蜜月的觀光客，在步出機場前往天堂也似的勝地時，還有樂團隨行。太子港當然不是這種地方，不過樂聲倒是提振了我的精神，使我臉上漾起

歡迎的微笑。

車子正等著我，等我坐進車裡，便直接駛往樂施會的辦公室了。我迫不及待地望向車窗外面，設法將眼前的景象拼湊起來，並且拿來和我初訪海地時的記憶比較一番。

第一印象並不好。雖然已無倒塌的建築物橫阻道路、妨礙通行，但是街上依然到處散落碎石，建築物和住家四周仍舊堆著瓦礫。有些嚴重受損的建築物雖仍站得住腳，然已險象環生，只能在其他重建的工地之間苟延殘喘。市容看起來仍像剛剛經歷過浩劫一樣。

根據估計，震災過後，首都各處散落大約一千萬立方公尺的碎石瓦礫。據說如果出動卡車一輛接著一輛去載，載完那些垃圾所需要的車隊會比地球半圈圓周還要更長！人家還告訴我，兩年都過去了，清運掉的碎石瓦礫還不及總量的一半。

然後就是搭了帳篷的難民營。離開機場不過才幾分鐘，第一座難民營便已映入眼簾。我初訪時所熟悉的寒傖避難所、以碎布衣料和塑膠布搭起來的避難所已不復見，眼前的難民營看起來已成永久的設施。這點可真教人難過。裡面的人似乎打算定居下來，當初明明只是不得已的權宜之計，如今卻變成唯一長遠可行的解決之道。

悲哀的是，對數以萬計的家戶而言，情況並非如此。自從家屋毀於大地震後，他們就在私人的土地上紮營。如今地主因為過去兩年中完全收不到租金，所以難民面臨被驅離的威脅，而且地主經常訴諸暴力手段。

生活在營區裡的難民，和營區四周已有歷史的社區、以及私有地地主間的關係日益緊張。由於營區居民遭受暴力驅離威脅的人數陡增，包括樂施會在內的救援組織便開始對情勢加以持續監控。

到訪的一兩周之後，我發現住在首都某個營區四周的居民，由於營區儼然已成永久設施而感憤恨難平，並且將其視為眼中釘心頭刺，以致出手燒

毀設置在營區邊緣街道旁的淋浴以及如廁設備（因為營區太過擁擠，公共廣場已經容納不下）。這個地方便是兩年前我為無家可歸的人提供水和基本衛生設備的營區。

有些關鍵問題至今尚未找出答案，如下便是其中一項：數以萬計的家戶至今仍找不到落腳處，不知何去何從。該國政府似乎提不出全面的解決之道。在重新安置災民的這一方面，或是提供可行替代方案、避免他們露天生活在艱困環境的這一方面，該國政府也沒有什麼時間表。失業或未按專長就業的比例高達百分之七十，而難民營裡的人也幾乎找不到離開難民營遷往他處的方法，因為他們硬是沒錢支付任何最基本的開銷[28]。

震災發生兩年，大概還有五十萬個家戶住在帳篷裡面、防水布下。如果需要拿出什麼證據強調復元以及重建之路遙遙無期，那麼上述現象即為顯著例證。我在心底打起寒顫。記者如果要寫大地震兩年後海地重建工作無甚進展的負面新聞，那麼他的撰稿素材夠他寫不完了。

* * *

這回我從柬埔寨飛過來，那裡和海地正好有十二個小時的時差。在調整時差的過程中，頭幾天我試著重溫一遍自己兩年前的足跡。我禁不住想回去以前曾經到訪過的地方，想看看我不在的這段期間裡，情勢是否有所轉變。我首先參觀的幾個地方就包括樂施會的辦公樓，當年在震災中嚴重受損的辦公樓。那棟建築物已獲重新整建，並已重新粉刷，現在變成一家私人公司的辦公樓，而原先的附屬建築則用圍牆隔起，最上面兩個塌陷的樓

---

28 國際移民組織（The International Organisation for Migration）在八月間進行一項民意調查，詢問超過一萬五千名住在難民營裡的人：儘管營區裡生活不安全又不舒適，他們為何仍要留在該處。百分之九十四的受訪者表示：如果能夠找到其他棲身之處，他們情願離開。大部分受訪者表示無法即刻離開營區，因為他們沒有錢支付房租，沒有錢修復或重建他們半毀或全毀的屋舍。

層已被移除，我猜是為了防範它砸傷下面來往的路人。

　　無家可歸的家戶被安置在一處龐大的難民營。那裡原本是高爾夫球場，位於佩提翁維勒那處滿眼綠意的富裕郊區。難民營今天依舊人滿為患，收容人數一度高達五萬，後來數目雖有減少，可是大家仍然擁擠度日。現在供他們棲身的克難住所比以前我首度造訪時看到的結實。樂施會安置的設備，例如公共廁所和淋浴間，至今仍在那裡。居民每天必須為生活上的基本事物傷腦筋，例如乾淨的水、些許隱私、一份工作，急迫的程度和以前一樣。

　　為了找個能將整個難民營一眼看盡的制高點，我走入帳篷與帳篷間的狹窄通道。空氣中瀰漫著些許緊張氣息。居民雖不至於表現敵意，但是我感覺到自己不受歡迎。這裡也許是吸引最多新聞記者和電視攝影機到來的難民營，如今是由好萊塢男演員西恩・潘（Sean Penn）所創立的非營利機構「J/P 海地救濟組織」（J/P Haitian Relief Organisation）負責管理。我們匆匆在四處看了一眼便離開了。我並不想造成任何沒必要的緊張。

　　事實上，樂施會和許多其他的組織已經撤出，或是現在正準備撤出為那些無家可歸的人所設立的難民營。以前，我們曾在其中工作過的難民營超過一百二十個，提供他們例如清水以及保健設備等緊急保命必需品，同時進行衛生宣導活動。我們仍在兩座難民營裡提供這類服務，其中包括位於佩提翁維勒的那一座，不過已經準備逐步撤出，並計畫在二〇一二年一月底以前離開。

　　我們已經將大部分供水以及衛生設備操作的主導權，移交給營區裡面經過訓練的水資源志工委員會，這也是我們撤離前的一項準備工作。此外，我們還確定營區之中供水／衛生的替代方案也已到位，比方確定被我們委婉稱為「掃洗手間」的掏糞工作將能確實執行。

　　援助組織的焦點，已從緊急救濟轉為較長遠的發展工作，著力點也不再

是難民營，而是一般社區，重心放在扶植小型企業，設法創造就業機會。我們同時也嘗試和當地組織建立夥伴關係，目的在於強化公民社會以及在地能力。大地震發生前，我們在海地的例行活動大部分是在首都以外的鄉村地區進行的。

撤離難民營是一項困難但又不得不爾的決定，因為我們認定自己的團隊總不能永遠待在那裡。大地震發生後緊接著的那段時間，海地遭逢有史以來最嚴重的緊急狀況，我們在這種情況下才來海地進行必要的人道救援工作。可是如今兩年都過去了，海地政府必須擔起責任，找出較長遠的解決辦法。

有些時候，我們不再雇用卡車免費載水來給難民營用。他們必須付錢購買乾淨的水，就像地震發生之前首都大部分的居民一樣。僱車載水，然後無償供應給人使用其實是很花錢的，更何況捐款者也都明確表達立場，未來他們不再無限制地捐錢讓我們一直免費供水。而事實上，海地負責供水等事務的機構「國家飲水及環境衛生中心」（DINEPA）也敦促所有免費供水的組織重新評估這項善舉，其觀點是：除非用水家戶開始付費，否則上述組織就沒有資金可以建設一套海地目前最迫切需要的永續供水系統。

太子港市中心總統府的外面，仍然常設許多露天帳篷，以及移動式的廁所和淋浴間。裝飾縟麗的總統府似乎至今都還沒有進行修復工事，它的二樓被大地震震垮，而且正中央的一座圓頂則被震得歪向一邊。不過，人家告訴我，目前有些官員依舊在這棟危樓的辦公室裡辦公。建築物外面的環境整理得一絲不苟，顯然有人專門負責經常修整草坪。

總統府的柵欄外面有許多叫賣小販以及無家可歸的人。另外還有些人躺在柵欄基座狹窄的石臺上小睡片刻。其他的的人則忙著向過往的行人推銷手工紀念品、圖畫以及明信片。

海地多采多姿的街巷生活已經捲土重來，而且熱鬧程度更勝以往，彷彿

心有未甘，為了彌補什麼似的。因為有太多人再也無法走進以前的辦公室和建築物裡工作，不少企業乾脆就在路旁重新營業。半毀的牆壁或是柵欄上面掛著等人來買的二手衣物。賣水果的坐在大陽傘下叫賣他們的貨品。有人臨時擺個攤子，賣起從坍塌的建築物裡撿拾出來的東西，例如成套餐具、華麗燈具、鏡子以及花瓶。

不過，我個人最中意的還是販賣藝術品的貨攤，從油畫、水彩（用色通常艷麗耀眼），到用亮片和有孔小珠裝飾的巫毒旗幟都有。我也喜歡一些攤位出售的那種漆得五顏六色的鋼製藝品，有的做成鏡子，有的組裝成公車「塔普—塔普」的模型，那種海地特有的公車通常被漆得色彩繽紛而且塞滿乘客和貨物。

圖畫的主題通常呈現農夫、市場以及市民多多少少被理想化的形象。可是，在大量生產的仿作當中偶爾也能找到比較有趣的東西，有時取材自海地所經歷過的混亂階段以及人民籲求幫助的絕望心情。在某一間檔次較高的藝廊裡可以買到已由藝術家手繪過的震災礫石。

兩年前我就看到，海地的藝術已經開始復甦。有一位藝術家就在我們辦公室過街的地方住下。剛開始的幾天裡，我沒有看到任何藝術家或是賣東西的人露臉，或許只有擺出幾幅逃過地震浩劫的作品。可是有一天，那位藝術家兼賣東西的人現身了。接下去的每一天，他擺出來的作品逐漸增多了。然後，那些作品竟以長龍之勢一直排到路的盡頭。海地豐富的文化毫無減損地延續下去了。

太子港的街道插遍了旗幟又貼滿了巨大的海報，都是為在城裡演出的樂團和舞蹈做宣傳的。週末的時候，市區的酒吧、俱樂部和餐廳通常都是顧客盈門，在佩提翁維勒和戴爾馬（Delmas）等富裕的郊區裡情況尤其如此。

響亮的嘻哈音樂以及饒舌歌曲從酒吧裡傳出來，頗有和當地樂團演奏的較傳統的海地傳統舞蹈音樂「孔帕」（compass）互別苗頭的味道。「孔帕」

的樂聲從窗戶飄出來，舞廳裡也是人滿為患。男士將女舞伴緊緊摟住，以至於後者幾乎沒辦法呼吸了。大家熱情投入海地的夜生活裡，他讓眾人暫時逃離太子港那觸目盡是瓦礫堆的市容並且暫時忘卻日常的憂慮。喝點東西也有助於擺脫煩惱。我在太子港喝過的烈酒，其酒精濃度高於我在其他地方喝過的飲料。

兩年前的印象至今有些仍然十分深刻，其中的一幕來自我參訪的加爾芙‧斐伊（Carrefour Feuilles）郊區那個受創特別嚴重的巴耶吉歐（Baillergeau）社區。那是數一數二我看過受災的最嚴重的地方。大約百分之九十的建築物被夷為平地，觸目所及盡是到處散佈的瓦礫，幾乎把路面都遮不見了。先前的足球場如今充作紮營營地，露宿的人超過一千。

我想要回去那裡，為的是要看看兩年來的改變如何，而且可能的話，還要和兩年前同我說過話的人再度晤面。

那一帶地區今天看起來依然滿目瘡痍，不過至少有許多瓦礫已經被清運掉了，而路上的交通十分繁忙。當時急就章設置的營地已經不見蹤影。大部分人如今都已遷入過渡期的屋棚，建材用的主要是木材和錫板。

重建工事隨處可見。載運各式各樣建材的卡車在那條被強風吹得塵土飛揚的狹窄道路上來來去去，同時發出刺耳的噪音。一群又一群的民眾一旦在路邊覓得合適地點便就地設個小亭子賣起食物以及其他基本的生活必需品。

＊＊＊

我在巴耶吉歐找到了瑪格麗特‧尤裡斯。她在大地震發生兩天後在克難的露天營區裡產下一個名叫內卡的女嬰。當時距離最近的一座醫院已被大地震摧毀了。

兩年前我初次遇見她的時候，她明顯是心力交瘁，而且飽受憂慮折磨，

海地的小學女生，震災兩年後。

不過仍因自己能順利產下健康的嬰兒而感喜悅。

　　她把女兒摟在懷裡，一面告訴我說：「我這女兒是上帝的恩賜。我們損失了所有的東西，不過只要上帝願意幫助我們，我知道一切都會順利的。」

　　兩年過得真快，如今內卡已長成一位健康、合群又淘氣的學步孩童。瑪格麗特・尤裡斯的大女兒索拉雅（Soraya）幾乎已算青少女了。她穿著漂亮整齊的學校制服，頭髮用紅色絲帶繫住，而瑪格麗特如今又懷有六個月的身孕了。

　　能夠與她重逢我實在太高興了。先前，我發現自己在夜深人靜的時候會不斷回想起海地大地震發生後最初那幾個星期的混亂狀況，並且很想知道那些劫後餘生曾把經歷說給我聽的人近況如何。如今，我總算有機會將某些空白填補起來了。

　　我們相互擁抱問候，然後坐下來談話。瑪格麗特指向一間寒傖單薄的單房木屋，那是她和家人目前棲身的臨時住所。她告訴我：那一陣子她幾乎每隔一小時就要打掃一回，就怕屋裡塵土一多，孩子容易生病。

　　顯然瑪格麗特日常仍需努力才能勉強度日，不過她既不悲觀又不怨天尤人，只是感謝樂施會以及其他救援組織所提供的救濟。

　　她也承認：自己當然希望情況能夠快點好轉，但是你也不得不遷就於現實。她對許多件事感到開心：她的丈夫曾受警職訓練，預計很快就有一份正式工作，這點就和許多海地人不一樣，此外，她的小孩身體都很健康，長女還能到學校受教育。

　　目前她最關切便是住的問題。她想要搬離這處與礫石和塵土為伍的臨時住處，換到一間她能真正稱為「我家」的永久居所。

　　她告訴我：「在我看來，孩子的未來比任何事情都更重要。當我死的時候，我想確知自己能留給女兒一個可供成長的地方，同時確知她們能在學校裡完成學業。我希望有一天能搬離這個暫時的住所。我的孩子、我的家

人全都健健康康，這點我很高興，希望未來我們的生活可以改善，可以過得更好。」

我問瑪格麗特和其他幾位巴耶吉歐的居民，他們認為重建的速度如何，對於一些批評援救組織的觀點又有什麼看法。他們的回答令我感到驚訝，因為他們既不生氣也不心懷怨懟，只是感謝外界提供的支援。沒錯，他們退一步想。情況能夠快些改變的期待儘管落空了，但對未來事情能獲改善的這一點他們依然滿懷希望。

在我看來，很多人提出的評論都切中了要害：與重建有關的各方都必須要奉獻心力，唯有如此，才能產生真正改變。他們認為政府應該和人民、和社區更加緊密結合起來。對於未來，人民眼睛是雪亮的，知道如何才能使自己的社區再度恢復活力。如果政府在擬定重建計畫的過程中繼續忽視在地人的觀點，那麼大家所期盼的真正改變，那麼那些人云亦云「海地重建要更好」的目標終將流於空談。

海地的新總統米歇·馬戴立（Michel Martelly）以前是名聲響亮的「孔帕」歌手，外號「甜心米奇」（Sweet Micky）。他在總統大選的第二輪投票中以壓倒性的勝利脫穎而出。他承諾要進行改革，不但要突破過去的框架，還要讓海地人的日子過得更好，讓至今仍掙扎著要從大地震復元過來的海地人可以改善生活。他在五月間宣誓就職，但一直等到十月才組好內閣，因為反對黨佔多數席次的國會兩度否決他所提名的首相人選。當時是海地最需要強勢領導以及效率施政的時候，需要執行各種實用方案之際，寶貴的幾個月就被延宕掉了。

新總統就職如今快滿兩年了，政府早已開始運作，可是橫在眼前的任務似乎依然艱鉅。住在難民營的人數仍高達五十萬，待業人口仍然居高不下，大部分居民連電和自來水等最基本的生活資源都沒有，許多家庭根本供不起小孩上學。先前一年，樂施會曾委託一項研究案，調查一般海地人最主

要的需求為何。答案並不超出預期，不外乎就業、教育以及住房，而且排序正如上述。如今，從我和一般民眾的談話中亦可探知，前幾名的需求依然是那幾項。他們渴望找到工作，同時重新過起昔日的生活。大部分人並不想要被動領取救濟，而是希望投身重建過程，希望做點工作，獲取些許尊嚴。他們想要為自己和下一代構築較好的未來。

由於當初新政府在開頭那幾個月一時無法步上正軌，外界應允捐助用於重建海地的數十億美元也遲遲無法到位。根據聯合國的的統計，截至二○一一年九月底，捐款人承諾支付二○一○年及二○一一年的四十六億美元重建資金僅撥付了百分之四十三。

由於政府的預算百分之七十來自國外的發展援助計畫，如果海地一些最急迫的問題需要加以處理，那麼就必須挹注更多金錢。

另外一個問題是：名為「海地重建臨時委員會」（IHRC）此一協調統合的組織面臨前途未卜的關鍵期。當初設立這委員會的目的在於統籌、協調以及批准國際捐款單位、非政府組織或是私人部門金援海地的計畫，以避免過與不及的資金挹注情況。該委員會的任期已經屆滿，但是各界對於是否應該加以延長看法不一。它過去的紀錄毀譽參半，雖然批准了七十五個總金額高達三十二億美元的重建計畫，可是在其運作期間卻也遠遠無法培力政府，無法更積極地與公民社會互動。然而，如果少了統一事權之中央層級的協調機構，捐款人就不會情願再支付更多重建資金。如果無法延長「海地重建臨時委員會」的任期或是創立一個國家級的專責機構，那麼已經允諾的資金就有可能化為泡影。

事情進展太慢，沒有足夠衝勁，缺乏中央指揮，在在很容易便感受得到。不過，改變儘管零零散散，終究還是不停發生。

＊　＊　＊

有天早上，我到摩爾尼拉札爾（Morne Lazarre）。那一帶是太子港較為貧困的地區，同時也是地震時受創較嚴重的地方，和巴耶吉歐有點類似，市容依然殘留災害蹂躪的跡象。瓦礫仍然一堆一堆，許多遭破壞的建築物突兀地立在那裡。樂施會和當地一個名為「摩爾尼拉札爾婦女組織」（OFAMOLA）的機構合作，執行的計畫包括發放現金補助、創業扶植、婦女職訓。

此一計畫幫助二百多位婦女在社區中創立小型企業或是恢復他們曾經經營過的小型企業。不過，我觀察到值得注意的事其中一項便是：除了簿記、理財以及投資、存貨管理、顧客關係以及企業發展等與經商有關的職訓課程外，也開設了識字課程。

在海地，成年人口具備讀寫能力的不到一半。「摩爾尼拉札爾婦女組織」的會計歐貝德‧古爾丹（Obed Gourdain）告訴我，他相信掃盲計畫對於參加的人已發揮了巨大的影響。

他說：「課程剛開始的時候，學員只能以筆劃個十字代替簽名，到了隔年二月底前，他們已經能拼寫自己的名字了。如今，他們走起路來都把頭抬得高高，從此看得懂了身旁的廣告牌。有些人隨身帶著筆記，以便隨時向別人展示自己的書寫能力。」

他說：「掃盲課程是這個計畫案裡最重要的一環，因為訓練一個人學會讀寫就等於給予他許多自信。」我遇見一些受益於上述計畫案的婦女。五十歲的安娜-席西里亞‧讓—皮埃爾（Anna Cicilia Jean-Pierre）經營一家賣衣服的小舖子。她認為衣服能為被大地震蹂躪得面目全非的社區增添一些美感。她專賣婚紗禮服。她驕傲地告訴我：「附近這一帶找不到其他類似的店。我確實為居民提供了服務。」

「我賣的衣服都很美。我能夠幫助年輕的女孩子辦好漂亮的婚禮，而我也很高興自己具備這份能力。我賣出好看的服裝，並且幫助她們一圓婚禮

的美夢。」

安娜─席西里亞在大地震中幾乎失去一切，所以很高興獲得一筆補助金並重新開店營業，特別是她今天已是家裡的經濟支柱。

她說：「樂施會幫了很大的忙。大地震發生後，我完全失去希望。等到我們獲得那一筆補助金，我才覺得自己活過來了。我必須動腦筋構想如何進貨、如何再度把店再開起來的事。這一筆錢減輕了我好大的壓力。」賺來的錢讓她的孩子都可以再回學校讀書，而她自己有生以來也第一次開始學讀學寫。

她很認真地告訴我：「我現在會寫自己的名字也會填表格。以前我不會讀克里奧文，但是現在學會了。我要繼續參加這個計畫，還要再求進步。我的生活改變了。」

另外一位受益於上述計畫的是五個孩子的母親芭席樂‧歐克塔維烏斯‧伏蘭西勒（Bazile Octavius Francile）。我遇見她的時候，她正坐在自己那間雜貨店外面街道的另一側。她坐在遮蔭的大陽傘下面賣麵包。可是每隔幾分鐘就有顧客走近她的商店，這時她便趕緊起身，然後走過街去服務他們。她這家鋪子生意顯然很好。她說自己學到的最重要的事便是顧客關係：你提供好的服務，他們就會再來光顧。

送走一位顧客之後，她又坐下來和我說話。她說現在新店面就位於舊店面的對街，而舊店面已在大地震的時候倒塌了。自從店鋪重新開張，做生意賺來的好利潤讓她得以多進一些存貨，同時增建一處存放飲料的空間。

她面帶微笑說道：「大地震震掉了我的希望。小孩子要念書，可是我供不起。多虧現在這個計畫，我才有錢進新的貨，同時擴展店的規模。現在，店裡的存貨有不少新的商品，像油和飲料，都是以前沒有賣的。」

芭席樂也去上識字課，並認為這門課讓她起了很大的改變。她說：「上課之後，我更能掌握自己的母語克里奧語。我知道如何拼寫出來。以前，

我看不懂街上的招牌，但是現在看懂了。我去登記這家店的時候已經會自己填寫表格。這種協助令我有機會重新開始，讓我比以前更堅強。它讓我活得更好。我那時候覺得自己好像快死了。如今這個計畫幫助我找回生活，讓我重新綻放笑容。」

顯然，因為推動了這一類計畫，許多人的生活都改變了。接下去的幾個禮拜裡，我參訪了更多相似的地點，也都是樂施會和夥伴機構一同工作服務過的地點。我們在社區裡安置供水設施以及廁所，執行健康保健宣導活動，以防止像霍亂那樣的疾病流行起來，並以發放補助金和提供職業訓練的方式，扶植民眾創業經商。職訓課程亦包括識字班級，它讓群眾找到了驕傲的感覺，讓群眾確立了生活的目的。

我真希望能說：海地在我離開後的這兩年改變很大，但實際上，我辦不到。不容否認，大地震後湧進海地的緊急救濟資源以及捐款，幫助拯救了不少人命，同時向數百萬人口提供例如食物和水等基本且重要的東西。可是，海地重建的速度卻是另外一回事。

不過，我初訪海地時讓我感到驚奇的事，等我再度來訪時依然教我著迷。儘管日常生活充滿困難與挑戰，海地人依然展現精力、創造力以及一份聰慧。海地人很懂得求生之道，而且腳踏實地，絕不是失敗主義者。他們仍舊盼望改變，同時相信改變終有來臨的一天。

海地人未來配過更好的日子。以前許多一起工作的海地同事告訴我，他們最痛恨人家說海地人是「能屈能伸」的民族，因為「能屈能伸」的弦外之音便是消極耐受命運強加在他們身上的一切。他們並不是消極在等改變或是人家施捨的東西。他們積極設法為自己、為家人的美好未來而奮鬥。已經太久沒有人傾聽他們的聲音，自己的政府忽略他們，捐款人以及救援組織也不重視他們。

大地震已經過了兩年，當局有必要展現新的領導手腕以及方向。他們必

須開展長遠的計畫以讓人民回去職場，同時培養他們的職業技能，此外，還要重新安置數以萬計至今仍住在帳篷的人。統治者必須要有讓海地脫胎換骨的鴻圖。政府必須更勤於傾聽人民的聲音，知道他們盼望重建後的國家是何樣貌。惟有如此，人民方能活得有尊嚴。海地人始終帶著耐心等待改變。改變應該早點到而不是晚點來。

　我離開海地的時候途經紐約，並且花了一個下午的時間參觀設立在世界貿易中心原址的九一一國家紀念館。儘管遊客多如過江之鯽，儘管安全措施異常嚴密，儘管市區的交通量如此龐大，我還是覺得那是一個既令人極度感動、但又寧靜的地點。罹難者的姓名被鎪刻在位於兩座大瀑布和映照水池四周的壁板上，而這些不偏不倚就位在雙子星大樓一度矗立的地方。

　最後，我仍陷在沉思之中，腳步卻已經由一間紀念品販賣店逛出紀念館了。途中，有個鑰匙圈吸引了我的注意，因為上面的文字寫的是：「在黑暗中，我們閃得最亮」。我想，多簡潔但是又多真實的一句話啊！這一句話無比貼切，不單適用紐約這個由於人為因素而造成慘重死難的地方，也適用於許多我在世界其他地方遇見的人：他們必須面對因天災或是人禍而起的動盪、破壞以及毀滅。我們每個人的內在都蘊藏人性的光輝，那是為善能力、勇敢以及仁慈，經常在最艱困的時局中顯露出來。促使我們為更美好世界而奮鬥不懈的正是這股力量，不僅只為自己，還為將來世代。

保持堅強

我在訪問裡描述災民的時候經常用「逆來順受」一詞來表達我對他們的敬佩。這些人經歷了創傷、衝突、戰爭或是自然災害，卻還能夠繼續奮鬥。

我在二〇一〇年海地大地震災後多次使用該詞來形容各社區的力量以及堅毅精神，因為他們努力要從那場毀滅性的天搖地動中恢復過來。

不過，我在海地當地的同事一聽到這個詞的時候幾乎要打起寒顫了。對於他們而言，這種描述是負面的。他們覺得，這意味著無論發生什麼，海地人民只知消極承受，而且大難過後，也不會變得更有尊嚴、更富機智。

以前，我會堅持己見，認為他們誤解我的意思。然而現在，我在使用「逆來順受」以前都會猶豫一下，考慮身陷災難而受苦的人民，注意他們對這字眼的感受，因為我想避開它代表的負面意涵。距離我第一次到訪海地已經好幾年了，但當年我目睹的那一切（無論經歷過的事件或是遇過的人）到今天仍深深影響著我。

在我多年從事救援工作的過程中，我認為那是自己職涯最關鍵的一個時刻。它在我的心靈深處留下情緒傷口，而且無論日後我認為自己已經如何邁步向前，這道傷口從未真正治癒。

在我寫這篇跋的時候，就在義大利中部仍因那場強度達到六・二級並奪走將近三百條人命、導致好幾千人無家可歸的地震而驚魂未定的時候，海地的經驗仍歷歷在目。建物坍塌、滿目瘡痍；臉部蒙灰的人在瓦礫堆中找尋至親；死裡逃生的人獲救之後大家欣喜若狂；救援工作的進度未如預

期引發了挫折；政府無力處理從世界各地湧入的救災資源，因而導致民怨；質疑領導能力以及貪汙腐敗等的問題；質疑救援物資發放是否得宜；每天都被電話故障、通訊失靈、沒電沒燃料等問題弄得灰心喪志。

我們是否真正從災難和緊急事故中學到教訓？在我報導不同災難現場的時候經常思考這個問題。海地震災之後，二〇一五年四月尼泊爾也發生奪走八千條人命的地震，媒體很快便指出：各界一再敦促加德滿都政府需有更多作為，如此方能提升它的災難風險管理能力，而且許多專家警告：如果地震襲擊加德滿都市區將會造成浩劫。

尼泊爾地震過後，我聽見許多專家在訪談中表示：由於上述警告未獲重視，由於當局未撥足夠款項研究如何防範浩劫發生，他們因而感到氣餒。

取得足夠資金以便預先擬定防災計畫，這點並不容易，然而等到緊急狀況一旦發生，電視出現驚心動魄的畫面時，募款就相對容易了。對捐款人而言，未雨綢繆、降低災難風險計畫這種主題並不具有魅力。

最近，我移駐伊拉克的巴格達，效力於聯合國的難民組織，UNHCR（聯合國難民署）。我關注的核心議題是該國日漸惡化的人道危機，絕大部分是人為衝突所造成的危機。

我們這些在衝突地區服務的人道工作者都十分清楚：我們所奉獻的只是杯水車薪而已，只在某一特定時刻盡量協助民眾，讓他們的日子起碼過得下去，或是在我們使得上力的地方設法拯救人命、保護民眾免受更多傷害。

從敘利亞到伊拉克和葉門，政治手段才是許多危機唯一真正的解決之道。當地如果沒有和平，如果分裂的團體彼此之間無法達成一定程度的和解，那麼民眾幾乎不可能著手重建他們的人生或是構築一個較好、較有希望的未來。

深入現場工作的各組織係抱持「做中學」的心態來累積經驗的。他們藉此得以掌握更佳的合作模式、更理想的運作以及工作方法。他們也開始利

用當地居民的資源、技術以及知識。即使有了諸多改進，這還是遠不足以應付今天我們所面對的危機，看不見盡頭的危機。敘利亞的情況尤其如此。

我們甚至很難預測如何找出政治上的方法以結束這種持續的暴力循環，並且防止不必要的破壞行動。此類破壞行動已經逼使數百萬的民眾淪為難民，逃到鄰國或更遠的國家，同時導致另外數百萬的民眾在國境內顛沛流離。

但這並非代表我們就應袖手旁觀，不再努力嘗試或是協助全世界受天災或人禍影響的人民，因為他們不斷需要我們幫忙，需要我們理解以及同情。

多聞
叢書
001

三點半後不收屍

人道救援工作者的全球行動紀事

No Dead Bodies After 3.30Pm

Global Nomad: An Aid Worker's Notes From The Field

作者 | 葛若鄰 CAROLINE GLUCK
譯者 | 翁德明
主編 | 石武耕
校對 | 陳正益
美術設計 | 楊啟巽工作室
電腦排版 | 辰皓國際出版製作有限公司
印刷 | 辰皓國際出版製作有限公司

出版 | Utopie 無境文化事業股份有限公司
精神分析系列 | 總策劃 | 楊明敏
人文批判系列 | 總策劃 | 吳坤墉

地址 | 802高雄市苓雅區中正一路120號7樓之1
Email address | edition.utopie@gmail.com

總經銷 | 臺灣商務印書館
地址 | 23150新北市新店區復興路43號8樓
客服電話 | 0800-056-196
客服信箱 | ecptw@cptw.com.tw

初版 | 2016年10月
定價 | 380元
ISBN 978-986-92972-2-6

國家圖書館出版品預行編目 (CIP) 資料

三點半後不收屍 : 人道救援工作者的全球行動紀事 / Caroline Gluck 著 ;
　翁德明翻譯 . -- 初版 . -- 高雄市 : 無境文化 , 2016.10
　面 ；　公分 . -- (人文批判系列)(多聞叢書 ; 1)
　譯自 : No dead bodies after 3.30PM or global nomad :
　an aid worker's notes form the field
　ISBN 978-986-92972-2-6(平裝)

1. 賑災 2. 災難救助 3. 報導文學　　　　548.31　　　　　105017562